福沢諭吉と帝国主義イデオロギー

杉田 聡 SUGITA Satosi

花伝社

福沢諭吉と帝国主義イデオロギー◆目次

凡例

福沢の著書・論説は、岩波版全集の巻数・ページ数を「⑭二一四」のように記す。本文で引用・言及した福沢の著書・論説・書簡等の一覧を、本来なら巻末にのせるべきだが、紙数のつごう上やむなくそれを略す。ただし、以下のサイトでそれを確認できる。http://ir.obihiro.ac.jp/dspace/handle/10322/4360

福沢から引用する際、原文を現代語表記にあらため、適宜読点をおぎなった。他の文献を含めて、引用文中の傍点はすべて杉田による。また訳書の訳には、かならずしもしたがっていない。

出典のまえに記された「S.」は参照、「t.」は例えばの意である。「項」は、いわゆる小見出し節を意味する。

まえがき

日本はいま、戦後はじめてと言える大きな危機に直面している。安倍晋三を筆頭とする、「戦後レジーム（政体）」の解体をさけぶ勢力が、日本会議などの右派諸団体をうしろだてとしつつ、その野望実現にむけた動きを加速しつつある。その一里塚となったのは、二〇一三年一一月、第二次安倍内閣によって成立した「国家安全保障会議（日本版NSC）設置法」と、ほどなく強制採決された「特定秘密保護法」である。また翌一四年七月には、「集団的自衛権」の行使容認が閣議決定された。そして翌一五年、「安全保障関連法」の国会上程、成立とつづく。

「戦前レジーム」の体現者であった死せる岸信介がはしらせた安倍晋三によって、ついにルビコンがこえられた。これらの動きの目標を安倍自身は「強い国」の実現とかたるが、それは本書の視点から言えば政権があらたな帝国主義政策、つまり日本の「帝国」化にのり出したことを意味する。

福沢諭吉と右派の論客

そうした状況下にあって、本書は福沢諭吉をとりあげる。問題にすべきは、「明治の思想家」でしかなかったはずの福沢が、今日に関してさえ多様な示唆をあたえる「先覚者」と見なされて、自民党・日本会議筋の反時代的な動きに対して、好都合な語彙やイデオロギーを提供しているという点である。その言説は、歴史修正主義者がこのむ枠組みをもっており、より一般的な右派の言説に養分をあたえている。近年、右派によって福沢言説がとりあげられる例を目にするようになった。それらは、福沢をもち出すことで自説の権威づけをはかっている。語彙とイデオロギーを提供しつづけるかぎり、福沢は過去の人物ではない。

丸山真男は福沢を「典型的な市民的自由主義（者）」と見なしたが、これがどんなに福沢を読みちがえているかは、あきらかである。それは丸山がいわば机上でつくり上げた福沢像を、福沢のテキストのうちに読みこんだにすぎない。丸山が提示した福沢像は虚像である。

では福沢はいったい誰なのか。福沢は、むしろ「典型的かつ体系的な帝国主義者」である。それが本書の結論である。その思想には、ヨーロッパの帝国主義者との共通点もあれば相違点もある。後者は、日本の歴史にねざした特質もかねそなえている点に由来する。それだけに、その帝国主義イデオロギーは、今日の政治情勢に養分をあたえつづけている。現在の日本の支配構造は、一九世紀以降のヨーロッパ的価値観とともに、日本の歴史・「伝統」にねざして形成されてきたからである。

少なくない人物が、福沢をつかって自説の権威づけを行ってきた。安倍晋三、石原慎太郎、石原伸晃、平沼赳夫、渡辺利夫、中山成彬など、枚挙にいとまがない。ここでは、そのうち何人かの主張をとりあげる。

渡辺利夫と「脱亜論」

福沢はいろいろな形で利用されている。危険なのは、福沢の排外的で好戦的な主張をもちいた例である。例えば拓殖大学総長・渡辺利夫が産経新聞に書いた「年頭にあたり　今こそ、福澤の『脱亜論』に学べ」がそれである。渡辺は中国・韓国への敵対的な態度を、福沢によって合理化しようとする。

渡辺は今日の「極東アジア情勢」は、日清・日露戦争にいたる時期と「生き写し」だと記す。その文脈で福沢を賞讃し、「西洋人が之（＝中国・朝鮮）に接するの風に従いて処分すべきのみ」という文言（⑩二三九）

を引く。だが、今日と福沢の時代では状況はまったくことなる。列強に侵食されながらも東洋の大国であった当時の中国（そしてその冊封体制下にあった朝鮮）と、今日めだつ中国の海洋進出（付随して渡辺が言う韓国の中国への追随）を同一視する論理は、単純すぎる。多様な背景・事実・歴史を無視した事態の単純化は単純な主張をうみ、ひいては無謀な企図を合理化する。

おまけに渡辺の主張は、日本＝正義という悪しきナショナリズムにつらぬかれている。だから「日本の領域を侵犯し、日本人の歴史認識に刃向う中国、韓国」などという言葉がつづられることになる。中国が海洋進出に力を入れ中国船の尖閣列島付近での航行・侵入が日常化しているのは事実だとしても、それを口実に中国への敵対感情をあおるのは間違っている。主張がくいちがったときは、理性の原則にもとづく解決をめざすしか方法はない。一方、事実上武力による決着を示唆するような提言は、人々を排外主義（ショーヴィニズム）へ、さらには好戦的な社会意識（ジンゴイズム）へと扇動する点で危険である（ショーヴィ・ジンゴイズムは、帝国主義イデオロギーの分析にとって鍵となる概念である。詳細は第二章以下にゆずる）。

渡辺自身がジンゴイズムにおちいっている。「脱亜論」のような、冷静に情勢を見る姿勢を欠くばかりか敵対的な感情にみちた文章に身をおけば、もたらしうる危険は大きい。渡辺は、「自国の存亡を賭して血を吐くように絞り出された脱亜論の文章を、後世のイデオロギーで断罪しようというのは、ただの知的退嬰《たいえい》である」などと記す。だが、「脱亜論」をふくめ、日本の進路をあやまらせ、おびただしい人命をうばう先がけとなったイデオロギーを、後世の観点から断罪するのは当然である。だいいち福沢は「自国の存亡を賭して」脱亜論を草したのではない。一八七四年の「台湾征討」、七五年の「江華島事件」、八二年の壬午軍乱への介入等に見るように、日本は列強が触手をのばしはじめる以前から東アジアにとって脅威となりつつあったのであり、また八四年当時は、不平等条約（日朝修好条規）からさらなる利益をひきだすべく朝鮮を支配下におこうとした、というのが真実であろう。

渡辺は先の引用で「歴史認識」にも言及していた。だが、相対的でしかありえない事柄について、日本＝善という絶対的な立場に固執してやまないところでは、敵がい心は生じても和解はうまれない。本文であらためてふれるが、福沢の思想は歴史修正主義と親和的である。表層においてのみならず、深部においてそうである。それだけに、歴史修正主義者には福沢はつかい勝手がよい。しかも一万円札の肖像となって以来、利用価値が高まっている。歴史修正主義に抗する「サヨク」の間でさえ、丸山や他の論者（最近は宮地正人）の誤読のおかげで福沢を表だって批判しにくい雰囲気がつくられているだけに、なおさらである（安川③）。

安倍晋三の「一身独立して……」「独立自尊」

一見もっともでありながら、国のために命をすてることを本質とする「報国の大義」（③四四）へと収斂《しゅうれん》する文言をもちいた例もある。その文言「一身独立して一国独立する」を、施政方針演説でもちいたのは安倍晋三である。安倍は、「私たち自身が、誰かに寄り掛かる心を捨て、それぞれの持ち場で、自ら運命を切り拓こうという意志を持たない限り、私たちの未来は開けません」、と述べた。これが個人の自主性・主体性をおもんじようという主張なら、それ自体重要だとみとめてもよい。だがこれはただちに、演説の冒頭に出る「強い国」（帝国）をつくるという目的に従属させられるのである。

また安倍は「独立自尊」（㉑二五四〜五）という言葉をもちいている。外交関係において他国の「価値観」にはしたがわない、という意味でである（安倍他二六）。つまり、中国・韓国が靖国神社への公式参拝を批判しようが、「従軍慰安婦」問題の隠蔽を論難しようが、それに耳をかたむける必要はないという合理化を、この言葉で行うのである。だがこれが「自尊」だと言うのなら、それは驚くべきひとりよがりである。

自尊とは、他者の意見を十分に聞いたうえで根拠のある自説をのべてはじめて得られるものであって、他者を頭ごなしに否定することではない。

中山成彬の「天は人の上に……」

「天は人の上に人を造らず、人の下に人を造らず」さえ、同じ目的でつかわれた例がある。「日本のこころを大切にする党」の中山成彬《なりあき》は、二〇一三年、歴史偽造に対する韓国外相の抗議について「厚かましいにも程がある」と記しつつ、「自虐史観」から解放されるためにという理屈で「日本人の魂」について論じ、その際、「天は人の上に……」をあげた。中山はしるす。これは「日本人が本来持っている人間は生まれつき平等であるという気持ちではないか。……この平等精神こそが世界に誇る日本人の魂ではなかろうか。世界に稀な気高い精神を持つ日本人は自信を持っていい」、と（中山ブログ）。

この非歴史性にも驚かされるが、また「日本人の魂」などという不明確な観念をもち出すのはいかがなものか。とくにそれを「気高い精神」ともち上げる姿勢は、気高さをもたないと一方的に判断された他国民（民族）への差別につながりかねない。実際そうして渡辺は韓国人をさげすんでいないか。韓国との国交断絶を主張できるのは（雁屋①一六）、そうした姿勢の現れであろう。それに日本人に渡辺が言うような「平等精神」があったかどうかも、そもそもうたがわしい。むしろ残念だがそんなものはなかったのではないか。

だいいち福沢が言う「天は人の上に……」自体、平等の表現ではない。福沢は「天は人の上に……」を事実上否定するばかりか、むしろ〈天は人の上に人を造る、人の下に人を造る〉と主張し、不平等・差別を固定化し強化しようとした当事者である（杉田⑦）。もちろん、「天は人の上に……」がアメリカ合州国独立宣言に言う「人はすべて平等に創造された」の翻案だとしたら、たしかに重要な近代原則の表現ではある。だがそれならなぜ中山は、韓国の市民を「平等」な個人と見ないのか。韓国人を平等な存在と見ず、それどころかさげすむその姿勢は、それ自体、中山が言う「日本人の魂」に反していないか。

平沼赳夫と福沢『帝室論』『尊王論』

福沢の天皇制論もちいられている。それを利用したのは、「日本会議国会議員懇談会」会長の平沼赳夫《たけお》（自民党）である。しかも利用のていどは高い。平沼は、福沢の『帝室論』と『尊王論』の現代語訳を収録した『福沢諭吉の日本皇室論』なる書物を、監修・出版した。

そこで平沼は、日本が戦後たちなおったのは、日本人が、「天皇陛下と皇室が厳然として存在しつづけたこと……を支えに」働いたおかげだと論じ、また「自然発生的思想（神道）の頂点に位置する『祈る存在』としての皇室もまた、一貫して変わりませんでした」などと記している（平沼一、三）。

後者について言えば、皇室の私事として新嘗《にいなめ》祭等の際に「祈り」が行われていたとしても、その意味・価値は一般国民にとってかぎりなく小さい。しかも「明治」以降一九四五年まで、天皇は明瞭な絶対主義的天皇制の下に日本国民のまえにあらわれ、かつ塗炭の苦難を強いてきたのではなかったか。「祈り」などという機能に、その本質を矮《わい》小化すべきではない。

そもそも、明治期の国家神道はもちろんだが、『古事記』『日本書紀』の神代を下に成立した記紀神道さえ、平沼が言う「自然発生的思想（神道）」とは、ほとんど関係がない。それは、各地でひとびとの生活にむすびついて発生・発展した自然神道に強引につぎ木された、天皇制国家体制（古代のであれ明治期のであれ）を正統化する政治装置にすぎない。

また平沼は戦後復興に対する天皇の功績をもち出すが、それは牽強付会である。戦後日本人は、ある意味で当然のことだが、長きにわたって定着してきた世界的な国民国家体制下で、それぞれの外国を他者としてアイデンティティを築いてきたのであって、天皇がいようがいまいが無関係である。もしアイデンティティの根拠が国内にあったとしても、それは他者としての戦前・戦中の体制であろう。つまり日本人は、何よりそれ以前の重苦しい絶対主義的天皇制と軍国主義のくびきから解放されたことでえた自由を「支えに働いた」おかげで、戦後復興のバネをつかんだのであろう。平沼は、そもそも福沢が天皇制にもとめた人心収攬の機能（⑤二六五）が、結局のところ国民の批判を封じる道具として機能した事実を、まったく無視している。

ところで、平沼が福沢天皇制論を出版した本当の理由は、天皇への単なる崇敬の念からだとは思えない。むしろ、『帝室論』『尊王論』の随所で披瀝《ひれき》された、天皇制がもちうる（超）政治的な機能を、きたるべき集団的自衛権行使の際に働かせるためだと判断する。福沢にとって天皇制は、何よりも国民＝軍人の精神を収攬する（集めてとらえる）ための決定的な政治的装置として意味をもつ。つまり、軍人は「帝室のために進退（＝行動）し、帝室のために生死するものなりと覚悟を定めて、はじめて戦陣に向いて一命をも致すべき（＝さし出すことができる）」と、福沢は『帝室論』で記した（⑤二六九）。これが同書の根本意図である。

要するに平沼は、福沢天皇制論の出版によって、きたるべき改憲ひいては「自主憲法」制定を通じて自民党が改編する予定の軍事体制を、名実ともに補完させるための精神収攬の装置を、天皇制のうちに再確認することをねらったのである。そして平沼ひきいる日本会議国会議員懇談会は、「日本会議」とともに、天皇制が実際そのように機能するよう、天皇条項の大幅な改定をねらっているはずである。福沢が提起するように、天皇を国（帝国）の観念に明確にむすびつけ、そのために死ぬ覚悟をもつよう国民＝軍人を統制できる存在とすることで、その価値を高めようとするであろう。自民党改憲案で企てられている天皇元首化案はその第一歩である。

本書の概要

本書では、第一〜三章で、福沢が「典型的かつ体系的な帝国主義者」であったことを論証する。第一章では、まずヨーロッパの帝国主義イデオロギーを、その諸契機に即して分析する。着目する諸契機とは、野蛮－未開－文明という文明観、人種主義（差別）、「文明化の使命」論、人類の幸福が文明化の目的だとする合理化論、そして帝国国民形成の論理などである。

第二章では、ヨーロッパの帝国主義イデオロギーと対比させつつ、福沢の典型的・体系的なそれをあきらかにする。ヨーロッパ帝国主義と同様の文明観、朝鮮人・中国人に対する民族差別、「日本＝アジアの盟主」論、人類の幸福が文明化の目的であるとする合理化論、その発想から帰結する各種運動の否定・鎮圧の当然視、そして福沢が天皇制を視野に入れつつ論じた帝国国民創成のための論理などを問題化する。

第三章は、第二章で論じた福沢の帝国主義イデオロギーが、内政的・対外的にどのような主張へと発展するかを、あきらかにする。内政的に重視されるのは、軍備増強とそのための徴税・増税、強い軍人をつくるための人種改良、その要としての女性の位置づけ、官民調和と各種人権の制限、国権拡張を可能にする経済体制の構築である。対外論では、移民（植民）、不平等条約の締結、介入・干渉、外戦・侵略、資本輸出および鉄道敷設権・鉱山採掘権の獲得、地域の租借・割領、領域の割領、一国の保護国化・併呑がそれである。これらは、内政的にも対外的にも一九四五年へつながる方向性をもつ。

第四章は、以上をふまえ、「戦前レジーム」へむけられた今日の政治情勢、なかでも自民党改憲案に見られる同党および「日本会議」の各種策動（総体として言えば日本の帝国化へむけたそれ）を問題化しつつ、それぞれの策動に即して福沢の帝国主義イデオロギーを論ずる。これによっても、福沢はけっして過去の思想家ではないことが理解されよう。

第一章　ヨーロッパの帝国主義イデオロギー

帝国主義イデオロギーと福沢諭吉

帝国主義とはいかなる運動・政策をさすのか。

それが明確な形をとったのは、一八八〇年代である。八一年にフランスがチュニジアの保護国化をはかり、翌八二年にはこれに対抗してイギリスがエジプトを保護国化したことが、時代の画期となった。これが発端となって、フランスは八四年、その関心を東南アジアにまで向けはじめる。八四〜五年にはドイツで、アフリカ分割について基本方針を話しあう「ベルリン会議」（別名「アフリカ会議」）がひらかれて列強間の「勢力圏」が承認され、その後つぎつぎに、欧州列強が世界中に触手をのばすことになる。

さて一八八〇〜九〇年代は、福沢が、自らが社主・論説主幹となった『時事新報』紙上で現実政治にふかくかかわった時期に、ぴたりとかさなる。とすれば福沢は、何らかの意味で「帝国主義」とかかわったと判断できる。どのような意味で関わったのか。

私は、福沢は単に帝国主義の時代を生きただけではなく、典型的な帝国主義イデオロギーの提唱者（イデオローグ）であった、と判断する。帝国主義イデオロギーはとくに英仏で発展したが、英仏をふくめ欧米には、体系的な帝国主義のイデオローグは見いだしえない。同イデオロギーの個々の側面を体現した人物はたしかにいたが、それ以上ではない。しかし福沢は、後発の資本主義国・帝国主義国に生きただけに、欧米にさえ見られないしかたで、帝国主義イデオロギーを体系的に展開したと判断できる。日本はその時期、多かれ少なかれ帝国主義的な動きを見せた。そしてその刺激をうけつつ、またそれに養分をあたえつつ、福沢は帝国主義イデオロギーを深化させたと私は理解する。

帝国主義イデオロギーの主要契機

帝国主義イデオロギーの主要な契機は次の五つである――

（1）野蛮－未開－文明という進化史的な文明観
（2）他民族（国民・人種）に対する差別視、その意味での「人種主義」
（3）野蛮の文明化を「使命」と見なす合理化論（「文明化の使命」論）
（4）文明化の目的は「人類の幸福」であるというさらなる合理化論
（5）領土拡大を当然視し、時にそれを推進せんとする国民（帝国国民）の形成の論理

他に、帝国主義イデオロギーそのものにではないとしても、帝国主義*にとって本質的と見なしうる契機もある。すなわち――

（6）資本輸出、鉄道建設および軍備拡張（軍国主義）
（7）対外的膨張を可能にする国内的な諸体制の整備
（8）同右を可能にする各種手法

前記のように、これらを体系的に論じたイデオローグは、ヨーロッパには見られないようである。だが福沢は、濃淡の差はあるとはいえ、そのいずれをもあるていど明確な形で論じている。福沢こそ、典型的かつ体系的な帝国主義イデオローグである。

＊「帝国主義」はそれ自体イデオロギーを意味しうるが、本書では政治的等の体制・政策をさす。

(1) 文明観――「野蛮－未開－文明」

野蛮－未開－文明

帝国主義の文明観は、十九世紀に広く見られた進化史観である。それは、歴史をおおざっぱに「野蛮」「未開」「文明」の三段階にわけ（「未開」は中間概念であって時には無視される）、そこに優劣をもちこむ。この文明観は欧米諸国においては人種主義（人種差別、民族差別）とむすびついて、アジア、アフリカ、アメリカ（先住民）を野蛮・未開と見る視線を形づくり、文明の頂点に「白人」＝欧米人がいるとする理解をみちびく。

かつてはヨーロッパも、自らのうちに「野蛮」をやどしていた。特に革命において先んじたフランスにとっては、周辺のヨーロッパ諸国に見られる政治・社会制度は「旧体制《アンシャン・レジーム》」下のものであり、そのかぎり「野蛮」であった。だからナポレオンは、それらの諸国とくに神聖ローマ帝国（ドイツ）に、フランス風の行政機構や憲法をおしつけることを、もくろんだのである。そのため神聖ローマ帝国が解体したばかりか、他の国々に多様な政治運動がまきおこることになった（星野八二以下）。

こうしてヨーロッパは、全体としてほぼ共通した政治・経済・社会制度を目標としつつ「発展」しはじめる。そのヨーロッパ的な原理に敵対する最たるものは、奴隷制であった。いまや奴隷制が「野蛮」の象徴であり、また実体となった。革命のつよい余波がヨーロッパをおおった時期に、フランスは自由・平等・博愛の理念の下に、カリブ海諸国の独立と奴隷制の廃止にむかった。＊イギリスは明確な奴隷制廃止をうたい、そしてフランスも、紆余曲折はあったもののより一般的な形での奴隷制廃止に舵をきった。

アメリカでも、独立にむけた動きがつよまった一七七〇年代に、奴隷制や奴隷貿易に対する反対意見が表明されていた。そして独立戦争終了（八三年）の頃から奴隷制を制限せんとする社会的動きがつよまり、一九世紀前半、英仏とともに奴隷制を廃止した。それと同時に英仏は、奴隷制をのこした北アフリカなどを、野蛮視し始める（平野六八）。後にそこで奴隷制が廃止されると、今度は「ヨーロッパ的ならざるもの」を温存する地域が、野蛮視されることになる。かくて、かつて英仏が介入したアフリカ北西部をのぞくアフリカが、アジア・中東が、中南米が、太平洋地域が、野蛮をやどす地域として欧米人に現れはじめる。

もちろん、アメリカ独立宣言やフランス革命の理念だけが、奴隷制廃止の要因だったのではない。すでに産業革命を通じて黒人奴隷の必要度がおち、その収益性がうしなわれていたために、奴隷貿易は衰退したのである（藤永四四〜五）。奴隷制廃止の後、英仏はただちにアフリカに触手をのばすが、黒人奴隷制を維持する利益よりは、「八割の土地がまだ手つかずに残っているアフリカ大陸に眠っている天然資源の開発獲得」（同四五）による利益をめざしたからである。そうした初期帝国主義的な動きはすでに一八三〇年代にはじまっていた。例えばフランスは三〇年にアルジェリアを占領し、奴隷制廃止を宣言した前年（四七年）に、アルジェリア全土を支配下においた。

＊もちろんこの理念を喚起して黒人奴隷を解放しハイチを独立にみちびいたのは、基本的には、「黒人と有色市民の実力行使」である（西川一五〇）。

「文明」の諸契機

こう見ると、欧米人にとってそもそも「文明」とは、フランス革命的な理念の拡大と同様に、（前）資本主義的な利益追求を第一義としていたことがわかる。

だが、文明概念の内実はそれにとどまらない。一方で、占領にいたる過程でキリスト教の宣教師が、現地に入りこむことが多い。そのかぎり、欧米人にとって「文明化」にはキリスト教の伝道がふくまれている（それどころか、宣教師はしばしば植民地化の先兵であった）*。そして、西洋諸国が相手国（地域）を思惑どおりに占領し、かつ効果的に支配しえた背景には、産業革命を通じた各種の技術（特に軍事技術）の発展がある。だから彼らにとって文明化は工業化でもある。技術と別個に発展してきた科学が、この頃からじょじょに技術と融合しはじめる。そのかぎり文明化とは、科学技術の発展とそれにもとづく物質的発展を意味する。またそこには、政治的な人権・民主化等の理念もふくまれる。

文明の理解が、そしてそれに対する自負がそれ自体のうちで完結し、他者支配の手段に転じることがなければ、文明はうるわしい賞讃の対象となったことであろう。だが、文明の自覚はほとんど必然的に、野蛮あるいは未開（半開）との対比をうむ。そして対比された野蛮・未開が、かつての自らにではなく同時代の他民族（国民）のうちに見いだされたとたん、文明の自覚はしばしば、彼らに対する自己優越視と欲望と力をうむ。帝国主義的なイデオロギーがここから発生する。

*日本でも「厦門《シャメン》（アモイ）事件」（一九〇〇年八月）はこれと同じケースであった。大谷派本願寺布教所が「凶徒」により襲撃をうけ、それを機に日本は艦船を派遣して一個小隊を厦門に上陸させたが、実は「日本側が厦門占領を企図して準備していた」のだという（川島五〇～一）。

（2）人種（民族）差別

帝国主義イデオロギーは、以上の文明観の下に多かれ少なかれ、「野蛮」ないし「未開」にとどまると見なされた他国民（民族・人種）に対するつよい差別視を内在させ、かつ差別をあおろうとする。その種の視線はヨーロッパには根づよい。

最初にふれるが、人種は、民族が文化的概念であるのに対して、生物学的概念である（寺田六〜七）。そのかぎり両者は区別されるべきだが、厳密につかい分けることはできない。世上「人種問題」（人種差別）が問われるとき、特に差別者の心理において多かれ少なかれ文化の次元が、さらにおそらく経済的・社会的な次元が入りこんでいることが、主たる理由である（S．同六）。またそもそも「人種」なるものが本当にあるのかどうかは問われうる（ジョルダン五〇以下）。私は「人種」は、人種差別によってつくられると判断する。それ故、「人種」はもちろんそれを表す「白人」「黒人」等は括弧を付して記すべきだが、読みにくくなるため括弧をつけずに用いることもある。

シェークスピア／デフォー／ジョット等——「黒人」のステロタイプ

一六〜七世紀（この時期はすでに奴隷貿易がおこなわれていた）に生きたシェークスピアの『オセロ』では、「ムーア人」オセロの黒い肌があげつらわれる。特に彼をうらむ部下のイアーゴーは、その肌の色、けがらわしさ、かもしだす邪悪さ、見にくさ、性欲のつよさを、くりかえし口にする。これらは、「黒人」についての典型的なステロタイプに一致する（その点では、『ヴェニスの商人』におけるユダヤ人像の場合と同様である）。

なるほどシェークスピアは、事実上イアーゴーの狡猾《こうかつ》さとオセロの高貴さとを描いて、肌の色と人間としての性質のズレ（というのはすでに当時において黒＝邪悪という、今日の「英語」に見られる根づよい差別感が前提されているからである）をえがいた。だが、当時あるていど流布していた人種差別意識を必要以上に強調した以上、その効果は両面的である。黒白の心理的・人格的特質は、『オセロ』で一見相対化されたように見えながら、その実そのズレは、オセロ、イアーゴーという特定の個人に還元されてしまい、上記のステロタイプは温存されたのである。

また一八世紀の初頭、デフォーの『ロビンソン・クルーソー』では、ロビンソンの「召使い」フライデーはカリブ海の「黒人」として描かれている。そこでは、フライデーは野蛮であり、ヨーロッパ人のロビンソンがそのカニバリズム（人肉食）をやめさせ、キリスト教によって教化する、というお定まりの物語が展開されている。

シカネーダーその他の台本によるモーツァルトのオペラ『魔笛』には、オセロと同様の「ムーア人」モノスタトスなる人物が登場する。滑稽な人物として描かれるが、紋切り型の悪役の役まわりが付与されているため、かえって根づよい差別意識を増幅させかねず（王女パミーナの美しさが強調され、それとの対比でモノスタトスのみにくさがかもし出される）、今日では演出上の配慮を要するほどである。

思い返すと、スペインを征服した「ムーア人」に対するヨーロッパ人（当時はまだスペイン、イタリア等の南欧の場合にかぎられていた可能性は高いとしても）の偏見は根づよく、すでに一三世紀初頭、ジョットは、イエスをうらぎったとされるイスカリオテのユダを意図的に「黒人」の姿でえがいていた（『スクロヴェーニ礼拝堂壁画』のうち「ユダの接吻」）。

以上のいずれの作品も世紀をこえていきのこった名作であり、今日くり返し鑑賞されるだけに、これを批判的に見る視線が、さらに言えば時代の価値観を前面にだした対応（演出・解説等）が、もとめられる。

カーライル／ゴビノー／ゴールトン――「白人」至上主義

以上は、一九世紀後半にあらわになる帝国主義的な言説とは少々ことなる。一九世紀後半あるいはそれに近い時代から、いくつか例をあげよう。

例えば『衣裳哲学』という奇妙な本を書いたT・カーライル。彼は、フランス革命が提示した自由・平等の原理に断固反対する。特に後者に対する敵対意識は根づよい。人間間のあからさまな序列意識を披歴して、最も賢明な人（白人の一人）が社会の頂点に位置し、次に賢明な人（他の白人）が次に位置し、以下、デメララ（南米ガイアナの地名）の黒人が、その下には馬等々が位置し（ウィリアムズ一〇四、Carlyle 15）云々と記す。おまけに、黒人奴隷の解放に反対するばかりか、奴隷制の復活をさえ主張する。「お前たち（＝黒人）は、生まれつきお前たちより賢明な人々（＝白人）、生まれながらにお前たちの主人たる人々の、下僕にならなければならないことは、はっきりしている」、と（同一一六～七、同32）。これらをつらねたカーライルの論考『黒人問題』の出版は一八四九年、つまりフランスが奴隷制廃止を宣言した翌年である。

後世への影響という点で注目されるべきは、『人間不平等論』（一八五三～五年）で悪名高いA・ゴビノーである。彼は、人間（個人）を人種・民族にまで拡大して、その優劣をとく。白人のうちの「アーリア人種」なるものの優秀性は歴史が教えるところだと主張し、歴史はあらゆる文明が白色人種に由来することを示している、（ゴビノーがあげた）諸文明の創始者としては黒人の名はまったく見られないし、黄色人種のうちにも自生的な文明は全く見いだせない（ウィリアムズ六三、Gobineau 359ff.）、と記す。ゴビノーにとっては、「黄河文明」は文明の数にさえ入らないようである。なお前述の野蛮－未開－文明の発展観からすると、これら「文明」はあくまで比喩的な意味で文明、あるいはよくてもせいぜい「未開」であるにすぎない（後述するように、これは福沢にも共通する見方である）。

あるいは、福沢がその遺伝絶対論において依拠した優生学者ゴールトンをとりあげてもよい。「良い資質」をのこし「悪い資質」を排除しようとする優生学は一九～二〇世紀にかけて猖獗《しょうけつ》をきわめたが、それは優生学という名前とともにゴールトンにはじまる。彼は主著『遺伝的天才』（一八六九年）で人種改良論議をおこなっており（第二〇～一章）、「ニグロ人種の係数の平均水準は白人種よりも『二度』劣っており……オーストラリア人種（＝アボリジニー）は『三度』劣っている」（ポリアコフ三八九、Galton 338f.）などと、まことしやかに記している。

マハン――白人の「黄禍」への不安

一八八〇年代～一九〇〇年頃に、人種主義を明瞭に示した理論家として、アメリカの海軍提督A・T・マハンをとりあげよう。彼は、一九世紀末にアメリカの国際政治の動向を決定づけた理論家である。アメリカの「フロンティアの消滅」後に、海洋とくに北太平洋の支配権を論じつつ、同政府に、それまでの「モンロー主義」（米大陸外への不干渉主義*）をすてて帝国主義政策を採用せよと、事実上せまったのである（マハン九〇以下）。

また彼は、九〇年代、アメリカによるハワイ領有を当然視した。その際何より念頭においたのは、ハワイ諸島において人口の多数をしめつつあった中国人のことである。実際は日本人も多かったが（猿谷二一九）、日清戦争前の時期であるだけに、マハンの意識は、東アジアの代名詞だった中国に向いたようである。九三年、ハワイ諸島での政治的騒擾《そうじょう》（その本質は在ハワイ米人によるハワイ王朝の簒奪《さんだつ》である）について新聞に寄稿し、同諸島が「ヨーロッパ文明の前哨地点となるのか、あるいは中国の比較的野蛮な文明の前進基地と化すのか」云々、と論じた（マハン八六）。

九〇年代は、アメリカにおいて「黄禍」が最大問題の一つとなった時期である。中国人および日本人（なかでも前者）の米国内での増加がとりざたされ、米国人各層が排外主義・人種差別にはしった。同国でしばしば見られる典型的な集団ヒステリー状況が、この時期にもうまれた。少なくない論者がおなじような視点から「黄禍」を論じたようだが（ゴルビツァー七九以下、特に九四以下）、マハンも、彼らと同様の「白人」間に共有されたふかい不安感を示した点で、典型的な人種主義者（差別論者）であった。

＊モンロー主義がなりたったのは、入植者が先住民の土地をながきにわたって略奪してきたからである。

シュヴァイツァー――「白人」は兄である

日本においてはるかに著名な論者として、むしろA・シュヴァイツァーを上げるべきであろうか。彼を論ずることは、「文明」の一要素たるキリスト教の伝道（前述）を論ずることでもある。

第一次大戦直前の時期から生涯にわたり、アフリカにおいて風土病医療につくしたとされるこの「聖人」は、しかしその自伝（一九二一年）において、「黒人は子どもである。＊子どもは、権威をもってのぞまないならば、何もできない」と記している（シュヴァイツァー①一五一）。その「権威」を示すような交際関係はどのようなものか。彼は、自分たち（白人）は黒人の兄弟であると語るが、しかしあくまで「兄」だと言うのである（同前）。

だが「兄」だという見方は、子どもに対する父であるという発想とともに、ヨーロッパ人がアフリカ人を永遠の支配・従属関係においてあつかうことを可能にする。だからシュヴァイツァーが、アフリカ人の完全独立も自由獲得も不可能であり不要である、アフリカ人の社会が無秩序である以上その人権は制限されるべきであると見なしたのは（シトレ一八五）、当然である。彼は、第一次大戦後、民族自決権が支持されるようになっても、「黒人」の独立を支持しなかった。「白人」もしくはヨーロッパ人が手をひけば、「彼らのあいだで奴隷化がはじまる」と言う（シュヴァイツァー②二三〇）。結局シュヴァイツァーにとって、アフリカ人にみとめられるべきは、ヨーロッパ人がみとめる範囲のかぎられた人権にすぎない。

＊帝国主義イデオロギーは、他国民（民族）を子どもとして扱うのがつねである（ホブスン①一三五）。

ロフティング――「黒人」の白い集合的無意識

日本でよく読まれた作家をあげるとすれば、「ドリトル先生」シリーズで名だかいH・ロフティングがよいだろう。

『ドリトル先生アフリカゆき』（一九二〇年）に登場するアフリカ人の王子バンポは、おとぎ話を読みながら、夢見るようにつぶやく。「あぁ、ぼくが顔の白い人間だったらなぁ」、と（ロフティング九〇）。童話で読んだ「眠り姫」をさがしてやっと会うが、目ざめた眠り姫はバンポの黒い皮膚を見て悲鳴をあげたという。右のつぶやきの場にいあわせたオウムが妖精の女王といつわって、「あなたの髪の毛を、美しい金髪にしてさしあげるとしたら……」と語ると、王子は、「いえ……顔が白くならなかったら、他のことはなんとしても、だめなんです」、と答えるのである（同九五～六）。

これはたかだか童話であると言われるかもしれない。けれども童話であるだけに、むしろ子どもの心中に人種差別観をうえつけるであろう。F・ファノンは小アンチル諸島のマルチニック島（現在はフランスの海外県）にうまれたが、彼のアニムス・アニマ（集合無意識的な男女像）は、白人男性であり白人女性だったと述べている（ファノン一一九～二〇）。長じて仏本土に留学生としてわたったとき、「ほらニグロだよ、ママ、ニグロだよ」と母親にささやく白人の子どもの声を聞いて、初めて自らの皮膚の色を自覚したというが（同七九、一一九～二〇）、こうした経験なしには、ファノンはおのれの集合的無意識が白人の文化によって支配されている事実に、気づかなかったのである。幼いころから彼をとりまく多様な文化は、すべて白人の価値観によって組織されていたからである。マルチニックの子どもたちは、「やや長じて……白人の書物を読み、ヨーロッパ渡来の偏見、神話、民間伝承をすこしずつ同化する」（同一二〇）。

ロフティングの作品も、同じような（無）意識形成に貢献したことであろう。今日「ドリトル先生」シリーズを開架に置く公共図書館はアメリカではほとんど見られないというが（同書解説＝同一七二）、それでもその童話は、今もずっと再版されつづけているのである。

「白人内の劣等者」に対する差別——アイルランド人への視線

人種差別は、「黒人」に対してなされるだけではない。周知のようにユダヤ人に対してはもちろん、「白人内の劣等者」に対してもくわえられてきた。

イギリスのフェビアン社会主義者S・ウェッブには「白人」、中でもワスプ（プロテスタントのアングロサクソン系白人）の優越視が、顕著に見られるようである。彼はユダヤ人とともにアイルランド系カトリックに対して差別視をかくさなかった（トロンブリィ六六）。前述のカーライルにも同じ視線がある。彼は、「黒いアイルランド」という言葉を「怠惰な黒人の国」という意味でもちいている（ウィリアムズ一一四）。

ここでアイルランド人が名ざしされているが、それは、一八四五年のいわゆる「じゃがいも飢饉」以来アイルランド人が移民としてイングランド等に大規模に流入した事実と関連がある。だがもともと同飢饉の遠因は、一八〇一年のイングランドによるアイルランドの植民地化にある。そしてイングランドは当時、軍人への支給を通じて急激にました牛肉需要に応ずるために、植民地アイルランドを放牧地化し、牛肉の海外供給地にした。つまり自給自足的な農業システムが破壊されたため、アイルランド農民はじゃがいもにたよらざるを得なくなったのである。こうしてアイルランド人差別は、イングランド自身の手によりいわば制度的につくられた（リフキン六五）。

アイルランドの自治領化および独立をめざす運動は一九世紀を通じてつねにみられたが、イギリスでの反対運動は根づよかった（ネルー一三〇以下）。イギリス人には、これを手ばなせば大英帝国全体が崩壊するという、恐怖にもにた思いが潜在していたように思われる。だからこそ彼らは、アイルランド人を、自分たちなしにはやっていけない劣等民族と見なしたかったのである（橋本他二六八）。

なおユダヤ人に対する差別は別として、上記のような「白人」内部の人種（民族）差別が、日本で論じられる機会はすくない。だが、これは福沢の帝国主義イデオロギーを見る際には重要である。福沢は、おなじ「黄色人種」である朝鮮人・中国人に対する差別的な視線を、血肉化させていたからである。

人種主義を支える「科学」――優生学他

帝国主義の時代にかぎらず、ヨーロッパでは諸科学が人種主義のために動員された。それは今日ほとんど忘れられているが、一見価値中立的に見える科学さえ、いかに特定のイデオロギーによって色づけされるかがあきらかである。

分類学はリンネに由来する。彼は何より人類を含む動植物の分類で有名である。そこで人類は霊長類として動物の一角に位置をしめた。だが後世に大きな影響をあたえた『人類の分類』では、「人種」のステロタイプが示されている。例えばアフリカ人について、「黒い肌……サルに似た鼻、ふくれあがった唇……狡猾、怠惰、無頓着……権威にしたがう」、と（岡倉六四）。先にシュヴァイツァーが、黒人をあつかう際の「権威」の重要性を指摘していた点を思い返していただきたい。

ゴールトン以上に優生学的な志向を徹底させたC・ピアスンにおいては、その人種主義も徹底していた。

彼は、「イギリス人を最上部に、動物を最下部に置き、その間には、上から順にヨーロッパ人種、『中国人』、『黒人』、そして『未開人』をおいた」（トロンブリィ七二）。それればかりか、「繁殖はよい血統からさせるべきであり、そして最悪の血統は排除されるべきは……人間の進歩にとっても不可欠である……」（ホブスン②六六）と論じた。つまり、後者によって黒人や黄色人種の産児制限のみか「断種」の必要を、前者によって白人に対する積極的・肯定的な優生措置を課すと同時に人為的に生存可能性を高めるべきことを、示唆したのである。ピアスンはこの「意識的な人種培養」（センメル四六）によって、多産だが不適格な人種を排除して、白色人種の支配をもたらそうとする。

それは具体的にどのような措置をさすのか。彼は、他国の植民地化を当然視し（同前）、優生学的にのぞましい血統（白人）を彼らに適した気候の地域に移住させ、彼らに「高い出生率を『義務として課す』」べきであると、主張する（トロンブリィ七〇）。ここで優生学は、単なる人種差別の論理から明確な帝国主義イデオロギーに転化する。

骨相学、すなわち頭蓋骨の形状に関する学問は、医師Ｆ・Ｊ・ガルによって創始された。ガルは、各種の精神作用は脳の部位に局在すると見なし、個人の性格は頭蓋骨の形（骨相）からわかると主張した。後には個人のみならず人種・民族に独特の骨相があると主張するようになり、「黒人の頭蓋骨と脳はヨーロッパ人のものよりも小さい。それゆえ一般的に、黒人は知的能力がヨーロッパ人に劣る」、と主張するようになる（杉本八六）。

骨相学の日本への影響――新渡戸と福沢

以上の擬似科学は日本でも多くの影響をあたえた。福沢の優生学への傾倒はかなりのものだが（後述）、国際連盟の事務次長をつとめ『武士道』で名だかい新渡戸稲造も、骨相学その他から小さからぬ影響を受けた一人である。

新渡戸は植民地その他で骨の収集に力を入れた。それは、骨相学に対する新渡戸のある時期の入れこみようを示している（新渡戸一九）。彼は一八九一年から十年間、札幌農学校で教鞭をとったが、ほぼその百年後（一九九五年）、その後進である北海道大学の人類学研究室から、人間の頭蓋骨があらわれて騒然となった。これは、同研究室が新渡戸以来の「植民学」の伝統をひいている事実とも関係する。発見された頭蓋骨の一つは、第二章でふれる「東学《トンハク》農民軍」の指導者のものであった（中塚他一以下）。

ところで、福沢には骨相ないし頭蓋についての記述はほとんど見られない。ただし初期の『掌中万国一覧』（一八六九年）では、形質人類学者ブルーメンバッハによる人種の分類を紹介しつつ、その頭蓋にこだわっている。白人は「頂骨大にして前額《ヒタイ》高く」、黒人は「腮骨《えらぼね》高く顋骨《あぎとほね》（＝あごの骨）突出し、前額低く、鼻平たく眼大にして突出し、口大にして唇厚し」、と（②四六二～三）。

また福沢は、弟子・高橋義雄の『日本人種改良論』を序文までよせて推奨したが（高橋義一以下）、そこで高橋は、人種多起源論者S・G・モートンによる白人と「蒙古人」との頭蓋骨測定値を示して、「日本人種よく西洋人の右に出ずることを得ず」、と書いている（同一〇二～三）。『掌中万国一覧』で福沢は、「その（＝白人の）精神は聡明にして……（黒人の）性質懶惰《らんだ》にして開化・進歩の味を知らず……」（②四六二～三）と記したが、これを考えあわせると、福沢も部分的には頭蓋骨の大きさによって人間の能力が決まるものと考えていた可能性がある。

（3）「文明化の使命」

進化史的な文明観や人種主義にも増して帝国主義イデオロギーの核心と言うべきは、文明の頂点に立つと観念された「白人」は野蛮を文明化する使命をもつ、という論理であろう。これは、あらゆる帝国主義的な運動を最終的に合理化する魔法の杖である。

それはいろいろな言い方で表現されてきた。「文明化の使命」（ホブスン②五八）、「白人の重荷（責務）burden」（藤永一〇〇）、「明白な宿命」（Hobson 81、末里一五）、「文明のための信託」（ホブスン②一五四）、「ヨーロッパの『使命』」（ポーター三五）、等。この種の言葉が実際につかわれたという意味ではないが、重要なのは、各種の行動・決定の背景にこうした観念が明示的にせよ暗示的にせよあった、という事実である。

この種のイデオロギーをあるていど明白に表明した人物として有名なのは、V・ユゴー、J・フェリー（以上フランス人）であり、T・カーライル、J・S・ミル、J・R・キプリング（以上イギリス人）であり、T・ルーズベルト（アメリカ人）であり、そしてレオポルド二世（ベルギー人）である。寡聞にして私のアンテナにかからなかったが、ドイツにも同様の主唱者がいたことが、関連文献からかいま見られる（ゴルビツァー一二一）。

ユゴー／フェリー――革命精神による合理化

ユゴーは長編小説『レ・ミゼラブル（悲惨な人々）』で名だかい。彼はもともと王党派であったが、二月革命（一八四八年）後に大統領となったルイ・ナポレオンの政治姿勢と野望にいきどおって共和派に転じ、後に同書で共和主義思想を高らかに表明した。のみならず、「女工」ファンティーヌや、彼女が欲深い夫婦にあずけざるをえなくなった娘コゼット（いずれもその時代の女性がおちいった典型的な状況を形象化したのであろう）に対する思い入れは、真に人間的である。

にもかかわらずそのユゴーは（いや後述のように「だからこそ」なのだが）、二月革命後の四九年に開かれた「第二回国際平和会議」の議長として、おそらくフランスによる二年前のアルジェリア征服を念頭におきつつ、「海外に居留地を獲得（する）」ことは「野蛮に文明を送り出す（こと）」である、と主張した（ユゴー二九二）。ここでユゴーは、平和実現のために、今日のEUを先どりしたかのような「至上の大元老院」をヨーロッパにつくる構想を示した。これがつくられれば、「野蛮（＝戦争）を文明にもちこむかわりに」、海外諸国・地域の植民地化を通じて「野蛮に文明を送り出す」ことができると同時に、「平和裏に世界に国土を広げる」ことができる、と主張したのである（同前）。

政治家として、ベトナム介入時（一八八四年）に首相をつとめたフェリーをとりあげよう。現実政治への影響力という点で筆頭にあげられる人物である。彼は翌八五年、フランスがマダガスカルに介入した際、国民議会でこう述べた。「率直に言いましょう。現実問題として、優れた民族には……劣った民族に対する権利があるのです。……優れた民族には……劣った民族を文明化する義務があるのです」、と（平野一五〇）。それまで「文明化の使命」はオブラートでくるんだ仕方でしか論じられなかったが、ここでは、人種（民族）差別を介して他に類例がないほどあからさまになっている。

この種の発想がフランスで生まれたのは訳がある。先に奴隷制が一九世紀前半に廃止されたと記したが、奴隷制の廃止は一面ではたしかにフランス革命の遺産であった。奴隷制は「自由・平等・博愛」という価値の明確な敵対物である。だから、奴隷制を維持する地域（国々）に介入してそれを廃止させて「文明化」するという合理化論もまた、フランス革命の価値観からの帰結として現れたのである。

もちろん、同価値観から必然的にこの種の論理がうまれたとは言えない。この論理にいたるか否かの岐路にあって、そちらへと足をむけさせる要因があったにちがいない。いや、そちらへと足をむけさせなかった要因があるにちがいない。それは何か。

フェリーの発言に対して、急進社会党員C・ペルタンは、「砲撃によって押しつけられるこの文明とは……野蛮の一形態に過ぎないのではないか」、と批判した（西川一五一）。イギリスでは、歴史家にしてジャーナリストのG・スミスが、植民地を文明化する使命という正当化は「略奪の意図の別称にほかならない」と非難し（ウィリアムズ三〇）、ドイツでも社会主義者G・レーデブールが、「資本主義社会が主張する『文明を導く使命』は、征服や搾取の欲望をおおいかくす仮面……にすぎない」（喜安一一二）と論じた。いずれも、的確な指摘だったと思われる。

例えばペルタンが、フェリーと同じ「文明化の使命」論に足をすくわれなかった理由の一つは、少なくともその社会主義的な志向であると思われる。フェリーにはそれが欠けていた。ただしこれは社会主義者が総じて帝国主義に反対したという意味ではない。それどころか、帝国主義に積極的に賛同した社会主義者も多かった。フェリーの同時代人で言えば、ルイ・ブランがそうだったと判断できる（平野七二）。ベルンシュタインなども、最終的には帝国主義にくみした（喜安一〇〇）。レーニンによるかぎり、カウツキーやプレハーノフもそうである（レーニン②二九）。マルクスのうちにも同種の発想がみとめられる（マルクス①一一六）。

J・S・ミル――東インド会社への依存

『自由論』で名高い功利主義者ミルは、微妙な立場にいる。

彼は、父J・ミルの口ききで、一七歳の時から実に三五年間にわたり、インドに君臨した東インド会社の禄をはんできた。それだけに、ミルはインドに対する思い入れがつよいように見える。

だがミルは、本質的には「文明化の使命」論に依拠していた。なぜなら、彼の時代にあってインド人が代議制によって自らを統治することは不可能であり、イギリス人がその制度導入・定着をインド人にかわってはたさなければならない、という見解をはっきり表明していたからである。サイードに言わせれば、「インド人が人種的にわれわれより劣っているとまでは言わないにしても、文明においてわれわれよりも劣っていることは明らかである」というのが、ミルの立場だった（サイード①四四、S．ミル一一一、四二〇）。

しかもミルは、統治形態という公的セクターの問題のみに議論を限定して、私的セクターとくに産業資本の巨大な成長を目前にしつつ、その分析を欠いている。しかも東インド会社に寄生して権力と蓄財をほしいままにした「ネイボッブ」（インド成金）については、ほとんど沈黙した。東インド会社解散後にようやくネイボッブ風の「早く金もうけをして帰国することだけに熱心な」人々について語るが（ミル四三六）、東インド会社と強い利害関係にあったミルにできたのは、そこまでであった。

なるほどミルは、外国が他国（インド）を直接的に統治することは不可能だと力説する（同四二三〜四）。そしてその主張を、帝国主義について体系的な著述をあらわしたJ・A・ホブスンも好意的に解して引用する（ホブスン②二一〇）。だが、ここでは統治が「直接的」かどうかが問題となっているのであって、むしろ間接的統治は積極的に擁護されているのである。ミルが具体的に念頭においているのは、他ならぬ東インド会社による統治である。それはミルの著書において不自然なほどに称賛されている。だがミルは、東インド会社の統治がもたらした政治的その他の空前の災厄、つまり「内乱、侵入、革命、征服、飢饉」（マルクス①一二三）については論じない。一八五七年、東インド会社は解散させられたが、実はその直接の引きがねになったのは、同年におきたシパーヒー（セポイ）つまりインド人傭兵による反乱と、それに呼応してインド中にまきおこった、東インド会社に対する都市・農村の空前の反乱だった。

ミルはずっとイギリス本国にいたが、一度でも現地に行ってみれば、自らが関わったインド統治の実態をただちに理解したであろう。反面教師として福沢をひこう。「多年来、英国人がインド人を御するの残酷なる、誠に人類の交際と言うべからず」（⑤一八四）。

キプリング／ショー――アメリカ兵の扇動

「文明化の使命」論をあからさまな仕方で主張したのは、おそらくキプリングであろう。『ジャングル・ブック』『少年キム』といった作品で名をなしたキプリングは、一八八一年、つまりイギリスがエジプトを保護国化した前年に、「お前〔＝イギリスの旗〕は、征服へ向けて海原を進めばよい」と、対外進出を鼓吹する詩を世におくり出し（S．キプリング九五）、また大英帝国の絶頂期に祝われたヴィクトリア女王即位六〇年記念（九七年）に際しては、「その〔＝古代からの祖先の神の〕畏《おそ》るべき御手の下に、椰子《やし》〔＝熱帯地方〕、松〔＝温帯の地方〕を、われわれは治める！」と、世界の四分の一近くを版図とした大英帝国の「偉大さ」を歌った（S．橋本他二五四、キプリング一三五）。

そして、アメリカが米西戦争時にフィリピンを占領した二年後に、「白人の重荷（責務）」The White Man's Burden という詩（一八九九年）を書いて、「劣等種族」の生きる土地におもむくアメリカ人兵士を、鼓舞したのである。そこにはこう記される（S．藤永一七六）――

「白人の重荷を背負え、君らが育てた最良の者を送れ、／君らの息子を国外に追いやり、君らの人質の必要に奉仕させよ、／当然のきびしい任務に関われ、うろたえた野蛮 wild な民につかえよ、／君らが新たにとらえた不機嫌な民、なかば悪魔、なかば子どものような奴らに。」

ここでも、支配すべきとキプリングが観念する他種族（フィリピン人）を子どもと見る視線が明らかである。そればかりかキプリングは、彼らを「なかば悪魔」half-devil とさえ形容している。そして彼は、白人の文明化作用は白人が与える恩恵だという、福沢とほとんど同様の立場に立つ。この詩はこうつづく（S. 同一七七）——

「君たちが、自分のためではなく、他者〔＝フィリピン人〕の利益をもとめ、／他者の利得のために働いていることを、わからせるのだ。」

キプリングは本気で信じていたのかもしれないが、「白人の重荷（責務）」は、けっきょくは、おこりうる最悪の事態をふくめた他民族支配の合理化である。巨大な政治的・経済的権力の主導下にあって、それに便乗した人々のあいだに強い政治的・経済的利害がからむとき、無邪気なイデオローグが思うほど理想的な結果はうまれないのである。

なおイギリスでも、一部の社会主義者（フェビアン主義者）が、帝国主義に賛成した。先にウェッブにふれたが、ここではB・ショーをとりあげよう。辛辣《しんらつ》な文芸・文明批評家として名だかいショーは、植民地人が「反文明主義」の支配下におかれるよりは、「いくらかでも進歩をもたらすに違いないイギリス人に支配された方が、ましである」と説いた（ゲイ三四三〜四）。この論理は、くしくも、朝鮮人は文明に敵する自国政府の支配下にあるよりは、イギリスその他の「強大文明国」に支配された方がましだとする福沢の主張（⑩三八二）に、合致する。

ルーズベルト――「フロンティア」消滅後の正当化

アメリカ人のうちから典型的な論者をあげるとすれば、それは、「フロンティア」が消滅した後、つまり先住民を駆逐し「指定地」へおいこんだ後、海外進出＝植民地化にのり出し始めた時期（一九世紀末）の大統領ルーズベルトである。

アメリカでは「建国」時代から、白人なかでもワスプには自らを特権視する「選民意識」があり、西部へと自由を広めるのが「アメリカの使命」であるという観念がつよかったという。彼は、そうしたアメリカ的イデオロギーの典型的な体現者である。キプリングの詩「白人の使命」について、つまらない詩だが、膨張主義的見地からするとセンスがいいという感想を語ったというが（グールド一四〇）、その膨張政策は、他人種・他民族は野蛮であり「欧州人種」が彼らを文明化するのだという、若い頃からいだいていた使命感（末里四七）の帰結でもあった。彼は主張する。「野蛮状態のなかで暮らしている人々に対するアメリカの義務は、彼らが鎖から解き放たれるのを見届けることである。われわれは、野蛮そのものを破壊することによってのみ、彼らを自由にさせられる」（岡倉一六九）、と。

一九世紀末、アメリカはルーズベルトが示した正当化論にもとづいてスペインに宣戦し、ハワイを併合し（ただしこれは海洋権力を得るための地政学的な関心にもとづいている）、そしてフィリピンを領有した。後者は、彼が大統領の地位（一九〇一～九年）にあった一九〇二年のことである。フィリピン人による独立運動の鎮圧を本質とする、その後一〇年におよぶ米比戦争中に、米軍はベトナム戦争時の「ソンミ村事件」に匹敵する虐殺事件をひきおこしている（藤永一八四〜五）。それをルーズベルトは大統領として知っていたはずだが、そのような内実をともなった米国の介入は、本当にフィリピン人を「鎖から解き放」ち、「野蛮そのものを破壊」し、彼らを「自由に」すると思っていたのであろうか。

レオポルドニ世――「文明化」の名によるジェノサイド

レオポルド二世は、一九世紀に生きたベルギー国王である。彼は植民地をえようと奮闘したが、それがもたらした影響・災厄は他に例をみないほどに甚大であった。

彼は、一八七六年にブリュッセルで開かれた「国際地理学会議」（名目は学術的だが実際は植民地獲得のための会議と化した）で、こう述べた。「この地球上でまだ文明が浸透していない唯一の部分に文明をもたらすことは……進歩の世紀にふさわしい聖なる戦いである」、と（藤永四六）。そしてこの会議で作られた機関は、「中央アフリカ探検文明化国際協会」である（同前）。最終的にこの機関がテコになって、レオポルド二世は、中央アフリカに広大な私有植民地「コンゴ自由国」を形成することになる。

だが、世にこれほど欺瞞的な主張はあるまい。現実には「公安軍」にあてがわれた主な任務は、コンゴ川流域の人民への奴隷労働の強制、象牙・生ゴム等の資源の収奪、そして反抗する人民への容赦のない鎮圧であったという（藤永八五）。こう言われても惨状が見えにくいが、藤永茂によればそれは真正のジェノサイドであり、奴隷労働の強制と鎮圧の結果、殺された人は数百万人（！）にのぼるだろうという（同八六）。反抗を理由に手首を切り落とされた黒人たちの写真を、今でも見ることができる。

にもかかわらず、この空前絶後とも言えるジェノサイドを敢行し、また先の「文明をもたらす」とする主張の主は、一九世紀末、「アフリカに私財を投入して未開の先住民の福祉の向上に力を尽くす慈悲深い君主」と、欧米で賞讃され尊敬を集めていたのだという（同八五）。

（4）目的としての「人類の幸福」

「文明化の使命」論は、文明化が最終的にめざすのは人類全体の幸福であるという自己合理化とむすびついている。もちろん、帝国主義的な植民地獲得（保護国化等を含む）にまい進する政治家・軍人・資本家等は、自らの政治的・経済的な利益獲得を目的としたのである。ミルがどんなに理想主義的な主張をしようと、しょせん「ネイボッブ」がインドで私的利益をおい求めたようにである。

だがその利己的な目的を、「文明化の目的＝人類の幸福」論はみごとにかくす。

世界全体の幸福――マハン

一九世紀末マハンは、アメリカは海外に進出せよ、なかでも北太平洋に戦略的な価値を認めてハワイを併合せよ、とけしかけた（前述）。その論理を示す過程で出されたのが、「世界全体の幸福」の増進という論理である。彼は主張する。米英が「互いに助けあいながら自由に膨張することができれば、世界全体の幸福を大きく増進させるということを、疑う者があろうか」、と（同九九）。

だがマハンは、同じ論理を提示した福沢とちがって、こうした主張に無理があることをあるていど自覚していたようである。だから、ただちに予想される批判に対して国家的な利己主義をみとめると宣言し（同前）、その結果、結局大西洋・メキシコ湾・太平洋のごくかぎられた沿岸地域（そこに米も位置する）の利益について論じるのである。「世界全体」を僭称しつつ、その実それは自分たちのことにすぎない点が露呈した事実は、興味深い。福沢をふくめ以下にとりあげるどの論者も、本気でその論理的な帰結を考えてみるなら、結局その主張は「世界全体」あるいは「人類」に名をかりた自己利益追求のための合理化の弁にすぎないことを、見てとることができたであろう。

人類の利益――ユゴー

マハンと同じ論理を、帝国主義イデオローグはもちいる。

先にユゴーの発言をひいた。彼はさらにフランスを「諸民族の救世主」であると宣言し、それればかりか、「フランスよ、宇宙はお前がいきることを必要とする。私はくりかえして言う。フランスは人類 hommes に必要である」、とさけんだという（ホブスン②六三）。

こうしてフランスの所業は、それが自らの利益のためのものであろうと、「人類」の利益にむすびつけて合理化されている。だがこの奇妙なむすびつきの根拠はなんら示されないが、そもそもそれへの疑念などは生じようもない。かつて「人と市民の権利宣言」における「人」homme は男性であって、そこに女性は入っていなかったこと、福沢の場合と同様に「人」とは教養も財産もある中産階級のことであり（S. ④五八三〜九）、しかもあくまで文明国の国民のことである、この結果、文明国の中産階級の男性のみが「人」である――これは自明のことであって、その点はなんら疑われていなかった。

ユゴーが自らの発言を自明のことと見なしたのは、彼自身がこれと同じ陥穽《かんせい》に陥っていたからである。

世界のため――キプリング／ロック

キプリングにも同様の自明視が見られる。「白人の重荷（責務）」と同年に書かれた「白人の歌」は、こうつづられている（S．サイード②六四〜五）――

「さあ、これが白人の歩む道／大地を清めに行くときだ！／航路をたどり、星々を仰ぎ、／左右はひろがる大密林。／俺達はその道をやってきた／――雨に濡れ風に吹かれた道を――／定めの星を導き手として／白人が手をたずさえてその大道を／行くのは、世界のためなのだ！」。

キプリングは、詩を構成する三詩節すべてで「世界のため」とくり返している。ユゴーの場合と同様に、「白人」の所業は「世界」の、つまり人類の利益にむすびつけて合理化されている。

ふり返れば、この種の発想はすでに一七世紀の政治思想家ロックに見られた。ロックは北米における植民地経営に関わっており、有名な『市民政府論』で先住民の土地剥奪を合理化する論理をたてた。彼は総じて所有権を確保する契機として労働をあげたが、土地についても労働を、具体的には耕作を介することで、初めてその所有権が獲得されると論じた。そしてその際、人類の幸福ないし利益がめざすべき目的であると論ずる。「労働〔＝耕作〕によって土地を占取する者は、人類の共同の資産を……増加させる」、とロックは記している（ロック三七〜八）。もちろん、そこで増加された資産はすべてヨーロッパ人のものとなったのである。あるいはロックは確かに「人類」と語ったが、要するにロックにとって人類にはヨーロッパ人しか入らないのであろう。

ホブスンは、帝国主義的策動が「合法的」なものと主張される条件を論じつつ、「一民族の他民族に対する行為に関して、私たちはこれ〔＝人類の幸福〕以外の〔判断〕基準を見出すことはできない」（ホブスン②一四七〜八）、と記した。ユゴーも、マハンも、キプリングも、こうして類似した合理化論に身をおく。マハンはまだしも一定の釈明を要すると感じたようだが、ユゴーにもキプリングにもその種の躊躇《ちゅうちょ》はかいま見られない。

なお、「世界のため」というより、当地のあるいはその人民のためという理屈ももちいられてきた（ポーター二三四～五）。先に見たルーズベルトの正当化論にもそれが見られた。「彼ら（＝野蛮状態にいる人々）が鎖から解き放たれるのを見届けること」がアメリカの義務であり、野蛮を破壊することで「彼らを自由にさせられる」、と（岡倉一六九）。だがそれは、他民族の名をかりたおためごかしであり、自らの野望をかくす言いわけにすぎないように思われる。アメリカの血なまぐさい歴史を見れば、そうではないと言わせない。

抵抗運動の鎮圧――ジャマイカ反乱とイギリスの文人たち

こうして「文明化の使命」論は、「文明化の目的＝人類の幸福」というさらなる合理化論とむすびついて帝国主義的な策動を究極的に合理化するが、同時にこの策動に対する抵抗運動の圧殺をも合理化する。

典型的な例は、一八六五年に起きた「ジャマイカ反乱」に対する帝国主義者の反応であろうか。すでにジャマイカでは奴隷制が廃止され、かつ「黒人」人口は圧倒的多数をしめていたが、土地所有の不平等に由来する貧富の差が歴然としていた。そうしたジャマイカで、放置されたある農場に一黒人が入りこんで告発されたことがきっかけとなって黒人による大規模な暴動がおき、総督エアは政府軍をつぎこんでこれを鎮圧した。しかも暴動の指導者を即決で絞首刑にした。この情報がイギリス本国につたわるや、社会を二分する論争がおきたのである。

ミルやダーウィンは、エアの対応を批判する側に立ったが（だからといってミルが帝国主義者ではなかったとは言えない）、エアを支持する、したがって抵抗運動の鎮圧を合理化する側に立ったのは、カーライル、ピアスンらである。

カーライルは言う。イギリス人が支配する国はどこであれ、「大洋のまっただ中で突然『船内の火薬庫に火がついた』」ような緊急事態が発生するなら、エアを見習うのが賢明である、と（ウィリアムズ一九六）。ピアスンは、イギリスが世界的地位を維持するつもりなら、必要とあらば何よりも、他の「劣等」民族を犠牲にしてでも自国民の福利をはかるよう心がけるべきである（センメル二六）、と論じている。

（5）帝国国民の形成——帝国意識とジンゴイズム

以上に、帝国主義イデオロギーを構成する四つの契機にふれた。だがそれらとならんで重要な契機は帝国国民であり、したがっていかにして帝国国民をつくるかに関する思想である。帝国国民を通じてはじめて前述の諸契機（観念）は血肉をえる。

帝国と帝国国民

そもそも帝国とは何か。共和制下にあるか王制下にあるかとは無関係に、広大な版図（一九世紀以降は特に海外植民地）を支配する国家を、帝国とよぶ。* そして、自らの属する国家がそのような帝国であることを、あるいは実際に海外植民地を持たなかった場合でも、それをもちうるほどの強大国であることを自覚し、その国民としてそうした国家のあり方を当然視し、それに愛着・誇りをもち、そして可能なかぎりその拡大に寄与しようとする心がまえ——これはいわば帝国（国民）意識であり、これをもつのが帝国国民である。

英仏の場合は帝国国民をつくる必要はなかった。イギリスでは従来から、フランスでも特にナポレオン戦争以来、国民（地域の割拠性をやぶった民族国家《ネーションステート》の構成員）が創成されていたのみならず、その後の歴史的な経過を通じて右記のごとき帝国（国民）意識をもった帝国国民が形成されていた。だが日本では、帝国国民はおろか国民さえ十分にうまれていなかった。そのため日本にあっては、帝国主義イデオローグ福沢は、国民意識をもった国民形成の論理の構築をはからざるをえない。しかも西欧諸国のように国民創成があるていどなったしかる後に帝国国民をつくるのではなく、ほとんどそのはじめから、国民意識・帝国（国民）意識をもった国民・帝国国民を形成する論理を構築せざるをえない（後述）。

＊福沢も日清戦争後に、償金もとり土地も割譲させ、このおかげで日本はにわかに実力をまして「富有強大《ママ》の一帝国となった」と記す（⑮一四二）。

ナショナリズム、ショーヴィニズムそしてジンゴイズム

ところで、帝国意識＊の中核としてしばしば形成される心性は、多少の語弊はあるが、全体として（帝国）ナショナリズムと呼んでよいであろう。ナショナリズムは一般に自国の発展をはかろうとする運動や思想をさすが、ここでは、背後にあって人の行動をつき動かす心性・意識をさすことばとして用いる。もちろんその心性・意識は、個人的なものであるよりはむしろ社会的なもの（フロムの言う社会的意識）である。

ナショナリズムは、原初的であり自然な発露であれば、自国（民）に対するしたしみや愛着として現れる。これを愛国心とよぶ人もいるが、むしろ自国愛とでもよぶ方がふさわしい。

それが高じれば、自国を誇りとし、その発展を支持しのぞむ心性へと成長するが、それは愛国心とよばれる。これがさらに高じれば、それは自国の発展のために自分の命を捧げてもよいとする心性にいたりうる。これも一般には「愛国心」とよばれるが、この次元の高い、あるいは己のアイデンティティを国家にゆずり

わたすが故にむしろ疎外されたと言うべき愛国心を、本書では、福沢もふくむ明治期の表現をもちいて「報国心」**と記すことにする。

　さて、帝国意識にはふつう、自国（民）意識とともに多かれ少なかれ他国（民）意識がともなう。後者が、前者によっておぎなわれつつ、他国（民）に対する否定的な評価をふくむようになると、ナショナリズム、特に前述の「報国心」とむすびついた疎外されたナショナリズムは、ショーヴィニズムへ、さらにはジンゴイズムへと変貌する。

　すなわち、自国（民）意識の一つとしてナショナリズムに付随しうる（1）自国優越意識、あるいは自国至上意識と、（2）その形成と表裏して形成される他国に対する劣等視・蔑視・憎悪が顕在化すれば、疎外されたナショナリズムは、ショーヴィニズムとよばれる排外主義的な意識・心性に、さらに、それが高じて、（3）自国の利益のために、戦争にうったえても他国（民）を屈服させ、支配し、虐《しいた》げ、時にはせん滅してもよいとする、ジンゴイズムとよばれる好戦的・攻撃的な意識・心性（S. Hobson、木畑一三二）に変貌する。***

＊以下、国と帝国、国民意識と帝国（国民）意識は、とくに必要な場合以外は区別せずに、それぞれ後者をもって代表させる。また「帝国（国民）意識」は簡単に「帝国意識」と記す。今後に出る「自国（民）」「自国（民）意識」、「他国（民）」「他国（民）意識」も、初回以外あるいはとくに必要な場合以外は、「（民）」を略して記す。

＊＊ただし福沢はそうした愛国心をさす場合にも、一般に「報国心」という言葉をもちいる。「愛国心」は福沢ではあまり見られない（S. ⑧五五三、⑮三〇）。

＊＊＊ジンゴイズムは、歴史的には露土戦争（一八七七〜八年）時に見られたイギリスにおける排外的・好戦的な愛国主義をさす。当時「ジンゴによって（by Jingo）」（Hobson4）というかけ声をふくむ愛国的な歌が流行した。

現代生活の不安とヘイトスピーチ

ジンゴイズムは、ショーヴィニズムの契機となる自国優越・至上意識およびそれと対をなす他国民の劣等視・蔑視から形づくられるが、その形成要因は何なのか。それは人間が有する「原始的攻撃本能」であると示唆する論者がいる（シュンペーター三九）。だがジンゴイズムが形成される地盤は、そうした普遍的特性ではなく、より特殊的かつ現代的な何かだと思われる。

結論から言えば、好戦性は、われわれが自己のアイデンティティ確保において多かれ少なかれ機能不全の状態にある場合に生じやすい。アイデンティティといっても、自己が誰であるか・誰でありうるかに関する、つまり存在可能性をめぐる根源的不安（哲学で主に問われたのはこれである）に関係すると同時に、具体的な現実生活に密着した各種の事情から、例えば日々の生活の困難、おかれた状況に対する不満、他者との人間関係に関わる不安、えられにくい自己確認・他者の承認等からも生ずるように思われる。ホブスンは現代における「大都市生活」を要因としてあげたが（Hobson 6）、それは以上の解釈に通ずるものがある。

もちろん好戦性といっても、現実に転化しうる場合のみか潜在的なままにとどまる場合もある。ただしその場合でも、何らかのきっかけを通じて、一定の状況下でゆるされると観念される各種の行為へと現実化しうる。また好「戦」性といっても、文字どおり戦争に訴えようとする場合もあれば、国内での他国民・民族の殺害や、ある種の争いへと結実しうる行動の場合もある。例えば関東大震災時の朝鮮人虐殺や、在日コリアンに対する暴行がそれである。あるいは単なる（とはいえ時に深刻な）誹謗・中傷等の場合もある。

近年の例で言えば、在日コリアンに対してくり返された「在特会」その他のヘイトスピーチは、たしかにこの潜在的な好戦性（ジンゴイズム）が現実に転化した例ではなかったか。それは、手ごろな場所にいる手ごろな他者（たいていは民族性などの違いのある他者）を血祭りにあげることで、自らのアイデンティティ不安を解消しようとする心的メカニズムの発露の一つであると思われる。そして、「朝鮮人出て行け」「殺せ」というさけび、コリアタウン等で居住者に向けられる恫喝等の行動を通じて、彼らの他者への憎悪は、その破壊・せん滅への具体的な欲求として（さらに）血肉化するのである。なるほど彼らは、そのような行動をとることで、仲間ができた、高揚感・連帯感をえたと感じ、あるいはいきどおり・不安・不満を解消させるのであろう（安田②四八、五〇、五九）。だがそれを通じて、朝鮮人に対する敵がい心・憎悪までも解消させるのではなく、それはしばしば彼らのうちにさらに蓄積してよりふかく根をはりつづけるのである。

媒体としての教育・新聞・宣伝・祭典

さて、自国優越・至上意識も、他国の劣等視・蔑視も、また他国民の絶滅をのぞむ心性も、したがってショーヴィニズムもジンゴイズムも、決して単なる抽象的な心性・意識ではない。それらは具体的なものであって、時々の体制下にあって、帝国主義イデオロギーの影響下にある学校教育・新聞・宣伝・祭典等を通じて醸成される（ホブスン②一二九～三〇）。

福沢は学校教育や新聞発行に関わった上に、祭典（招魂祭）の重要性に説きおよんだ。それ故、ショーヴィニズム・ジンゴイズム形成のために、福沢は二重三重の役割をえんじた（後述）。

（6）資本輸出・鉄道建設／軍備増強

以上では、帝国主義の経済的・政治的な側面を埒《らち》外においたが、それは帝国主義とふかくむすびついている。だがこうした利益の追求を主題的に論じた帝国主義イデオロギーは、かならずしも明瞭に表明されたわけではないように思われる（ポーター六三以下）。むしろこの種の利益追求は、実際の経済活動あるいは政治過程において見いだされ、追及されてきた。それ故（6）については、イデオロギーそのものより、経済活動・政治政策分析に関する証言をひくにとどめる。

「資本主義が資本主義にとどまるかぎり、過剰となった資本はその国の大衆の生活水準をひき上げることには用いられず……国外へ、後進諸国へ……輸出することによって、利潤をひき上げることに用いられるであろう。」（レーニン①一二五）

帝国主義を、巨大資本の成立によって説明しようとする流れは一九世紀からあったが、レーニンがそれを集大成し、金融資本つまり銀行と産業企業の融合によって生まれた独占体による、過剰資本の海外への輸出（金融資本と政府との癒着を通じた公的資金のそれをふくむ）が世界の経済的分割を、ひいては列強政府の政治的・軍事的支援とともに世界の領土的分割をみちびいた、と分析する。

「運河……以上に重要な帝国主義の道具に、鉄道があった。アフリカにおいて、鉄道は植民地統治のもっとも重要な記念碑である。」（岡倉二一七）

列強が巨大な版図を短期間にかつ効率的に支配しえたのは、鉄道がもたらした成果である。技術史家・星野芳郎が言うように、鉄道はなにより軍隊の大量・高速輸送を可能にしたからである*（星野八六）。同時に鉄道は、植民地で収奪した各種資源のつみ出しを容易にする用具であった（ヘッドリク二三六）。

「〔帝国主義的政策の〕最も危険な果実は……軍国主義である。……国民は、ますます費用のかさむ戦争の機構〔＝軍備〕を維持するために、汗と血を流して辛苦しなければならない。」（ホブスン②二四）

軍国主義とは、軍備増強と戦争を通じて国威を高めようとする体制である。そこでは貴重な税の多くがこの目的についやされる。それは国民に塗炭の苦しみをしいた。外戦時には、前線の兵士ばかりか銃後の国民さえ、つくられた外面的な熱狂のうらで、軍備のための重税、国家予算の濫用、そして外債の発行等による物価騰貴に泣いたのである。働き手を戦争にとられて生活苦にあえいだ老親、妻、子どもも多い。そして、上記の帝国国民の形成と軍備増強とがあいまって、他国への実際の軍事介入が可能となる。

＊鉄道の威力は大きい。一九世紀末、アメリカにおいて先住民の最終的な制圧を技術的に可能としたのは、一八六九年に完成した大陸横断鉄道であった。

（7）帝国主義的膨張のための国内的な体制

帝国主義（国）は、他国（地域）への介入・占領・支配を可能とする国内的な体制を整備する。これは、現実の政治過程を通じて列強政府によって見いだされかつ採用された政策であって、欧米ではイデオローグによって表明される必要はなかったように思われる。

帝国主義を可能とする国内体制の一例を福沢に即してあげれば（第三章の二）、それは、軍備拡張のための徴税・増税、強い兵を育てるための「人種改良」とそれに奉仕すべき女性の役割重視、官民調和（挙国一致）

とそれをめざした各種人権の制限、そして国権拡張のための「富豪」(資本家)中心の経済体制である。これに、本章「(5)帝国国民の形成」(四三~四七頁)に関連して記した、「報国心」(愛国心)およびそれを組織する教育制度・メディアの問題等をふくめれば、それらは欧米でも帝国主義的膨張の手段(時にはその原因)として、多かれ少なかれ採用され追及された方法・政策であった(ホブスン①②)。

(8)帝国主義的膨張のための対外的手法

そうした体制の下に、帝国主義(国)は各種の方法をもちいて他国(地域)への介入・占領・支配を断行する。また他国の支配には多様な側面・段階がある。それは他国内での租界の設定、より政治性・主権侵害の度合いの強い租借、あるいは地域・領域の割領、一国の保護国化、そして併呑(狭義の植民地化)などがある。

いずれも介入の発端があるのがふつうだが、それは帝国主義国の国内的な事情かあるいは他国でおこった事件か、後者の場合でもそれは他国の政治情勢等からおきたのか、帝国主義国による挑発・陰謀の結果か、したがってその後の現実的な政治過程は一般的な戦争か侵略か、締結される条約は平等なものか不平等なものか、外交交渉等によってえられる特権は何か、などが問われうる。

ヨーロッパの場合は、こうした帝国主義的な方法もまた、帝国主義イデオローグによって論じられるよりむしろ、実際の政治過程において政府や軍によって見いだされかつ採用されてきたが、後発資本主義国・帝国主義国に生きた福沢は、これらをも論じている(第三章)。なおこの手法のうちには、急速な資本主義化を通じて変貌した農村・都市の状況をふまえておこなわれた移民も、事実上ふくまれる。

空前の野蛮

最後に、以上のような契機をもつ帝国主義・帝国主義イデオロギーは、福沢に典型的に見られるように、各種技術とくに軍事技術の発展を擁護し、それを礼賛する。そして文明の名で、他国民に対するその利用、つまり他国民の支配・殺傷を合理化する。こうして帝国主義・帝国主義イデオロギーが称揚する「文明」は、空前の野蛮に転化する。

一八世紀ドイツの哲学者カントも、ある種の民族差別意識をもっていたが、一方で、アメリカ先住民の土地をうばい彼らを虐殺する欧米人を「ヨーロッパの野蛮人」とよんで糾弾した（カント二三二）。マルクスは、ちょうどペリーが浦賀沖に姿をあらわした時期に、「〔西洋の〕ブルジョワ文明のもつ……固有の野蛮性は、この文明が体裁のよい形をとっている本国から、それがむきだしとなっている植民地へと目をむけかえる時に、あからさまとなる」と、イギリスのインド支配を念頭において記した（マルクス②二一七上）。福沢の同時代においても、植木枝盛は、アメリカの黒人奴隷制や欧米列強の「文明化」の運動を、「大野蛮」と批判した（植木一六二〜三）。

第二次大戦後、アドルノらによって啓蒙は野蛮に転化するという議論がなされた。その当否はここでは論じないが（S．杉田⑥一〇八）、帝国主義イデオロギーにおいて、それがめざす「文明」はあきらかに野蛮に転化する。この点は、第三章三で福沢に関連してあらためて述べる。特に日清戦争を通じて出来した各種の事件・惨劇（旅順虐殺事件、朝鮮王后の暗殺、台湾征服戦争）に関する福沢の論説を見れば、この事態は明瞭に理解されるであろう。

第二章　福沢諭吉の帝国主義イデオロギー

前章で、典型的な帝国主義（イデオロギー）の諸契機を論じた。そのいずれをも、福沢の思想は包含する。一人の思想家が、以上の諸契機を提示しえたという意味で、ヨーロッパにさえ福沢と比肩しうる体系的な帝国主義思想家はいないように思われる。

一、福沢の帝国主義イデオロギーの諸契機
――文明・人種差別・文明化の使命

本章で福沢の帝国主義イデオロギーを論ずるが、（1）以下は、第一章のそれと対応しないことをお断わりする。欧米の帝国主義イデオロギーについては、その契機を第一章に見る（1）～（8）の順序で記すのが適切と思われた。けれどもこの順序は、後発資本主義国・帝国主義国に生きた福沢のそれを記述するためには、必ずしもふさわしいとは思われなかった。以下、（1）のように二つの契機をひとまとめに論じた場合があるが、中でも重要と思われる契機（帝国国民形成の論理）については、節をかえて論じた。

（1）文明観および「日本＝アジアの盟主」論

「野蛮－未開（半開）－文明」図式

福沢は、欧米の帝国主義的な思想家と、「野蛮－未開（半開）－文明」図式を共有する。帝国主義と因縁の深いことば「文明」を冠した初期の著作『文明論之概略』（七五年）において、福沢は当初、日本を「半開」

と見ていたようである（S．④一七）。

だが同時期に福沢はすでに日本を「文明」の地位におき、中国ひいては朝鮮に対する差別的な視線を保持していた（④二三～四、⑳一四八）。そしてその理解はその後かくたるものとなり、文明化した日本が、「アジアの盟主」として、野蛮・未開にとどまる朝鮮・中国を文明化することを歴史的な使命と見なし、それができない場合には、その「滅亡」を当然視するところまで行きつく（⑩三七九以下、S．⑦二一四）。

福沢は「啓蒙期」（一八六〇～七〇年代）には、比較的平等主義的な書き方をしていたと見なしうる。『西洋事情』初編（六六年）には、「四海一家・五族兄弟」の理念にもとづく挿絵がえがかれていた（①二七八）。これは、七六年の論説で「天地一家・四海兄弟」（⑲五五八）という言葉をもちいているのを見ると、福沢自身の発想にもとづいたものと思われる。

だがすでにその時期に、差別の視線が共存していたのも事実である。『掌中万国一覧』（六九年）では、「白人」について、「皮膚麗《うるわ》しく……容貌骨格すべて美なり。その精神は聡明にして、文明の極度に達すべきの性あり。これを人種の最とす」と、また「黒人」については、「性質懶惰《らんだ》にして開化・進歩の味を知らず」と、ヨーロッパ中心主義的な紋きり型の文言がならんでいた（②四六二～三）。この時期にすでに福沢は、この種の、欧米人（白人）が文明化の頂点に立つとする文明観を内面化していた。

そして、上記『文明論之概略』等をへた八〇年代初頭に、あたかも「文明」概念の必然的な帰結を示すかのように、こう表明するにいたる。「東洋の列国にして文明の中心となり他の魁《さきがけ》をな（す）……ものは、日本国民」である、と（⑤一八六）。

その後、この姿勢ははるかに明瞭となる。右の引用をふくむ『時事小言』を出した翌年には、「アジアの東方においてこの首魁《しゅかい》・盟主に任ずる者はわが日本……我すでに盟主たり」（⑧三〇）と、よりていどの高い述語が用いられている。「盟主」であるとは、単に日本が他国に対して先進的であるとの表明なのではない。むしろ日本は、遅れたアジアの国々を文明化する先導者であり、文明化の流れをアジアにおし広げなければならないという明確な立場に立つことを意味する。九〇年代になると、その含みははるかに明瞭になる。福沢はくり返し、日本は「東洋の先導者」（⑭五一三）、「東洋文明の先導者」（⑭五一五～六、⑭五四六）等と表明する。

福沢の「文明化の使命」論――「文野」の戦争としての日清戦争

しかもこの「盟主」「先導者」との自覚は、日本がアジア諸国による自主的・自発的な模倣の対象であり改革の模範だとする理解を、はるかにこえている。それは、アジア諸国に改革をうながしてその「文明化」をはかるのは、日本の使命であるとの認識をもふくんでいる。次のような表現を、日清戦争期に見いだすのは容易である――

「〔朝鮮への〕今回の出兵は……文明の進歩のために、至当の天職を行うものなり」（⑭四四四）
「世界共通の文明主義を拡張する天職」（⑭四九七）
「世界文明のために戦う……世界文明の大勢が日本国に委任したるその天職を行う」（⑭五〇〇～一）

晩年にも、日本国民について、「人道の移植をもって自ら任ずる文明の国民」（⑯四一二）、などと福沢は記している。

ところでこの「文明化の天職（使命）」論には、武力行使さえ是とする考えがふくまれている。『時事小言』（八一年）で福沢は、「アジア東方の保護は我が責任なり」と明言していたが（⑤一八六）、ここで温情主義的《パターナリズム》な「保護」によって福沢が意味しているのは、武力による介入・統制・支配である。福沢が文明化を、火災をふせぐために地面を横領して「石室」をつくるという比喩をもちいて論じたことからも知られるように（⑤一八七）、武力の行使がすでに念頭におかれている。翌年、『時事新報』発行を通じて現実政治によりふかくかかわった時期には、福沢は、朝鮮をいぜんとして未開と見なし、最後ははっきりと武力をもちいてでもその文明化を達成させる、と記していた（⑧二八以下）。

　その後も、朝鮮文明化のために、武力をもちいよと福沢はくり返し主張する。なるほど武力を武士の双刀だと、つまり刀（兵力）は相手を切るためではなく服従させるために腰にさすにすぎない、と語る（⑭四三五～六）。そのおどしがあれば朝鮮政府を統制できると。だが実際は、福沢は抜刀（兵力行使）を容認したばかりか（⑭四八〇）、後述する東学農民軍（七一頁）に対してはそれを当然視した。福沢が社主となった『時事新報』は、「征清」とならんで東学討滅のようすを報道しつづけた。

　以上が、福沢に見られる「文明化の使命」論である。これを最も明瞭な形で見せたのは、日清戦争を合理化するために書かれた論説「日清の戦争は文野の戦争なり」であろう。ここで福沢は、明治政府の（同時に福沢の）帝国主義的な野望・権謀術数を隠蔽して、日清戦争*は「文野の戦争」であり、その戦争において、「日本人（は）……ただ世界文明の進歩を目的として、その目的に反対してこれを妨ぐるものを打ち倒したるまでのこと」、と論じたのである（⑭四九一～二）。「文野の戦争」とは、単に文明と野蛮の戦争という意味につきない。そうではなく、それは野を文する戦争、つまり野蛮を文明化する戦争という意味である。

＊日本は条約上の正当な根拠がないまま大軍を朝鮮に派兵した（後述）。

合理化論の背後にある実際の政治過程

だが、「野蛮の文明化」であると自ら合理化する戦争の実体がいかなるものかを、福沢は知らなかった。というより、知っていたがその意味を真剣に問おうとはついにしなかった、と言うべきか。これが、「文明化の使命」論に必然的にともなう姿勢である。

九四年六月、にわかに活発となった東学農民軍を鎮圧しようと朝鮮政府は清に援軍を要請したが、日本はそれを奇貨として朝鮮に大軍を送った。この事実を知った農民軍指導部は、朝鮮政府とのあいだに急きょ和約をむすんだために、朝鮮政府は、「出兵理由がなくなれば撤退する」という天津条約の規定にもとづき、清および日本に撤兵を要請した（原田六五）。だが日本はこれを黙殺したのみか、綿密な計画の下に王宮に侵入し（中塚②五三以下）、傀儡《かいらい》を擁立した上でそれに清軍の鎮圧を要請させたのである。* こうして日本は清との戦争に強引にふみこんだ。**

福沢は、王宮占領が日本軍の謀略によるものであることを、知らなかったかもしれない。『時事新報』には、号外をふくめて特派員の通信がたびたび掲載されたが、これもしょせんは参謀本部・日本公使館の統制下におかれた情報だったからである。だが福沢はこれを妄信し、そもそも朝鮮政府が「清兵駆逐」要請を日本軍に出すなどということが本当にありうるのかどうかについて、事実究明の姿勢をもたなかった。もっとも、そうした要請の有無とは無関係に「支那・朝鮮両国に向いて直ちに戦を開くべし」（⑭四七九）と呼号するほどであるから、福沢にとって王宮占領が謀略によろうがよるまいが、どうでもよかったのであろうが。

それにしても、福沢が当初あげていた居留民保護という名目（⑭三九三、四一一、四八七）は、どうなったのだろう。農民軍と朝鮮政府の和約のおかげで保護の必要性はなくなったというのに、軍が王宮を占領することは、過度の逸脱である。福沢はそれを問題にさえしていない。福沢にとって、居留民保護はただの名目にすぎなかった。そもそも、日本軍派兵時に漢城《ハンソン》の居留民に実際の危機がせまっていたとは言えない。東学農民軍が落とした全州城《チョンヂュ》は漢城から二〇〇キロ近く離れており、そこはむしろ朝鮮の南端にちかいのである。

＊ただし証拠文書に関する正式記録はない。とどいたとされる文書も公式文書ではない（藤村九五～六）。

＊＊その直前の時期、明治政府は第六帝国議会で民党の攻勢のために窮地におちいったが、清との戦争にふみこんだのは、八千もの軍を送りこんだにもかかわらず、何の成果もないまま撤兵したのでは、民党・世論の非難をかわせないと恐れたためである（陸奥七二、藤村六一以下）。明治政府は、朝鮮政府にあれこれと難題をだして開戦の口実をつくった（中塚①一五四以下）。

（2）人種（民族）差別――朝鮮・中国人の蔑視

帝国主義イデオロギーには、根づよい人種主義（差別）、民族差別が見られるのがふつうである。福沢においても、それは明瞭である。第一章で、「白人」内の劣等者に対する差別主義にふれたが、まず問うべきは、福沢の「黒人」に対する視線である。

福沢は、『学問のすすめ』で「報国の大義」（後述）をはじめて論ずる際、「理のためにはアフリカの黒奴にも恐れ入り」と記した（③三一）。そして直後で、「道のためにはイギリス・アメリカの軍艦をも恐れず」、と（同前）。これらは「報国の大義」を説明するためのレトリックであるとはいえ、福沢も西洋で一般化していた「白人－黄色人－黒人」という序列意識（第一章）を、内面化していたと言わざるをえない。

だがここでより大きな問題は、「黄色人種」内の「劣等者」に対する福沢の視線である。それは、すさまじいまでの差別意識にみちている。

朝鮮（人）・中国（人）の蔑視

福沢にとって固有の「文明化の使命」論を合理化するのが、朝鮮（人）・中国（人）＊を劣等であり野蛮であると決めつける視線である。他にもこれと裏腹に形成される自国（民）の優越視がそれを合理化するが、これについては本章の二で論ずる。

さて、福沢がなげつけた悪意にみちた罵詈《ばり》・雑言《ぞうごん》は、おどろくべきものである。その一覧を、以下にかかげる（繁雑になるため出典は略す）。まず朝鮮および朝鮮人に対するもの――

「小野蛮国」、「野蛮国」、「未開」、「腐敗の大病国」、「大厄介国」、「車夫・馬丁の国」、「車夫・馬丁の巣窟」、「化物屋敷」、「腐敗の頂上」、「朽木・糞土」、「悪獣国」、「衰弱の極」、「貧弱国」、「半亡国」、「懶惰《らんだ》（＝怠惰）の貧国」

「未開の民」、「頑愚」、「凶暴」、「頑民」、「頑愚・凶暴」、「頑陋《がんろう》（＝かたくなで賤しい）」、「頑冥《がんめい》（＝かたくなで道理に暗い）・倨傲《きょごう》（＝おごりたかぶる）」、「頑冥教うべからざる」、「頑民」、「固陋・不明」、「無気力」、「無気力・無定見」、「軟弱・無廉恥（＝恥を知らない）」、「奴隷の群集」、「豺狼《さいろう》（＝山犬と狼）」、「狼群」、「牛馬豚犬」、「車夫・馬丁の仲間」、「車夫・馬丁の輩」、「車夫・人足」、「卑劣」、「糞土の牆《しょう》（＝腐りきった者の巣窟）」、「頑冥・不霊（＝無知）」、「無識」、「愚鈍」、「頑陋・愚鈍」、「近眼・浅慮」、「軟弱」、「愚昧」、「腐敗・醜穢《しゅうえ》」、「偽君子（＝偽善者）の巣窟」、「無頼」、「卑屈なる小国人」、「腐儒」、「腐儒の巣窟」、「数百年来儒教の中毒症に陥りたる人民」、「頑冥不霊は南洋の土人にも譲らず」、「疑い深くして容易に打ち解け（ず）」

中国および中国人に対するそれは、次のとおりである——

「腐儒国」、「数千年の老腐儒国」、「老大・朽木」、「豚屋」、「豚尾《とんび》国」、「老大腐朽」、「老朽国」、「老大国」、「腐敗国」、「老大の腐敗国」、「悪獣国の地主」、「枯朽・腐敗」、「腐敗の大病国」、「老朽の腐敗物」、「老耄《ろうもう》（＝老いぼれた）国」、「不仁不義の老大国」、「朽ちたる大木」

「頑冥」、「頑冥・不霊」、「頑陋・不明」、「馬鹿」、「遅鈍」、「無知・無謀」、「無知・無識」、「文明境外・無識の愚民」、「無神経の老大国人」、「無知・蒙昧」、「頑固・無知」、「暗愚」、「怯懦《きょうだ》（＝臆病）」、「怯懦・卑屈」、「法外・無類」、「剛愎《ごうふく》（＝強情）」、「徒大（＝からいばり）・倨傲《きょごう》」、「剛腹・倨傲」、「漫《みだ》りに尊大を構えて去勢を張（る）」、「腐敗」、「臆病」、「半死の病人」、「孑孑《ぼうふら》」、「豚」、「豚尾」、「豚尾児」、「豚尾奴」、「豚尾漢」、「下等動物」、「悪獣」、「恥を知らざる」、「残忍・無情」、「チャンチャン」、「乞食」、「乞食の行列」、「乞食流民」、「下郎輩」、「乞食・流民」、「腐敗・惰弱」、「老大国儒流の腐敗」、「陋劣《ろうれつ》（＝卑しく劣る）・不霊」、「人外の人種」、「最下最劣の人種」、「破廉恥」、「鉄面皮」、「人外の思想を抱く者」、「穢《きた》ねえ」、「乞食・穢多《えた》」、「虱の移る」、「腐ったような穢《きた》ねえ」、「木虱《だに》が移る」、「ぢぢむさく穢ない」、「湯に入ったことがない」、「変な臭気を放（つ）」**、「国民の骨に徹したる淫欲の余毒」、「一家妻妾群居」、「淫逸を恣《ほしいまま》に」

以上が、福沢が論説や漫言で朝鮮（人）・中国（人）になげつけた差別表現である。これらは、ごく一部に文の要素もあるが、ほとんどは単語ないし句にすぎない。だが、前後の文脈をふまえて朝鮮人・中国人について論じられた一～数個の文章までとり出せば、はるかに長く、そして影響の大きな差別表現の一覧ができあがるだろう（安川②一二〇～一二、安川他四一）。一例をあげる。

一八九七年十月、朝鮮が国号を「大韓帝国」とあらためたとき、福沢はこう記した。朝鮮国のありさまを見ると「独立」とは名ばかりで実がともなわず国の体をなしていない、今後国王は「朝鮮皇帝」と称するようだが驚くべき措置である（⑯一三二）、と。だが、いったいこれは何のために書かれたのか。外国をせせら笑う姿勢は、今日のヘイトスピーチと本質的な点で同じである。

同時に福沢は、国王などは最近まで他国の公使館に借り住まいしていたほどである、自分の住まいさえきめられない国王が、にわかに皇帝と称することなど子どもの戯れであって、誰もとりあわないだろう、と記す（同前）。これは、日本公使および壮士による朝鮮王后暗殺後に国王が身の危険を感じてロシア公使館に一年以上にわたって避難した、いわゆる「露館播遷《はせん》」のことだが、国王がそこまでして身を案じなければならない状況は、福沢が後おしした日本政府（公使は政府の名代である）によって、あるいはその黙認によってつくられたという事実は、一顧だにされていない。そして、福沢自身は日本政府の慎重な姿勢をはるかに凌駕して、王后暗殺の事実を隠ぺいしようとした（第三章の三）。

この種の、朝鮮および中国に対する言いたい放題のマイナス評価は、福沢論説の随所に見いだすことができる。これらは、前記の差別表現とあわせて、世論を朝鮮・中国の蔑視にむけて誘導するのに、さぞ力があったであろう。

＊これ以降、たいていの場合「（人）」を略す。

＊＊福沢は息子にあてた手紙でも中国人の「臭気」に言及しているが（⑰五七二）、臭いはしばしば差別の道具となる。今日、日本に見られる臭いに対する過度の潔癖症は、差別の土壌になっていないか。

ヘイトスピーチ――差別と憎悪を生む装置

帝国意識には、多かれ少なかれ他国民に対する差別意識がともなうが、以上の罵詈《ばり》・雑言《ぞうごん》やマイナス評価は、差別どころか憎悪さえうみ、それへと扇動するヘイトスピーチである。福沢は晩年、元来人の「私行」を摘発してこれを攻撃するようなことは非常にきらいである、と記した（⑯五九八）。個人に向けられる差別発言もおそるべきだが、この種のヘイトスピーチは、特定のカテゴリーに属する人々を総体としておとしめ、彼らに対する敵意と憎悪へと人をかり立てる。だが、朝鮮人・中国人に対する差別的言辞を「先覚者」福沢がこうしてどうどうと記すとき、どうやって「嫌韓流」流の隠微なヘイトスピーチを批判できるのであろうか。

　歴史学者・松浦玲は、日清戦争を通じて日本人が「清国や中国人に対して持っていた畏怖の念は放棄され、侮蔑感がとって代わ（った）」と記すが（松浦一五六）、福沢はそもそもそうした明確な意図をもって、日清戦争期以前からヘイトスピーチを行ってきたにちがいない。こうして形成された侮蔑感・憎悪は、福沢がくり返した戦争への扇動とともに、容易に他国民支配、そのせん滅への願望にむすびつく。後述するように、ジンゴイズム形成のために福沢ほど力をつくした思想家もめずらしい。その意味でも、福沢は他に例を見ない典型的な帝国主義の思想家である。

　そして松浦が言うその意図は、おそらく実現した。当時にあって、不特定多数者を相手としたメディアとしては新聞が最も有力だったが、その新聞においてヘイトスピーチがくり返されたとき、その影響が国民におよばないとは考えられない。同時進行中にこの事態を冷静に見ていた人物がいる。福地源一郎がそれである。福地は福沢からすれば、「官権新聞」（⑤三一六、⑧二九四以下）と言うべき『東京日日新聞』*の論説主幹だった人物だが、その観察はするどい。福地は山形有朋にあてた書簡のなかで、日本人があまりに中国をあなどり中国人をにくむ傾向があるが、それは「諸新聞・諸通信等の無責任に出候《いでそうろう》もの与《あずか》りて力あるか」と、記していた（宇野七六）。

＊もっとも「官民調和」を社是とするかぎり、『時事新報』も事実上の官権新聞である。

「チャンチャン」「豚尾」――人間性の剥奪

福地源一郎が言う中国をあなどり中国人を憎む表現は前記のように多様だが、「チャンチャン」ないしそれに類する言葉は、その後随所で中国人を実際に侮蔑するために用いられたようである。例えば日清戦争当時に大流行した歌には、「……遺恨重なるチャンチャン坊主……難なく支那人打倒し……」、といった歌詞が見えるし（佐谷一六）、また山川均は、「大勝利の報道がくると……敵国人（＝中国人）は劣等民族で、まともにシナ人と呼ぶ者はなく、『チャンコロ』とか『チャンチャン坊主』と呼ぶことになっていた」、と証言している（山川一一八）。福沢もその流れにのったのであろうが、同時に福沢のヘイトスピーチがこの流れをつよめたであろう。『時事新報』は、当時発行部数の最も多い有力紙だったのである。なるほどそれは大衆紙ではなかった。だが、「オピニオン・リーダー」（ラザースフェルド他一〇五）、に読まれたことで『時事新報』が世論形成にもった影響力は大きかったと判断される。

そして中国人を「豚」と見なすヘイトスピーチが、彼らに対する蔑視を相乗的につよめたにちがいない。すべての元となった言葉は「豚尾《とんび》」である。これは、清朝の支配者たる満州族男性の弁髪（これは頭髪を剃《そ》って後ろの髪のみをのばす点で江戸期の「ちょんまげ」と本質的に同一である）をあげつらう言葉である。また先の一覧には「豚尾児」という言葉も見えるが、これは「豚児」が愚息を意味する言葉である点が意識されていたにちがいない。第一章で見たように、帝国主義イデオロギーは他国民（民族）を子どもとしてあつかう。

『時事新報』に掲載された時事漫画でも、弁髪が強調され（韓他七四）、中国人は時に豚そのものとして描かれている（同七〇）。これらは福沢自身の前述の「ヘイトスピーチ」と増幅しあって、中国人に対する差別意識をあおり、それを定着あるいは増幅させるのに、あずかって力があったことであろう。

また、中国人・朝鮮人を人間以下の獣（牛馬豚犬とくに豚）や虫けら（ボウフラ）のように見なす視線もまた、彼らはかけがえのない命をもった存在ではなく、簡単にひねりつぶしてよいと見る心性をやしなったであろう。ナチの時代に作られた『ユダヤ人ジュス』をはじめとするユダヤ人に関するプロパガンダ映画は、ユダヤ人を寄生虫であるかのように描いていたが、それは要するに、ユダヤ人は人間ではなく特殊な存在であり、「アーリア人」に害になる存在だと思わせるのに、成功したと言える。

「ドイツ・シオニズム同盟」の最後の会長をつとめた人物が、戦後にかつてをふり返って書いた文章は、そうしたヘイトスピーチの効果をよく示している。彼は、ドイツの街を歩いていて通りすがりに聞いた母子の会話を、記録している。子どもがユダヤ人をさして、あれはどんな人たちなのかとたずねると、母親は「あれは人間じゃないのよ。ユダヤ人 Jude なのよ」と答えたというのである（羽田一〇六）。日本語訳ではユダヤ「人」と人を表すことばが入るが、ドイツ語ではそうではないだけに、母親の答えはなまなましい響きをもっていたにちがいない。

中国人・朝鮮人が「豚」であり「ボウフラ」であるとき、どのようにして彼らのうちに人間をみとめうるのであろうか。

アイヌに対する視線

福沢の差別的視線は、中国人・朝鮮人に対してのみか、障がい者、被差別部落民、老人、女性、平民（町人）等に対しておよんでいる（杉田⑦二五二〜三）。

アイヌに対してもそうである。これは中国人・朝鮮人に対する差別的視線と同種のものと判断できる。福沢は、アイヌが食事の際に膳や椀、箸を用いない点（ただしこれは真実ではない）にふれて、日本内地の人民と「北海道の土人（＝アイヌ）」とを比較するときは、内地は文明だが北海道は「不文」と言うべきである（⑤二八四、S．④一八）、と記していた。また遺伝絶対論に依拠する姿勢を説明しつつ、「北海道の土人」の子をやしなって文をまなばせ、時間をかけ財産をすてて苦労して教育し、はれて卒業となっても、わが慶応義塾上等の教員になることができないのは明らかであると、アイヌに対してかなり侮辱的な評価を下していた（⑧五八）。

ここで福沢がアイヌを無知蒙昧で幼稚な民と見ている点は、重大である。福沢がどこまで子細を知っていたかは不明だが、福沢の死の前々年（一八九九年）には「北海道旧土人保護法」が制定され、アイヌの土地所有をふくめた基本的な権利が、大幅に制限されたからである（井上勝②一七六以下）。その時期に『時事新報』が特に同法について報じたあとは見られないが、福沢のアイヌに対する見方は、『時事新報』の報道姿勢を決したに違いない。

福沢は一般に他民族については、遺伝という話はもち出さない。というのは、ひとたび遺伝的に現状にとどまると言えば、「文明化の使命」は意義をうしなうからである。だがアイヌについてだけはそうではない。右のような遺伝絶対論の文脈で、事例として語られさえした。それは思うに、すでに日本人によるアイヌの征服は基本的に終えており、中国人・朝鮮人に対するようによけいな配慮をする必要はなかったからであろう。だが、征服し同化させたアイヌに対する目線は、おのずと同じ「未開」の朝鮮人・中国人へと向かう。

（3）文明化の目的としての「人類の幸福」――各種運動の否定・鎮圧の合理化

福沢も、欧米の帝国主義イデオローグとともに、文明化は「人類の幸福」が目的だと主張する。日清戦争の開始直前の時期に、福沢は、世界と名づけられた地球の全面はそこにいきる人類の共有物にほかならないと記した上で、朝鮮への侵略的行為を正当化せんとする。つまり、朝鮮への出兵は、「人類の幸福、文明の進歩のために、至当の天職を行うもの」だというのである（⑭四四二以下）。

また晩年には、大英帝国を完成させた当時の宰相グラッドストーンの死に際して、翁の目的は文明進歩の一事にあった、そして世界の文明を進め人類の幸福を増す大事業に一番力があったのは、アングロサクソン人である云々と記して、イギリスの比類のない帝国主義政策をまるごと合理化した（⑯三四九）。あるいは「世界人道」という言葉をもちいることもある。福沢は、アメリカによるハワイ併合事件がおきた際、未開国に文明をさずけその人民をみちびくのは「世界人道」のためであって「我々文明人の義務」であるというアメリカ人の言い分をみとめたうえで、領土拡張政策に舵をきったアメリカの帝国主義的策動を支持した（⑯二四）。

こうして福沢は、「人類の幸福」「世界人道」の実現をめざした文明化のために、「野蛮国」の一部あるいは全体を一時的にせよ永久にせよ占領することや、「戦勝の結果として」（⑮一三五）同国の一部あるいは全体を併呑することを、合理化するにいたるであろう（第三章二（6）～（10））。

各種資源は人類の共有物

福沢の議論はこれにつきない。（3）冒頭の引用に見るように、福沢は朝鮮への出兵を合理化する際、世界と名づけられた地球の全面はそこにいきる人類の共有物にほかならない（⑭四四二以下）と主張していた。どの国も、自らの必要のために領土内の各種資源を利用する権利があるのは当然だが、それら資源はその国・国民のものではなく「人類の共有物」であると福沢は言うのである。そればかりか、野蛮国・未開国がその共有物を私物化する（！）なら、力によってその国をひらき、資源は共有物だという「天然の約束」にしたがわせなければならない、と記している（⑭四四三）。そして、福沢はこれを合理化せんとして、あらためて「人類の幸福」をもち出すのである。共有物を私《わたくし》することは、文明開化の進歩をさまたげて人類の幸福をむなしくすもの、と（同前）。

他国に対する帝国主義的な策動を、このような論理で合理化した帝国主義イデオローグは（ロックをのぞいては）他に知らない。これは、朝鮮の各種資源をなんら悪びれずに略奪し私物化する強盗の論理である。総じて各国が輸出をおこなうのは、それが当の国にとって利益となる見とおしがあるからであろう。だが先の論理で福沢は、そうした利益と無関係に他国のつごうにあわせて無条件で資源を提供すべきものと、事実上論じたのである。なぜなら福沢は、朝鮮に対する不平等条約によるいくつもの特権を前提に、日本商人がはげしい不等価交換による収奪をおこなっている事実を、不問に付すからである（第三章二の（2））。

福沢は日清戦争終結後に、類似した論理を中国に対して用いている。四億の人口を有する清国全土の土地を、世界の表面から遮断して文明の空気にふれさせず自然の発達をさまたげるのは、いわゆる「天物を暴殄《ぼうでん》する」（利用せずにむだにする）ものと難じた上で、中国への介入を合理化しようとする（⑮二四四、S．⑮二七）。中国とのあいだにむすばれた条約は、朝鮮の場合とことなり対等条約であった。だが下関条約を通じて資本輸出権を獲得した日本は、いまだ弱い中国の民族資本をしりめに中国へと進出する。そして安い土地・資源・労働力をもちいて、その富を国外に流出させるであろう。

そして中国についても、福沢は「人類の幸福」をもち出して合理化するのを忘れない。中国をひらくのは、天のあたえた幸福・利益を世界の人類とともにするためであり、日本人は名誉にも戦勝の結果をひとりじめせずに、世界のために無尽蔵の富源をひらいたのである云々（同前）。

第一章で論じたように、「文明化の使命」論は、人類のためという言い分と同時に、現地および現地住民のためだという論理によっても合理化された（四二頁）。福沢が「文明化」を強いたのは主に朝鮮に対してだが、それを合理化するために、やはり同じ理屈がもちいられている。日本は日清戦争開始期から朝鮮政府の改革に着手した、「義侠」心から百難をおかして熱心にこれに従事し、「彼国のために尽したること実に少々なら（ず）」、と（⑮九四～五）。字づら上は、この後この言い分は否定されるのだが、それは朝鮮政府の改革は「自利」のためだという論理を強調するためのレトリックである。実際福沢は、朝鮮人のために文明化をはかろうとしているのだと、何度も記してきた（t．⑭四三六、⑯三二六～七、S．⑩三七九以下）。

独自な運動の否定・その鎮圧の主張

「文明化の使命」論は、人類の幸福や現地（人）のそれが目的だという合理化とあいまって、深刻な事態をひきおこす。それぞれの地域でめばえた独自な運動に対して、完全に否定的な態度をうむ。福沢には、それらの運動は「文明化」に反するものとしか見えない。

以下、アヘン戦争、太平天国、東学農民軍、フィリピン独立運動、そして義和団鎮圧戦争に関する福沢の姿勢を論ずる。その後に、各種の運動を否定するのみか、その鎮圧を当然視する福沢の姿を見ておきたい。

アヘン戦争と太平天国

福沢はアヘン戦争の発端を作った林則徐《りんそくじょ》に言及し、こう記した。この無知の短気者がイギリスからのアヘンの積荷を理不尽に焼き捨てたために、英軍にひどく痛めつけられた。そのため、今日にいたるまで世界中にイギリスを咎《とが》める者はなく、人はみな中国人を笑うだけであると（①二二）。

だがアヘン戦争は、貿易赤字縮小のためのイギリスによる一方的なアヘン輸出が発端となったのである。福沢は林則徐がアヘンを「理不尽に焼き捨て（た）」と記したが、イギリスがおこなったあくどい商売（それは人道に反するとさえ言える）を何ら問うことなく、同国の視点に立った情報のみを摂取した。ここにかいま見られるのは、欧米を文明化の頂点と見なし、それに抗《あらが》う運動はすべて嘲笑・罵倒の対象としてさげすむ福沢の姿勢である。福沢はここで侵略する側の視線で問題をながめている。

独自の運動の意義を理解しない（できない）のは、太平天国についても同様であった。それは、アヘン戦争の約十年後、洪秀全《こうしゅうぜん》によってめざされた宗教組織および革命運動の名称である。その中心思想は、キリスト教および土着の宗教の混合よりなる。その影響は華中・華南におよんだ。洪秀全は、清朝の腐敗ならびに列強による民衆収奪に抗して、天の前に人民は平等であり貴賤・貧富の差はないと主張したのみか、土地、食料その他の公平な分配の必要を説いたため、社会的によわい立場におかれた多くのひとびとが洪のもとに結集した（中山四三二以下）。

むろん、時代の限界をこえたこの理想主義的な運動には、多くの弱点があったであろう。だが、貴賤尊卑をきらい中国的な「天」の概念をもちいて人民の平等を説いたはずの福沢は、土着的な運動に反射的に反感をもつ。だから「長毛賊〔＝太平天国徒〕……いわゆる頑固者流」と賊あつかいし、また日本で広まった噂をもとに「明《みん》の回復を云々し（た）」時代錯誤を印象づけて（⑯二一五）、簡単に切りすてるのである（⑤二一五)。この姿勢はごく初期から一貫している。福沢が遣欧使節にしたがって渡欧した際、シンガポール到着時(一八六二年)に記したメモは、太平天国について「長髪の賊勢」云々と記すのみか、太平天国徒は女性・子ども・老人をとらえあるいは殺し、通過する場所はことごとく放火して家を焼き、田野をあらし、北京の周辺六百里はまったく人が住んでいない、地元民はみなおそれて家をすて英仏の軍艦に逃げたほどである(⑲一一)と、英仏および清朝の立場からの記述に終始して、中国に対する英仏の介入が正当であるかのように思わせている。

なるほど、それも太平天国の実態の一部をなすのであろうが、問題は、福沢がそれだけに着目して、その固有の歴史的な意義を見ようとしていない点である。太平天国は、一夫一婦制を当然視し纏足《てんそく》を廃止するなど、福沢がおそらくそれ自体としては評価しえたに違いないいくつもの社会改革をおこなった(小島一五五、一六二)。少なくともその努力をおこなった。だが、福沢はヨーロッパ的な「文明」による発展(それぞれの地域の歴史的・社会的条件を考慮しない単系的発展)以外の可能性を認めようとしなかったのであるから、いかに部分的に自らの主張に合致する改革がなされようと、福沢はそれに対して無分別となり、かたくなに拒否するのである。

東学農民軍、フィリピン独立運動および義和団鎮圧戦争

この姿勢は、朝鮮における「近代的」な運動のさきがけとなった東学農民軍についてもつらぬかれる。東学《トンハク》は、崔済愚《チェヂェウ》によってはじめられた宗教運動である。それは朝鮮の在来の諸要素を下にしており、キリスト教(西学《ソハク》)に対してこう名づけられた。教えの中心は、「人乃《すなわ》ち天」という平等思想である。これは、儒教的な身分制度下にあえいでいた朝鮮民衆に対して、解放的作用をもたらした。崔済愚は「平等と相互扶

助を主張し……平等には、女性や子供の平等も含まれる」という（井上勝②七）。だが人々の平等を説いたはずの福沢はこの思想を知らないし、知ろうともしていない。第二代指導者・崔時亨《チェシヒョン》は租税の軽減をふくむ各種の改革要求をおこない、農民の熱烈な支持をえた。その後全琫準《チョンボンヂュン》は、他の指導者とともに全国規模の武力闘争にうってでるが（東学農民戦争）、これが朝鮮全土をゆるがす歴史的な運動に発展したのである。

その東学に関して福沢は、彼らは統率する者もなく全く烏合《うごう》の衆にすぎない、それが跋扈《ばっこ》して（のさばって）云々と記し、さらに東学徒を「暴徒」「賊徒」とよんだ（⑭三八六～七）。こうして福沢ははじめから東学を賊あつかいし、「政治上に縁もなく志もなき者」（⑭三二一）、「物の用をなすに足らざるは分かり切ったること」（⑭六三五）と、その主張を全否定する。最後の文言が書かれたのは、日本軍が東学農民軍をせん滅する直前の時期であった（海野九六）。

独自な運動を否定する福沢の帝国主義的な構えは、生涯にわたってつづく。福沢の晩年には、アメリカがキューバ情勢をめぐって米西戦争を引きおこすが、その際アメリカがスペイン植民地たるフィリピンを占領した事実にふれ、福沢は、フィリピンを独立させるべきだとの説もあるようだが、かの「未開の土人輩に独立の力なきは言うまでもなく」と簡単にきりすてて、アメリカのフィリピン領有を無条件で支持した（⑯四一四）。だが米西戦争後まもなく、フィリピン独立運動のエミリオ・アギナルドによって独立宣言がだされており、アメリカが米比戦争をしかけさえしなければ、フィリピンは「フィリピン共和国」として、同憲法の下で（日清戦争終結後、日本への割譲に島民が抵抗した時期の台湾をのぞけば）東洋初の共和制的体制をきずきえたかもしれないのである（藤永一八二～三）。

また福沢の最晩年におきた世界史的な大事件たる義和団鎮圧戦争（いわゆる「北清事変」）の際も、福沢は義和団に対して同様の態度をしめした。

義和団は、一九世紀末におもに華南を支配した、反帝国主義を旗印とした結社である。それは「扶清滅洋」を旗印にし、日清戦争後におちいった清国の「半植民地」状況からの解放をめざした。一九〇〇年六月、うちつづく凶作を背景に窮民化した農民・下層労働者の多くがこの下に結集し、公使館があつまった北京に進撃した。清朝は暗にこれを支援しつつ、義和団の進撃を機に日本をふくむ欧米列強に宣戦を布告。これに対して、英・米・仏・独・露・日等の八か国連合が応酬してはげしい戦闘になった。*

この時福沢は、義和団を「烏合の匪徒《ひと》」（盗賊団）、「百姓一揆の類」と記した（⑯六二七）。ここで「烏合の」という評価は、単に統率のなさへの言及にすぎないと思われるかもしれない。だが統率がないという固定的な理解は、それどころか「烏合」という言葉が示すさげすみをともなう理解は、人をして差別視をうむ要因の一つである。強弱を決定するのは己の固有の能力というより、単に性格の異なる道具・機器をもっているかどうかの違いにすぎなかったとしても、差別視はうまれる。東学農民軍も義和団も、近代火器からすれば「原始的」な武器をもっていたにすぎない。その事実はあたかも本質を示すもののごとくに曲解され、東学に集った農民は福沢の目にはただの未開人としか理解されない。

＊この後、連合軍は北京で戦闘をつづけた。約二か月後に援軍の支援をうけて清軍・義和団を打ちやぶり、一九〇一年、清朝は降伏した。戦後処理の段階で日本がえた中国への軍隊駐留権が、後に中国侵略の口実となった。

抵抗運動の鎮圧をと福沢は叫ぶ——東学農民軍の場合

以上の姿勢が高じると、福沢は独自な運動を単に否定するのみか、その鎮圧まで声高にさけぶことになる。すでに東学に対してそうした姿勢が明瞭だった。福沢は東学農民軍の運動を、単なる儒教的な攘夷・排外主義としか理解しえなかった。『時事新報』は彼らの「檄文」を、他の記事とことなり小活字をもちいかつ行間をつめて読み仮名を一切つけないという差別的な扱いながらも一応掲載したが（九四年五月二四日付）、福沢がこれを読んだとしても、その檄文の「宗教的外皮」つまり儒教的な言いまわしに目をまどわされて、その本質を見あやまったのである。自由党の『自由新聞』が、評価にまよいながらも東学の志を理解しようと努力したのにくらべ（松岡四六）、福沢の安易な姿勢は歴史の検証にたえられない。

それどころか『時事新報』は、日清戦争時、日本軍が朝鮮全土にわたってくりひろげた農民軍討滅のようすを、「征清」の模様とともに号外までだして報道しつづけた。それは、日本軍がどこまで東学農民軍をせん滅したかに関する情報につきている。朝鮮は台湾とことなり日本領ではない以上、福沢は台湾の先住民に対するように（第三章三）農民軍を「皆殺しにせよ」とはさけばなかった。だが、圧倒的な殺傷力を有するスナイドル銃を装備した日本軍討滅隊が、射程のみじかい火縄銃しかもたない農民軍（しかも彼らはふだんは農作業をおこなっているのである）の「討滅」に向かったとき、それに異をとなえないかぎり農民軍の皆殺しを黙認したのと同じである。

九四年十月、川上操六・参謀本部次長（皇族の参謀総長は飾りにすぎず、川上が実質的な最高責任者である）は、「東学党に対する処置は、厳烈なるを要す、向後（＝今後）ことごとく殺戮すべし」という命令をだした（井上勝②六五）。だが、日本軍に強いられたものとはいえ、朝鮮政府の「要請」は、「指導者の処刑、幹部数名の流罪、他は放免」（同①八九）という、朝鮮の伝統的な処罰にすぎなかった。それにもかかわらず川上が過酷な命令をだせたのは、国内世論の後おしがあったからであろう。その世論形成に対して、東学を一貫して賊徒のようによびならわし、その「征伐」を当然のことのように報道し主張しつづけた福沢の責任は、大きい。

なお、ここで付随的に東学の文化的な意義にふれておきたい。崔済愚はその教えを民衆のことばで語り、崔時亨はそれを後にハングルで記録した（姜在一四六）。福沢の弟子・井上角五郎は、朝鮮で漢文・ハングルまじりの書体による新聞を発行したが、後日その事情にふれた際、東学がその書体で教えを記したと述べたが（井上角③五〇）、崔が教えを口述したのは朝鮮の開国前のことである。また井上は、漢字・ハングルの混合書体が「日鮮融和の媒介」としていかに役だつか、「〔井上の〕名前が――朝鮮総督府の支配下にあって（杉田注）――〔福沢〕先生の御達見と共に伝わって居るのを私の光栄とする」（同五二）と記す。だが福沢が論説を口語体で書いたことがなかった事実からすれば、漢文を読み下しただけの文体は、結局は一部の特権者しか使えなかったであろう。

義和団鎮圧戦争前夜

義和団鎮圧戦争前夜には、独自な運動を鎮圧せんとする福沢の姿勢はさらに明白になる。福沢は、華北を席巻した義和団のためにもし朝鮮国内に動乱がおこった場合には、それは日本の「立国自衛」上の重大事件であるが故に、*どんなさしさわりや反対があろうと国の全力をあげてその鎮圧に従事し、それによって自国の利益をまもる決心がなければならない、と主張した（⑯六二六）。

これが、福沢が最終的に到達した帝国主義的な発想であると理解できる（第三章の二）。この時期、朝鮮は日朝修好条規により日本に領事裁判権（治外法権）をにぎられ、通貨主権をうばわれていたものの、日本の政治的・軍事的な統制下にあったわけではない（海野一一三）。だが福沢は、義和団による騒擾《そうじょう》が朝鮮にとび火した場合それを無条件で鎮圧すべきである、と先の論説で主張した。日清戦争開始前、福沢は派兵が朝鮮政府の依頼であれば、「国交際の慣例において差し支えはあるべからず」と論じて、ひとまず一定の慎重さを見せた（⑭三八七、もっともそれはすぐ捨てられたが）。だがその慎重さを、ここでは最初からかなぐりすてている。朝鮮における商工企業の発達と同時に、多数の日本人居留民が朝鮮に居住する事実（⑯六二六）のみを理由に、朝鮮政府との協議などいっさいなしに、無条件で鎮圧軍を派遣しようというのである。

なお戦勝を通じて合法的に手に入れた植民地台湾での抵抗運動に対しては、福沢は「叛民」の鎮圧どころか、その掃滅・皆殺しをくり返し主張してはばからなかった。福沢が台湾に関して、いかにナチまがいの、おどろおどろしい主張をおこなったかについては、第三章の三「空前の野蛮」で記す。

＊「立国自衛」と福沢は言うが、朝鮮義兵が日本にせめて来る可能性があったのではいささかもない。

（4）資本輸出・鉄道建設／軍備増強

第一章で欧米の帝国主義イデオロギーについて記した際、帝国主義それ自体の契機として政治的・経済的な利益・方策（介入）にふれた。ヨーロッパの場合、これを論じたのは主に政治家、軍部、経済学者、実業家だったようである。

一方、日本では、他ならぬ福沢がこれらについても論じている。典型的なのは、論説「朝鮮の独立」および「義侠にあらず自利のためなり」である。福沢は一貫して朝鮮への介入は、ひいては清国との戦争は、朝鮮の独立のためだと主張してきた。だが、戦勝への展望が見えてきたとはいえ、膨大な軍事支出・外債の発行等のために物価が騰貴した現実をふまえて、建前としてのきれいごとだけではなく、自らの本音でもある日本にとっての実利を語らなければならないと判断したのであろう。前者では、朝鮮を文明化して「市場」にできれば日本の利益はこの上もないと（⑭五八二）、後者では、朝鮮政府の改革ができれば富源が開発されて人民の購買力が増加し、ひいては朝鮮は「好市場」になり日本にも利益になる、と論じている（⑮九六）。

ここで「市場」「好市場」とは、商品市場のことである。当時はまだ産業資本が満足にそだっておらず、欧州列強で見られた資本の輸出は緒についたばかりであった。それゆえ後発帝国主義イデオローグ・福沢は、資本の輸出以前に商品の輸出を、そればかりか朝鮮からの商品の輸入についても問題化しなければならなかった。これを、鉄道建設とともに、第三章の二で「国権拡張」の段階の一として論ずる。

軍備増強――国権拡張の不可欠的要件

福沢の生涯を通じての悲願は「国権拡張」であり、そのためには軍備増強が不可欠である。福沢は中期保守思想の宣言書『時事小言』で、法律上の勝敗・商売上の損益をあらそうは文明のあらそいであるとしても、「その文に実力を付するものは武なり」と論じ、軍費増強の重要性を明言した（⑤一六九）。

この姿勢は一貫する。日本は日清戦争での戦勝を通じて、戦争前の国家予算の四～五倍にもたっする償金をえたが、福沢はその大部分を軍艦製造にもちいよと記す（⑮二三五）。すべてをついやせと記すこともある（⑮六一四）。晩年にいたる時期も同様である。今は何より一切他を顧みず国力のゆるすかぎり軍備を充実させて、他国に対する力をそなえることこそが肝要である（⑯二二一）、と記した。清国からの償金があったあいだはまだしも（もっとも人民の不幸はこれによって満足に償われなかった）、その後は各種の増税とくに酒税の増税によって軍費をまかなおうとする。それは国民、なかでも「貧民」の直接的な疲弊につながる（これについては、若干だが第三章一（1）で論ずる）。

二、福沢の帝国主義イデオロギーの諸契機
――帝国国民形成の論理

ヨーロッパの帝国主義イデオローグとくらべて福沢らしさが最もよく出たのは、帝国国民形成の論理においてであろう。前記のように、福沢の悲願は国権拡張である。当初福沢はそれを国の独立としていた（④二〇九）。だがしだいに、単なる独立ではなく対外進出へ、朝鮮・中国への介入へ、外戦・侵略へ、租借・割領へ、保護国化へ、併呑へと、悲願＝国権拡張の内包は広がっていく。これらを実現するためには、単に軍備増強をはかるだけではなく、国のために命をすてる国民が必要である。

帝国意識をもつ国民（帝国国民）の形成――福沢とジンゴイズム

前章で帝国意識を構成する三つの契機を論じた。それを福沢および福沢が関与した当時の日本社会を念頭において言いかえれば、次のとおりである。帝国国民は、この三つの契機を媒介することで形成される（以下の（1）〜（3）の数字は、今後の論述でももちいる）。

（1）日本に対する優越・至上意識と、日本のために命をすてるという「報国心」（「報国の大義」という徳義の内面化）とがむすびついて形成される意識・心性――**疎外されたナショナリズム**

（2）自国優越・至上意識とむすびついて形成される、アジア人、なかでも中国人・朝鮮人に向ける劣等視・蔑視、憎悪等の意識・心性――**ショーヴィニズム**

（3）自国優越・至上意識とむすびついて形成される、アジア人、なかでも中国人・朝鮮人を屈服させ支配しようとするばかりか、彼らもしくは彼らのうちにある日本に抵抗する集団〔例えば東学農民軍や台湾の抵抗者〕をしいたげ、せん滅してもよいとする好戦的な意識・心性――ジンゴイズム

日本の優越視――とくに万世一系の帝室

先に朝鮮・中国に対する福沢の罵詈雑言《ばりぞうごん》を示したが、これと対置させて福沢は日本を優越視する。自国の優越意識はしばしばナショナリズムの主要契機であり、それが高じると、自国至上意識とでもよびうる形態にいたる。これらは、本章一に記した中国・朝鮮に対する劣等視・蔑視とあいまって、ショーヴィニズム・ジンゴイズムを形成する一大要因となる。

まず、日本の優越視をふくむ言説を六つほど時代順に列記する――

「わが日本国民のごときは、数百千年来、君臣情誼の空気中に生々したる者なれば……〔日本においては〕……かつて〔＝一度も〕風波の痕を見ざりしは、世界中に比類少なき美事と言うべし*」（⑤二六四～五）

「〔日本の帝室＝天皇は〕大日本国の名とともに万世無窮の元首……世界中最も尊く、最も安く〔＝安定して〕、また最も永く、実に神聖無比の国君……」（⑫四一）

「我が日本国人が特に商工事業に適して、他の得て〔＝とても〕争うべからざる次第を述べんに……日本国人は性質順良にして、よく長上〔＝上司〕の命に服し……」（⑥一七〇）

「日本人の改進・進歩に活発なるは、ほとんど世界無比にして……」（⑭五〇八）

「わが日本は世界に比類稀なる国柄にして、皇統の万世一系は申すまでもなく……」(⑮四三二)

「わが帝室に至りては万世一系……ことに一般臣民の帝室に忠誠なるは世界にその類を見ざるところ」(⑯六八三)

以上には、帝室についての記述が目だつ。それは、「万世一系」という「世界中に比類なき」(⑥一六)特質を通じて自国(民)の優越視をもたらすと同時に、そうした皇統をもたない他民族に対するつよい蔑視をみちびくてこにもなる(吉野五三二)。

もちろん、くり返される「東洋の盟主」「アジアの盟主」「アジア東方の首魁・盟主」という言葉が、日本の優越意識を、さらには至上意識を含意している。そして、豊臣秀吉の「朝鮮征伐」はもちろん、神功皇《じんぐう》后・竹内宿祢《たけのうちすくね》の「三韓征伐」も、しばしばある種の優越・至上意識とともに語られる(t.⑮四三四、⑩一八五〜六)。

なお、もし福沢が信ずる「世界中に比類なき」万世一系の皇統(t.⑤二六三、⑥六、㉑三五三)が事実なら、それは、かつての幼児死亡率の高さ、「王家」につきものの陰謀・毒殺・謀殺の危険(典型的なのは壬申の乱)があるなかで、福沢がきらう「一夫多妻」によってのみ、つまり何人もの女性を後宮におき「産む道具」として利用することによってのみ維持されたであろう(明治天皇も大正天皇も側室の子である)。また、少なくとも今日の目から見て人権無視と言わざるをえないその事実を否定するなら、皇統は万世一系ではないことがおのずから帰結する(杉田⑥二三二、二四一)。どちらにころんでも、天皇を日本人の精神的・道徳的支柱(⑤二八〇、二八九)とすることはできまい。万世一系などという作為は、その本質を知るなら、本来表だって言い立てられることではない。

＊これは、「西南戦争」終結後、徴募兵の不穏な動きが懸念されていたが、天皇が詔《みことのり》によって慰労すると彼らが一言の不満もなく帰順したという、福沢の原体験とも言うべき経験についての記述である。この経験は他でも記される（⑮二二一）。これによって福沢は、『文明論之概略』（④一八七）や『覚書』（⑦六六〇）で見せた天皇制に対する冷静な姿勢から転向した。

（1）報国心・報国の大義・尽忠報国——疎外されたナショナリズム

さて、国権拡張を悲願とする福沢がめざすのは、いかにして帝国国民を創成するかである。帝国意識の主要な契機の一である疎外されたナショナリズムの形成には、自国（民）の優越視のみならず、自国のために命をすてる覚悟・心がまえが国民にもとめられる。したがって福沢は、そうした覚悟・心がまえの重要性を説き、かつそれを身体化するための具体的な方法および政治的用具を発見しようとする。

以下、疎外されたナショナリズム形成にむけた福沢の論理を究明しつつ、報国心、「報国の大義」、「尽忠報国」の徳義、帝室（天皇制）、教育勅語、士族の血統・能力の維持、「貧民」の報国心形成等について論ずる。最後の「『貧民』の報国心形成」について論じる際に、（1）はおのずと、（2）および（3）に移行するであろう。

帝国国民・報国心

明治初期、日本の人民はまだ国民ではなかった。人民は、おのれの生きるせまい範囲の「くに」は意識しても、その範囲をこえて、外国と対峙しうる「日本」という国家を意識することはまれであり、したがって人民はまだ日本という国家の国民ではなかった。だから、国民の形成がはかられなければならない。福沢が七〇年代末に、「全国人民の脳中に、〔日本という〕国の思想を抱かし（め）」んとしたのは（④六三九）、その意味で当然であった。

福沢が、人民に国の思想を抱かせようとしたのは、何より国権拡張という明確な目的のためである。すなわち、国権拡張のために、対外的な進出を当然視するのみならず対外進出のためによろこんで自らの命をすてる国民、さらには自民族優越意識・他民族に対する差別意識や憎悪とむすびついて他国民を容易に殺す国民が、不可欠であった。つまり、真正の帝国意識を体現する、ジンゴイズムにそまった帝国国民が不可欠であった。

だがそうした帝国国民はいかにして形成しうるのか。七〇代末には、国民もしくは帝国国民形成のための武器は「外戦」であると考えられていた（④六四一）。すなわち福沢は、一国の人心をふるい起こして全体を感動させる（報国心を起こさせる）には外戦におよぶものはないと論ずるばかりか、仮に一度や二度戦争に負けたとしても、報国心をふるい起こして「百年の利益」をえる見こみがあればその損失をうれえるにたらない云々（④六四一～二）、と論じさえした。くわえて、その「損失」は一時の外見はおそるべきものであっても回復ははなはだ容易である、と主張した*（⑤一七七）。

以上では外戦の重要さが指摘されていたが、外戦にいたる前の「外患」（外国との紛争・衝突など）を重視することもある。「敵国・外患は、内の人心を結合して立国の本を堅くするの良薬なり」（④六六〇）、と。また『時事新報』論説には、「敵国・外患を知る者は国亡びず」と題された論説（⑩一八一以下）もある。

*これは、福沢がいかに実際の戦争を傍観者的にかるく見ているかをよく示している。

帝室と「尽忠報国」「報国致死」

だがそもそも人民を、自らよろこんで外戦におもむかせることが、できなければならない。それはいかにして可能なのか。

福沢は、日本人民は御しやすい存在であると見なしている。日本を優越視する先の文言にも、その種ののが見られた。日本人の性質は順良であって、よく「長上」（上司）の命令に服し云々（⑥一七〇）、と。だから、すでに福沢は八〇年代初頭より、兵論の一環として命令系統のあるべき編成を論じ、「圧制の長上（＝上官）に卑屈の軍人を付して、かえってよく功を奏するの事実を見るべし」（⑤三〇八）、と論じることができた。ここでは「圧制の長上」に言及されているが、その長上の長上には、「圧制」と無縁の別の存在が不可欠である。それは「帝室」であることを、福沢は以前から暗々裏に意識していたが（⑤二六五）、八〇年代になると、それを明確に自覚するようになる。帝室こそが国民＝軍人の精神を制して、よろこんで命をすてる国民をつくる武器である、と。

かつて福沢は、藩主（殿様）に忠義をつくす態度を「愚忠」とみなしていた（⑳一三）。また、仁徳天皇に何の功績があるのか、あるいは近代の天皇・将軍いたってはその人物はとるにたらない（⑦六六〇）等と記して、帝室あるいは天皇制は「古習の惑溺」にすぎないと認識していた（④三一、S. ④六四）。

だが、国権拡張にむけたイデオロギーをふかめつつ、しだいにその姿勢をあらためる。むしろ帝室・天皇制は「愚民を籠絡《ろうらく》するの一欺《ぎ》術」（⑤二七一）あるいは「凡俗を籠絡するの方便」（⑥三六七）と見て、国権拡張のために十分に利用可能な用具だと理解するようになる。つまり帝室は、政治的軋轢《あつれき》の緩和剤となるばかりか、さらには国民＝軍人の精神を収攬《しゅうらん》して帝国国民形成の武器となるとの判断を通じて、福沢はむしろ国民に、帝室に対する儒教的な「尽忠」をつよく求めるようになるのである。そして「尽忠報国」は、「尽忠」の極致を示して「報国致死」(⑧六四)とも表現されるようになる。

ここでは、国民は軍人として意識されている。だから福沢はこう論じることになる――

「軍人の心を収攬して、その運動を制せんとする〔=命を捨てさせる〕には……帝室に依頼せざるをえざるなり。……〔軍人は〕帝室のために進退〔=行動〕し、帝室のために生死するものなりと覚悟を定めて、はじめて戦陣に向いて一命をも致すべきのみ〔=さし出すことができる〕」(⑤二六九)。

もちろん、「帝室のため」という意識をもたせるためには、国民の単なる心情にたよるわけにはいかない。後に日清戦争をへて実際に少なくない軍人の戦死をまえにして、福沢は帝室の側から軍人・死者への働きかけを制度化する必要をもみとめるようになる。具体的には、戦死者のために天皇主催の大祭典をもよおして死者への功労をあつくせよ(⑮三三九以下)、あるいは靖国神社での慰霊に天皇を親臨させよ(⑮三四二)、等と。そうすることによって国民はますます、やすんじて命をすてる軍人になるというのである。福沢はこう記す。士官・兵卒とも、戦場で死ぬことを軍人の本分となすであろう、そして一般国民は、有事の場合には「君国のために死せんこと」をこい願うようになるであろう、と(⑮三二一～二)。

福沢は、天皇以外に「華族」にも役割を課している。華族とは皇族およびかつての藩主に与えられた地位であるが(六九年華族令)、華族は「帝室の藩屏《はんぺい》」すなわちその守り(⑨五六四、⑪二六八)として一定の役割をはたすべきである、と主張する。

福沢はかつて華族を軽蔑していた。彼らは「遊民」である上に、「傲慢」「性急」であると(⑦六六五、六八五)。だが後に、天皇についてと同様に華族についても認識をかえたのである。つまり、国権主義的な方向性を明確にした七〇年代末には、華族に、国権拡張に関わる明確な役割を期待するようになる。福沢は、軍隊は「有る道理」を守る威力なのではなく、いまだ「無き道理」をつくる道具なのだと、国際関係における権謀術数をあからさまに記しつつ、軍隊を早急に必要としている状況にかんがみ華族がもつ固有の名望を利用したい、と主張した（⑳一九七、一九九）。また、華族の役割についてもっと直截《せつ》に論じる場合もある。臣民や軍人の統制の実という「無きもの」をつくるためには、すでに「有るもの」つまり華族を利用するのが一番である、と（⑳二〇〇）。また、皇族を各師団の所在地に巡回させることを念頭におきつつ、皇族中の一人を天皇の名代に任ぜよと主張することもある（⑮二一二）。

教育勅語と忠君愛国

だが問題は国民一般である。近代社会では帝国意識は教育によって注入されるが（ホブスン②一三〇）、明治政府は八〇年代まで、国民形成のために教育制度の要に帝室を位置づけようとはしなかったようである。すでに七〇年代から、「天長節」と「紀元節」が制度化されてはいた。だが、教育現場でそれを重視するいとなみは、八〇年代末になって森有礼文相の下ではじまったのである（藤田四六以下）。それはおそらく、当時の明治体制のうちに帝室が確固として位置づけられていなかったからであり、またそもそも小学校の就学率が三〇％に満たなかったという事実も影響したのか、教育自体の効果について十分な理解・経験がなかったからであろう（島薗二〇）。

この点では福沢も同様である。帝室を教育に利用せんとするには、八〇年代の福沢は教育軽視の姿勢にかたむきすぎていた。福沢の教育論は他の種類の議論以上に無定見にかわる。とくに、はげしい「自由民権運動」を経験し、その中枢に「貧知者」（後述）がいると解したこの時期、福沢は「教育の過度」に、すなわち貧民にあたりまえの教育をほどこすことに反対した。だが八九年に明治憲法が制定され、九〇年に「教育勅語」がだされると、帝国国民形成のためにも教育が重要であり、しかもその要に帝室をおこうと考えるようになる。

教育勅語発布の五日後、『時事新報』に「教育に関する勅語」と題する社説が掲載された。それは、「勅語」の意義をたかく評価してみせる。この社説は、「わが天皇陛下がわれわれ臣民の教育に英慮を労《いたずか》せらるるの深き、誰か感泣せざるものあらんや」と天皇を最大限にもち上げたうえで、こう提案する。今後は、全国公私の学校の生徒はこれをしばしば「奉読」し、かつ教師はこれを生徒の心にとどめさせるようにせよ、と。そうなれば、「仁義・孝悌・忠君・愛国の精神」を広くいきわたらせ、「聖意」を貫徹させることができる、と（九〇年一一月五日付）。

ここでは、生徒におりおり勅語を「奉読」させよと主張されている。だがこの奉読こそ、「御真影」への礼拝と並んで、「幼年時代から天皇とその国家への畏服の習性を肉体的に定着させる方式」（家永三九）となったのである。また他にも、皇居への遥拝《ようはい》、「君が代」や各種唱歌の斉唱等もそうである。後述する「慶応義塾炬火《きょか》行列の軍歌」の場合と同様に、発声をふくむ身体行動は、徳義・価値観を血肉化させるのに、最も有効な方法の一つである。

そしてこの社説は、教育勅語の本質をよくふまえている。そこには、「父母に孝に〔し〕、兄弟に友に〔し〕、夫婦相和し、朋友相信じ」と記されており、これは一見すると一般的な道徳*を提示したように見えるが、その中核は天皇に対する「忠君」である。「忠君」は勅語では、「一旦緩急〔＝有事〕あれば、義勇〔を〕公に奉じ**〔＝献じ〕、もって天壌無窮の〔＝天地とともに永遠の〕皇運を扶翼すべし」、と表現されていた。「父母」「兄弟」「夫婦」「朋友」も、また同社説が言う「仁義・孝悌」も、その後に記された「天壌無窮の皇運を扶翼すべし」すなわち「忠君・愛国」（あるいは報国）の単なる前おきにすぎず、すべては後者に収斂《しゅうれん》するのである。

正確に言えば、「忠君」と「愛国」とは本来異質な徳目である。それは、「国」は共和制的な国家体制もふくみえることを考えれば、おのずと理解されよう。つまり「愛国」はタテ関係をもヨコ関係をも包含しうる。けれども明治政府も福沢もそうした愛国に忠君をつぎ木し、しかも忠君を愛国の目標とし実体とすることを通じて、愛国的情熱を忠君に向かう水路におし流したのである。だから、愛国はおのずから報国へといたる。

＊もっともこれは「啓蒙期」の福沢がきらったはずの、ただし後述するように結局はつよく依拠した儒教道徳であり、その本質はそれぞれの人倫関係における支配・従属である。

＊＊日清戦争の開戦期に、福沢は「義勇奉公の精神、おのずから禁ずるあたわず」と記す（⑭五一七）。

「報国の大義」――人の種の尽きるまでも戦うの覚悟

福沢は以上のように根拠づけられた「忠君愛国（＝報国）」の徳義を「報国の大義」ともよび、おりにふれて印象的なことばで説いている。『学問のすすめ』でのそれ、帝国主義思想の「成長」を示す『時事小言』でのそれ、そしてはじめての外戦（日清戦争）に酔った時期に悲壮・激烈なしかたで表現されたそれを、以下に記す――

「国のためには財を失うのみか、一命をも投げ打ちて惜しむに足らず」（③四四）。

「一旦事あるに臨みては、財産も生命もまた栄誉をも挙げてこれに奉ずるこそ、真の日本人なれ」（⑤一一七、S．⑩一六二）。

「こと切迫にいたれば、財産を……投げ打つはもちろん、老少の別なく切り死にして、人の種《たね》の尽きるまでも戦うの覚悟をもって……」（⑭五四五、S.⑭五一五）。

一般庶民は、ささやかでもよいから幸ある安寧な生活がつづくことを、のぞむものである。だが福沢は、帝国主義イデオローグとして、国民から遊離した発想を大げさな言葉で語ることしかできなかった。ここには、どんなに戦争のために苦しむ民がいたとしても、そんなものはいっさい語るに値しないとでも言うかのような姿勢が見られる。後に福沢があおったジンゴイズムについて論ずるが、この「報国の大義」を見ていると、福沢自身がそのジンゴイズムの典型的な体現者であったと判断できる。ジンゴイズムはまずは「兵士のではなく、傍観者、扇動者、背後者の情念」である（ホブスン②九）。

福沢の儒教主義

関連して論ずべきは、福沢が立脚した「儒教主義」である。

一般に福沢は儒教主義教育に断固反対したと見なされている。例えば歴史家・宮地正人は、「福沢の最も対決したのは他ならぬ日本国内の儒教主義、国家主義と忠孝主義が結合した教育勅語イデオロギー〔である〕」と記す（宮地二〇二）。丸山真男も、福沢があたかも儒教主義全般を批判したかのように記していた（丸山③二九）。反儒教主義が「殆ど諭吉の一生を通じての課題をなした」、と（同一〇）。

だが福沢が批判したのは、「単純なる忠孝仁義」であり「忠孝仁義の古訓」である（⑮二二四～五）。排外主義の淵源と福沢が見たのは、「古主義」（⑯二七二）、「古流の主義」（⑯二七九）の儒教であり、「老儒碩学の徒」のそれである（⑯二七四）。儒教については、福沢自身、周公・孔子の教えは忠孝仁義の道を説いたもの、社会人道の標準としておのずから尊重すべきものと論じている（⑯二七六）。あるいは、問題は「儒教主義」そのものではなく、「その腐敗」であり「腐敗儒教」なのだと論じることもある（⑯二七八）。

先に見たように、福沢の議論が「報国・尽忠」に収斂《れん》し、「報国の大義」とは「国のためには財を失うのみか、一命をも投げ打ちて惜しむに足らず」（③四四）であり、「尽忠」とはかつてのような藩主にではなく帝室に対する忠であることから分かるように、福沢の説くモラルは国際関係を前提にした儒教道徳である。福沢が「教育勅語」を支持する論説を『時事新報』に掲載したのも、勅語で儒教倫理を下にした帝室への尽忠（報国）が説かれたからである。

福沢は、本来の儒教道徳に「外国交際」「国権拡張」の観点がないことを自覚していた。だが、だからといって儒教道徳が無意味なのではなく、むしろ人民が忠の対象を帝室におきかえて「国」の観念を有し、いざとなれば国もしくはそのシンボルとしての帝室のために死ぬこと（報国）を大義とすることで、むしろ理想的な道徳ができあがると考える。だから、朱子学的な「修身・斉家・治国・平天下」にこの両者をくわえる必要を論じつつ（⑨二七五）、儒教道徳の発展をはかろうとしたのである。

なおここに引いた儒教関連論説とのつながりで、「我輩はむしろ古主義の主張者なり」（⑯二八一以下）という論説が書かれたが、要するに古主義を批判した後に福沢は、その古主義自体が、何百年来の流伝のあいだにすでに腐敗の現実をていして毒を発していること（⑯二八三）が問題なのであって、古主義の道徳、つまり周公・孔子らの古典儒教自体には社会の道徳を維持する功能がある、と主張したのである（⑯二八四）。

福沢の儒教への信頼は、晩年の『福翁百話』からも明らかである。福沢はそこで、「独立の忠」とよぶべきモラルを提示した。「独立」という『学問のすすめ』以来の形容句がついているが、「忠」の対象は帝室である。つまり、忠は帝室に対して臣民としての本分をつくすことだが、「独立の忠」とは、臣民が、他によらずに、「本心の指示するところに従うて自ら……自動にして……」忠にいたるの意味に他ならない（⑥四〇七）。これも結局は儒教的な倫理にすぎない。

士族の気力・血統の維持──福沢の優生論

先に、国のためによろこんで命をすてる「国民」にふれた。だが、国民は決して一枚岩ではない。それどころか明確にことなる二つの階級にわかれると、福沢は理解する。それは、一部は「中等社会《ミッヅルカラッス》」（中産階級）あるいは「士族」と、他の圧倒的多数の人々は「下等社会」あるいは「貧民」とよばれている。

福沢はふつうこの両者を明確にわけて論ずる。「啓蒙期」以来、福沢が期待をおくのは前者である（③六二）。中等社会・士族は「国家の背骨」（⑭一八三）であり、「国事の魁《さきがけ》……社会運動の本源」（⑤二一二）であると、福沢は主張する。そして士族の気力を維持・保護すること（⑤二二四）、そのためにその血統を維持することさえできれば、国権拡張は可能であると判断する。*

一方、「百姓・町人の輩《やから》（＝下等社会、しばしば彼らは貧民となる）」は、ただ……社会のために衣食を給するのみ……獣類にすれば豚のごときもの」（⑤二二一）などと、福沢の名とともに有名な「天は人の上に人を造らず、人の下に人を造らず」とはにてもにつかぬ差別的な言辞を「下等社会」になげつけつつ、福沢はこの比喩をさらに用いて、「いま我が国に士族の気力を消滅するは、あたかも国を豚にするものにして、国権維持の一事につきその影響の大なること……明らかなり」、などと主張する（同前）。

士族の気力・血統維持に関連して福沢は、優生学者ゴールトン（第一章）流の遺伝絶対論に依拠し、いくつかの例をゴールトンからひきつつ、説得力をもたせようとしている（⑤二二六〜八）。だがここには、統計をこのむ福沢の悪弊が出ている。** あげられた例は一見もっともだが（有名な家系からいかにすぐれた後継者が出たかを示したものなど）、それがどれだけ普遍性をもちうるかについて論じる姿勢は福沢にはない。だいいち、すぐれた後継者の輩出は、遺伝によるのか後天的な人為の結果なのかは、あきらかではない。音楽家バッハの家系はすぐれた作曲家を輩出したが（もっとも大バッハ以外の知名度は相当おちる）、モーツァルトの息子には能力がなかった。それにそもそも、「人種」間で論ぜられたゴールトン流の遺伝絶対論を、「士族」と「貧民」の間に適用できるとする根拠は、なにも示されない。

ともあれ福沢は、士族の遺伝的な「学術・技芸」の能力を称賛して士族への十分な教育を当然視するが（一方後述するように貧民には最低の教育さえあればよいと見なす）、なかでも、士族が軍人（士官）としてになうる、国権拡張への積極的な役割を期待し（同二三〇）、そのため優生学的な処置を当然視する。

優生学的な処置は、積極的・消極的の二種に大別される。後者はいわゆる「断種」のことであり、世界的に猛威をふるってきたが、福沢は、前記家系の事例が示唆する積極的な処置、すなわち意図的な生殖の必要を主張する。*** 生まれつき知徳の資質をもって他よりすぐれている（⑤二二九）士族・中等社会の血統と気力を維持するために女性の役割は大であり、女性は「人種改良」のために貢献する必要がある、と（⑤四四七、⑤二三〇）。

*さらに福沢は、資本主義の発展も士族による貧民の統制を通じて可能になると考えているが、これについては、第三章一（5）に記す。

**福沢に見られる論証上のもう一つの欠点は、比喩にたよることである。たくみに使われた比喩によって読者は一瞬説得された気になるが、比喩はしょせん比喩でしかない。例えば「脱亜論」では、欧州列強の「東漸」を麻疹《はしか》の例で説明しているが、両者はあまりにちがいすぎる（小森四〇）。麻疹の流行は（少なくとも当時にあって）ほとんど手のつけようがない自然現象と言ってよいが、列強の東漸は一定の自由意思にもとづくあくまで人為的ないとなみであろう。

＊＊＊ただし福沢は時に、前者の断種を主張するかのように記すこともある（⑥三四四）。

（2）他国民への蔑視・憎悪の扇動――ショーヴィニズム

以上に、（1）帝国意識の契機となる自国優越・至上意識、これとむすびついて「疎外されたナショナリズム」の契機となる「報国心」、そして真正の帝国意識を有し国のために命をすてる国民をいかに形成するかに関する福沢のイデオロギーを論じた。一方このナショナリズム論は、「貧民」問題を介して、（2）他民族に対する劣等視・蔑視・憎悪を本質とするショーヴィニズムと、（3）他民族の支配・しいたげ・せん滅を当然視する好戦性としてのジンゴイズムの問題に移行する。

貧民の帝国国民化

さて、国のためによろこんで命をすてる帝国国民の形成のためには、貧民の存在を忘れるわけにはいかない。

そもそも福沢にとって、前記のように下等社会・貧民はものの数ではないが、戦争には士官のほかに駒となる兵卒が不可欠である。そして兵卒を供給するのはふつう貧民である。だが、帝国形成につよい階級的動機をもちえない、つまり自らの命をよろこんですてる「報国心」を容易に形成しえない貧民が、いかにして兵卒として命をすてる覚悟をもちうるのか。覚悟をもたせるためには、いっていの回路が必要である。

前述のように福沢はそのために帝室を重視したが、おそらくそれだけでは不十分である。福沢はかつて

（八一年）、「馬鹿と片輪に宗教、ちょうどよき取り合わせならん」と、「愚民」の教化をあきらめて宗教によるその統制の必要を表明していた（⑳二三二）。宗教の功能も多様だが、「愛国心……の振起」および「帝国主義的海外進出……のための直接的利用」（安川①三五四以下）という二つの観点からすれば、福沢には「宗教路線」を発展させることはできなかったように思われる。それゆえ福沢が依拠したのが、おそらく、ジンゴイズムの主要契機の一となる、（2）他国民に対する蔑視・憎悪と、（3）他国民のせん滅さえ渇望する好戦性の形成をはかることである。ほこりに思う国の観念は希薄でも、この二つさえあれば、人は少なくとも他国民をよろこんで殺す帝国国民になりうる。

他民族に対する蔑視・憎悪

福沢が誰よりも期待を置くのは「中等社会」である。だが中等社会も多様である。重要なことは、中等社会の下層といえども自らの下に「貧民」（下等社会）がいることで一定の自尊心がたもたれる、ということである。だが当の貧民（女性をふくむ）にとっては、社会的にも経済的にも、その上に立って優越感を感じうるめだった相手は、少なくとも国内には容易に見いだしえない（ここでは被差別部落民や障がい者等はおく）。

それゆえ、朝鮮人・中国人が貧民に優越感をあたえる存在となりうるなら、彼らはよろこんで朝鮮人・中国人を差別・侮蔑し、虐待し、時には殺すようになるであろう（木畑一二九）。義和団鎮圧戦争時の露・仏軍兵士のすさまじい虐殺がつたえられているが（小林三五二など）、日本兵が同様になるには、中国人に対する強い差別視が必要だったにちがいない。*

福沢はそのことをよく知っていたのであろう。だから福沢は、他国民（ここでは中国人）の「卑劣さ」「卑屈さ」「傲《ごう》慢さ」、さらには「きたなさ」「不潔さ」等をあげつらい、彼らを人間以下の獣や節足類であるかのように見なしてさげすみ、また中国人を総体として野蛮とみなし、文明化した日本人は、戦争によってその野蛮を懲罰して文明化するのだという憲兵的な論理を、提示したのである。そしてその論理を知らずにうけ入れた国民は、中国人・朝鮮人を容易に蔑視・虐待できるようになるであろう。

＊日清戦争の戦勝を通じて、中国に対する伝統的な敬意は国民の意識からかなり失われたが、それでもあるていど残っていたにちがいない。だから義和団鎮圧戦争時には、はげしい虐殺にはまだブレーキがかかっていたように思われる。だが「アジア太平洋戦争」期には、日本兵は、伝統的な中国人像を払拭したのみか中国人へのつよい差別視を身につけることで、自ら空前の虐殺に手をかした。

（3）他国民の支配・せん滅の願望——ジンゴイズム

しかもその論理は、戦争を契機とすることによって、他民族に対する蔑視・憎悪から、彼らの支配、虐待、せん滅への欲求を核とする心性、すなわちジンゴイズムを醸成する論理となる。

ショーヴィニズムのジンゴイズムへの転化を媒介するのは、究極的には戦争（外戦）である。だが国内に居住する他民族に対しては、第一章で見たように、日常的な事件や一般的な接触がその媒介となるであろう。それらは、他民族への蔑視・憎悪を、彼らとの身体・行動レベル（精神・意識レベルではなく）の関係へと媒介する。その関係をこれまで支配・せん滅等と記してきたが、「せん滅」は究極的な局面における特殊な関係であって、より一般的に「支配」と記すべきであろう。支配とは、権力・実力を用いて相手を屈服させ、圧制をくわえて思いどおりに束縛し動かすことである。

福沢の原体験――圧制を圧制する

国民に他民族の支配・圧制への願望をもたせるためには、その快楽をかたる必要がある。福沢は『時事新報』創刊間もない時期に、「圧制もまた愉快なるかな」という文章を公表した。そこでは、三度の洋行時に、なかでも二度目にヨーロッパにわたった後、帰国時にアジアの港々で目撃した、福沢にとって原体験とも言うべき衝撃的な経験が記されている。

福沢は、イギリス人が中国人やインド人に対してとった高圧的な態度を、ふかい羨望のまなざしで見る。そして思う。もし日本の軍艦を世界の海に航行させることができれば、かのイギリス人と同じように中国人等を御することができるし、そのイギリス人をも奴隷のように圧制してその手足を束縛してやるのにと「血気の獣心、おのずから禁ずることあたわざりき」（⑧六六）。これに付随して、福沢は釈明する。圧制をにくむのは人の性だとしても、それは、他の人が自分を圧制するのをにくむだけであって、自分自身が他を圧制するのは人間最上の愉快と言いうる、と（同前）。そして福沢はさらに心の奥深くに巣くう情念を、あからさまに語る。自分の願望はこの圧制を圧制して、ひとり圧制を世界中にもっぱらにするの一事があるだけである*（⑧六六〜七）、と。

同種の表現は、他の論説にも見える（⑧四三六〜七、⑭五一四〜五）。これらは単に自己のかつての経験を論じただけのものではなく、読者に向かって、他民族に対する圧制の愉快さを語っている。福沢において単なる懐古など意味がない。「大本願」（⑦二四八）である国権拡張へむけて国民を動かすことこそ、重要だからである。

*中江兆民も洋行後の帰国時に、福沢とほぼ同じ体験をしたようである（中江一二二）。だが兆民は、「トルコ、インド

の人民もまた人なり」と宣言した上で、おのれの文明を過度にほこり他の国をはげしく侮辱するようなことをして、どうして真の文明の民と称することができるのか、と論じた（同一二三）。

ジンゴイズム形成の論理——戦争への扇動とその害の過小評価

さて、圧制の快楽を語ったうえで、福沢が行うべきは直接に国民を戦争へと扇動することである。そのためには、圧制の快楽を伝えるだけではなく、戦争の有益さを語る必要がある。その種の論説で代表的なのは、甲申政変《カプシインヂョンビョン》後しばらくして公表された論説「外国との戦争必ずしも危事・凶事ならず」（⑪一七八以下）であろう。

ここで福沢は、昔から戦争や軍隊は凶事と見なされたが、しかし時と場合によっては戦争も非常に有益であって、むしろこちらからもとめて戦争を必要とする例がある、と記す（⑪一七八）。すでに外戦の効果として論じたように、外戦は国の観念をうみ、内の軋轢《あつれき》の熱をにがし、官民調和を可能にし、これにくわえて戦勝となれば治外法権の撤廃・税権の回復、さらには「東方の盟主」となること等、つまり「国権拡張」（S.⑩一六一、一六三～四）につながると、国民にけしかける。

そして福沢は、日本がこれまで経験した実際の戦争を、しかも他国を支配した歴史をほこらしげに語る。例えば神功皇后による「三韓征伐」についての記述が、八五～七年の著書・論説に見られる（④六四一、⑩一八五）。当時、神功皇后への言及は小さくない政治的効果があった。七八年、神功皇后の肖像が、はじめて発行された一円札に、八一年には十円札にかかげられた。すでに四半世紀、一万円札の肖像となった福沢の政治的利用価値が高くなっていることからも（第四章）、神功皇后への言及の効果は十分に想像できよう。

秀吉による「朝鮮征伐」も言及される。秀吉が戦の武功を朝鮮にたてたのは決して偶然ではない（⑩一八五)、と。ここでは秀吉の出兵理由は語られず、むろんこの出兵が失敗に帰した事情も語られない。だが、出兵（侵略）は無条件で称賛されるべき、かがやかしい事績とみなされている。だから福沢は、甲申政変時、その企図をくじいた清国への戦争を夢想し、今度の戦争は（と、あたかも本当に戦争がおこるかのように書く）、上代ならば神功皇后、中世なら北条時宗、豊臣秀吉以来の外戦である、軍費の拠出はなんらおしむにたりない（⑩一五七）、などと論じることができたのである。

もちろん、福沢がいくら戦争へと扇動しても、それにともなう惨害は大きいというのが一般庶民の常識であろう。だが福沢は前述のように、戦争の害はたいしたものではない、大きな被害をうけてもそれはすぐに回復する、その意味で戦争はそう悪いものではない、と論じさえした（⑤一七七）。そもそも福沢は戦争の害悪を気楽に考えており、時には「太平・無事」や「人心倦厭《けんえん》・社会停滞」よりは「全体戦争」の方がよほどのぞましいとさえ記すことがある（⑨一三一～三）。

自ら当事者となることがない福沢の、この無責任な物言いを、いったい何と称したらよいのであろうか。福沢は戦場で命をおとした人の「不幸」に言及しつつも、最後は「戦場に斃《たお》るるの幸福」に話を持っていく（⑮三二一）。また、戦場から帰った兵士・軍夫が一時の熱狂の後に、人知れずに経験する苦しみ・悲しみに配慮することは少ない。福沢は、彼らは名誉をになって故郷にかえり、親戚や旧友にむかえられ、また国民に感謝されるのみか爵位・勲章・報奨金までうけて光栄をきわめる（！）、などと書いているが（⑮三二〇）、一部の帰還兵はともあれ、困難なその後を生きざるをえなくなった兵士も少なくないだろう。手足をうしなえば、その後の人生は壮絶なものとなっただろう。そうでなかったとしても、銃弾や病で負傷して帰国した「傷痍《しょうい》軍人」にさした影は、非常に暗いものとなったはずである。満足に社会復帰ができたかどうかも分からない。*

当時の新聞にはこの種の情報がのることはなかったようである。『時事新報』をふくめどの新聞も戦争をあおり、日本の進軍・戦勝を参謀本部・軍令部の発表どおりに書きつらねた。兵士が帰国すれば、まっているのは大々的な凱旋、招魂祭、そして記念碑づくりである（大谷①一八六以下）。そこでは、生きてかえった兵士の困窮を語る声など発せられようもない。声なき声を圧しつぶして、世間はなにごともなかったかのように戦勝を祝い、軍人の辛抱をたたえ、そして忘れていく。

＊日清戦争開始後から台湾の制圧をおえた（とされる）九五年一一月末までに、死者は軍夫をくわえ約二万人だが、「出征中入院加療をうけたもの」はのべ一七万人、うち重傷者は七万人弱におよぶ（藤村一八四）。死者は論ぜられても、彼らのことが語られることはほとんどない。

新聞・講演を通じての扇動——漫画と図

福沢は以上のように、好戦性ひいてはジンゴイズムの形成のために新聞というメディアを最大限に利用したが、宣伝や演説も同様の機能をになった（Hobson 126）。ヨーロッパ文化圏では、宗教や宗教上の集会も一定の意味をもったというが、中産階級にとって一定の公共圏の成立を可能にした音楽ホールやパブなどにおいて、政治的な話題がとくに知識人層に対して大きな影響をもった、とホブスンは記す（Hobson 3）。

福沢もしばしば、慶応義塾の各種行事の一環として、あるいは自ら組織した実業界の社交クラブ「交詢《こうじゅん》社」の集まりなどで、多くの人を前に演説（講演）し、戦争をあおり、その意義を語っている（t.⑮二九以下、⑮一四一以下）。

『時事新報』は一般大衆が読む「小《こ》新聞」ではなかったというが、それでも発行部数は日本一であり、多かれ少なかれ中等社会（中産階級）以外をも読者として想定していたに相違ない。その関連で言えば（中等社会読者を相手にした場合さえ）、漫画や図もまた大きな意味をもつ。それは情報・観念を直感的につたえうる。場合によっては、主張を読者の脳と心臓に直接送りこむのにふさわしい媒体だったかもしれない。それは、一般の情報・論説とあいまって、相乗的な効果をもたらしたにちがいない。

当時『時事新報』には、一～数コマの時事漫画や図がしばしば掲載されていた。他紙とくらべて、『時事新報』は図版を重視する姿勢がめだったという（大谷②一六九）。風刺画の場合は、中国人の「豚尾」（弁髪）が強調され、時に中国人は豚そのものとして描かれていた（韓他七〇）。その表情は、間抜けづらでなければ目がつり上がってきつく朝鮮人は貧相に、一方、日本人（兵）は精悍《せいかん》でりりしい存在として描かれていることが多い。この点は『マンガ嫌韓流』などと同様である。

「奉読」と斉唱——身体行動を通じた徳義の身体化

感覚に訴える漫画・図の影響は大きいが、徳義や価値観を身体化させるために重要なのは、おそらく身体行動である。

好戦性の、したがってジンゴイズムの醸成に直接つながるわけではないとはいえ、*『時事新報』が推奨した教育勅語の「奉読」は、前述のように「御真影」への礼拝とならんで「幼年時代から天皇とその国家への畏服の習性を肉体的に定着させる方式」（家永三九）となったと判断できる。つまり、新聞・演説にも増してジンゴイズム形成に力があったのは学校教育である（ホブスン②一二九～三〇）。イギリスにおける教育内容は不明だが、日本では、勅語の「奉読」以外にも天皇への万歳奉祝、君が代・唱歌の斉唱、皇居への遥拝等が（島薗一四六以下）、さらに修身、歴史、「国語」（今日でもこの語が使われているが日本語と言うべきであろう）、音楽その他の授業で、天皇制や対外侵略を賛美する内容の文言・歌等の唱和・斉唱が、おこなわれていた。当時の小学校では、「撃てやこれらせや清国を、清は御国の敵なるぞ」という歌が歌われていたというが、山川均はこれを歌いながら、「わが軍が天に代わって清国を膺懲《ようちょう》して〔＝こらしめて〕いることに、このうえもない民族の誇りを感じていた」（山川一二八）、と記している。

それを思うと次の事実は等閑に付すことができない。一八九四年一一月、旅順陥落後に、慶応義塾の教員・学生約二三〇〇人は松明《たいまつ》をかざして皇居前まで行進し、その間「慶応義塾炬火《きょか》行列の軍歌」を歌ったという。塾長・小幡篤次郎によるその歌詞は、「直ちに開戦を布告して懲罰の旨を明らかにする……」という福沢論説（⑭四八〇）をなぞるかのように、こうつづられている——

「文〔＝文明〕と不文〔＝野蛮〕は雪と炭／長き和合の望みなし／早晩一度《いつか》は血の雨を／降らして晴る る時ありと／思いし機会廻り来て／野蛮を懲らす文明の／軍《いくさ》の前に敵はなし……」（石河①七六二）。

中国への懲罰の意思を前面に出したこの歌詞は、日清戦争は野蛮を文明化する戦争だとする帝国主義イデオロギーそのものだが、この種の歌詞を、学生・教職員が声をあげて、二三〇〇人もの仲間とともに、一種の集団ヒステリー状況下で唱和する時、だれもが中国人に対する侮蔑・憎悪意識を再確認し、増幅させ、しかもそれを身体化させて、中国人のせん滅をも受け入れる好戦性を身体化させる、と言えないだろうか。少なくともその行為は、同イデオロギーを受け入れさせる身体馴致《じゅんち》の方式となったであろう。

一般に理念や価値観は、ある種の身体行動とともに確認されると、単なる情報の獲得や知識以上に身体化されるものである（杉田①三二〜三三）。山川均が紹介した先の唱歌と同様の効果を、ここでおそれなければならない。しかもそうした身体行動が福沢が創立した「教育」機関でおこなわれた事実は、知っておく価値がある。参加者二三〇〇人という規模からすれば、とうぜん福沢もこれを知り、かつ容認あるいは推奨していたであろう。ひょっとすると福沢自身がこれに参加し、あるいはこれを企画・組織したのであろうか。

＊ただし、天皇制を絶対化する心性は、それをもたない他民族に対する差別的な視線をうみ、それによってショーヴィニズムの形成に寄与し、ひいては間接的にジンゴイズムの形成をたすける。

＊＊清国（時に朝鮮）に対して戦争をしかけよと主張する際、福沢はほとんどつねに、それが清国（朝鮮）に対する懲罰の意味をもつことを強調してきた。壬午軍乱時も甲申政変時もそうであった（⑰五一六、⑩一五九）。日清戦争時には、その姿勢はさらに明瞭になる（⑭五〇〇、五〇五、⑮一三一〜三、六六四）。

＊　＊　＊

第一章との関連では、ここで（7）帝国主義的膨張（国権拡張）のための対外的手法、（8）帝国主義的膨張のための国内的な体制が論ぜられるべきだが、前記のようにこれらは次章であつかう。順序は逆になるが、第三章の一で（8）を、二で（7）を論ずる。

第三章　福沢の帝国主義イデオロギーの行きつく先

——国内的体制と国権拡張の諸段階

以上の帝国主義イデオロギーを下に、福沢はどのように国内体制を構築し、どのように対外戦略＝国権拡張をはかろうとするのか。

一、国権拡張のための国内的体制

国権拡張を、別言すれば帝国主義的膨張を可能にするための国内的な体制については、第二章であるていど論じた。それは、帝国国民形成のために福沢が最も重要と見なす政治体制であり、その要は天皇制および教育勅語であった。

ここではさらに、福沢が国権拡張のために不可欠と見なした五つの主要な国内的体制について論ずる。

(1) 軍備増強のための徴税・増税、義金
(2) 軍人の身体への配慮、つまり人種改良
(3) 人種改良の要としての女性の位置づけ
(4) メディア関係者・臣民の政治原則たるべき官民調和と各種人権の制限
(5) 大資本育成／職工の団結・ストライキの否定を通じた経済体制の構築

がそれである。

(1) 徴税・増税、義金

国権拡張の鍵となるのは軍備である。では、何が軍備増強を可能にするのか。

徴税・増税——特に酒税増税

近代国家において統治機構運営のために重要な意味をもつのは、租税である。「明治期」初期においては地租(地税)が大きな割合をしめた。だが、社会構造の変化を通じてじょじょに他の諸税の割合がふえていくことになる。地税以外の主な税は所得税、営業税、酒税、タバコ税等であるが、福沢は軍備増強のために一貫して酒税増税を主張した。

例えば日清戦争後にも、どんな場合であれ東洋の海上権を占めようとする覚悟をもって進むことが(⑮五二六)、あるいは今は何より一切他をかえりみず国力の許すかぎり軍備を充実させて、他国に対する力を備えることこそが肝要である(⑯二二一)、と主張しつつ福沢は、国民に納税とくに酒税の納税をもとめた。福沢は、国権拡張のために一貫して軍備増強(特に海軍の)を主張したが、軍費をえるために国民から酒税をとれという要求は、何十回とくり返された福沢の基本的な主張である。福沢は自ら導入・推進せんとするものを文明の名によって合理化するのを常とするが、酒税も「文明の税法」として合理化される(⑭五二八)。

この姿勢はすでに壬午軍乱《イムオグルラン》の時期から見られる。八二年、軍乱時に国権拡張が思いどおりに行かなかった事実(かえって清国の影響力の大きさを見せつけられた)をふり返りつつ、福沢は国権拡張を渇望する出発点となった「原体験」にふれる。「インド・支那の土人等」を御する仕方をイギリス人にならうばかりか、そのイギリス人をも苦しめて東洋の権力を自分の一手ににぎりたいものだと、壮年・血気の時期にひそかに心にちかって今なお忘れることができない、と（⑧四三七）。そう記してただちに、「東洋の権柄」掌握のために不可欠な軍備増強をめざして、地税ないし酒税の徴収に言及する（同上）。そこで福沢は、報国心から納税におうずることが、天皇の「臣子」たる者の本分であるとの自覚を喚起せんとする（⑧四四〇～一）。

酒税を重視する姿勢はその後急速に明瞭になる。壬午軍乱の翌年年頭の論説で、福沢はイギリスの酒税をくわしく紹介した上で、日本でとるべき、酒税を含む徴税のあり方について論じている（⑧四七九以下）。そこで幅広く酒税をとるために、国民の栄養や健康（酒税問題は本来これとふかく関わっている）とは無関係の論点を提示する。そもそも福沢は、国民の、なかでも貧民の栄養や健康にはほとんど関心がない。後述するように肉食の必要を論じながら栄養・健康に言及することもあるが（⑲七九一～二、⑧四五七）、その実肉食重視の目的が国権拡張にあったように、福沢にとって飲酒問題は国民の栄養・健康とは無関係である。

ここで福沢は、労働者をふくめた貧民の粗食の実態にふれている。だが、体を養う食物と体を消耗する労役との不つりあいをつぐなう手段は酒のほかに求めることはできないと、つまり貧民の健康をまもるための各種方策を講ずる必要を説くのではなく、貧民にはただ酒を飲ませさえすればよい、と記すのである（⑧四八七）。

もちろん福沢が酒に言及したのは、貧民からも酒税をとりそれを軍備増強に役だてるためである。ここでも福沢の関心は国民の栄養や健康ではなく、自らの悲願たる国権拡張にすぎない。その姿勢が高じるのは日清戦争以降である。九四年から四年ほどの間、福沢は間欠的に非常に多くの論説で、特に軍艦製造のための酒税増税を説いている。*

一方、「地租のごときも十分増税の見こみあり」として、地主層をねらいうちする場合がある（⑮五二七）。

ただし直後に「地租は容易に増すべからず」という論説を書いて（⑮五六〇以下）、事実上これを撤回する。また福沢は、所得税の増税には単に反対するばかりか（⑭五二五）、それをそもそも廃止せよ（⑯三四七）、あるいはただの名目だけにとどめよ（⑯四〇七）、と主張する。

その表向きの理由は、日本人は昔から財産を人に知らせないのが習慣であって、それは容易にかえられないということだが（⑮五三九その他）、その理由づけはとってつけた感がある。おそらく福沢は、自らをふくむ富豪がえた利益が増税の対象となることをきらっているのであろう。しかも福沢は、所得税の徴収は苦情をまぬかれない上に、実際の税収も高が知れている（⑯四八三）と記すが、そもそも課税対象者が高額所得者の一部にかぎられ、またその税率が低率にすえおかれていれば、「実際の税収も高が知れている」のは当然のことであろう。議論の前提がまちがっている。

また会社税の増税は、理由にならない理由をつけて一蹴する。企業の株主にふくまれる「孤児・寡婦に重税を課するもの」だから（⑯二三九）、というのがその理由である。だが会社税を課されるのは、孤児や寡婦などではなく、福沢が言う「富豪」「中等社会」であろう。その利益を守るために孤児・寡婦を引きあいに出すのは、稚拙としか言いようがない。そもそも、その日ぐらしの孤児や寡婦が株式を買うことができると、福沢は本気で思っているのであろうか。

＊国権拡張を名目に酒税をふくめて増税がくり返されれば、人民はあえぐ。北海道では、日露戦争を通じた増税につぐ増税の結果、地主までが没落しかねないほどの窮状におちいった（井上勝②一九三）。

福沢は義金をよびかける

福沢は、日清戦争開戦時に、軍資金の献納をうったえる「報国会」なるものを財界人とともに組織した

(⑲七二〇)。そればかりか福沢は、当時としては破格の一万円*もの義金を自ら拠出することにし、署名入りで「私金義捐《ぎえん》につきて」という一文を公表した(⑭五一四以下)。そして福沢ひきいる『時事新報』はすでに開戦直後から「表誠義金」をつのり、その募集広告を三か月近くのあいだ、毎号、紙面(しかもほとんど常に第一、二面の最上段)に掲載し、また義金を拠出した国民の氏名・金額を定期的に紙面にのせた。歴史家・大谷正によれば、『時事新報』ほど「日清戦争の報道と戦争への協力に熱心な新聞」はなかったという(大谷②一六九)。

その種の姿勢はすでに甲申政変《カプシンヂョンビョン》時から見られた。当時福沢は義金をだすのが国民としての義務だとまで記していた**(⑩一六三~五)。「報国の大義」は、国のために命をさし出すことを意味したが、ここでは軍費拠出がそうだとされている。

*これは、おそらく今日の貨幣価値で言えば一億円をこえる。

**もっとも公表された論説からは、かく呼びかけながらも福沢自身は義金を出したことはなかったように読める(⑭五一五~六)。

(2)人種改良——軍人およびその身体

軍備増強のための財源があっても、軍人(常備兵および予備兵)がいなければ意味がない。軍人たるべき国民については、彼らを律する「報国尽忠」モラルおよびその淵源としての帝室とともに、第二章二で論じた。そこでの議論は軍人の精神に関わるが、他に軍人の身体に関わる論点を提示することを、福沢はわすれない。福沢からすれば日本人の身体は貧弱であり、国権拡張のためにそれが正されなければならない。福沢にとって軍人の身体論は、日本人の「人種改良」論である。

福沢は、一番弟子の一人である高橋義雄が書いた『日本人種改良論』に序をよせ、国権拡張は自分の畢生《ひっせい》（生涯）の目的である、これを拡張するには手段はいろいろあるが、さしあたり必要なのは「国民の不養生」であると論じた（高橋義一）。ここで「不養生」とは、種々の場面で生じうる不養生にたえる「克己」の意であり、その克己のためには（養生を通じた）人種改良が必要だというのが福沢の理屈だが、要するに国権拡張のためには、日本人の人種改良が不可欠だと論じたのである。

福沢は一般に序文執筆を依頼されてもことわるのが常だったようだが（⑱六二六～七）、その福沢が高橋の著書に序文をよせたとすれば、それは高橋の議論に大いに賛同していたということである。『日本人種改良論』は、高橋が福沢の意をうけて、あるいは福沢に触発されて書いたのであろう。

さて福沢自身が、人種改良をめざしてあれこれの手段を提示するが、その第一は肉食である。福沢は同書について、「本書は人種改良を目的として……衣食住の模様を改め、血統遺伝の美を選む《ママ》の大切なる次第」云々と記すが（高橋義二）、衣食住のうち最も重視されたのが「食」である。そしてそれは、主に肉食のすすめである（同六九以下、S．⑯一二八）。

福沢自身、なんどか肉食の必要を論じた。例えば日本人の「小弱」さを論じて、これをすくうためには肉食を広めることが最も急要であると、国権拡張を主要な課題とした『時事小言』に記している（⑤一九七）。あるいはその翌年『時事新報』発刊の後（八二年一二月）、肉食を主題とした論説「肉食せざるべからず」を公表し、日本人民が背がひくく顔色がわるくのら犬のようであるのは、世界的な競争が行われる今日において国の大患である（⑧四五七）と、肉食と国権拡張とのつながりを明示しつつ論じている。

これは、いまだ発展途上とはいえあるていど発達しつつあった栄養学的な知識（⑲七九一～二）からというより、世界に植民地を広げたイギリス軍の「強さ」を、イギリス本国での俗言どおり肉食とくに牛肉食（福沢は第一に牛肉・羊肉食を論じている）に強引にむすびつけた結果である。

肉食への福沢の関心は、なにより国権拡張への願望に由来する。それは、後者の論説の公表時期からも推察できる。右論説が公表されたのは、悪名たかい論説「東洋の政略果たして如何せん」（⑧四二七以下）の直後である。後者で福沢は、「東洋政略」をはじめて明確にかつ本格的に語り、天皇の「臣子」として徴税（特に酒税の）におうじ官民調和をはかるべきことを主張した（⑧四三七以下）。

両論説のあいだにあるのは、論説「造船の事業奨励せざるべからず」（⑧四四七以下）のみである。ここで福沢は、国権拡張（外戦）のために軍艦・商船の造船の不可欠たるゆえんを語りつつ、ひとたび外国と戦端をひらき、最も船舶を要する危急にのぞんだ場合を問題にしている（⑧四五〇）。とすれば、先の論説で肉食の必要を説きつつ意識しているのは、日本人の栄養や健康ではなく帝国主義的な東洋政略である。

（3）女性――人種改良の要

「人種改良」は国権拡張に向けた必須の手段である。ここから、福沢の独自の女性論が帰結する。福沢にとって女性は、なによりも国権拡張のための資源である。甲申政変の失敗後、福沢はたびたび女性論を草した。国権拡張のためには体力において強壮な軍人が必要である。そうした軍人をつくるためには、女性が強壮でなければならない。こうした論理で、福沢は「人種改良」論議の一環として女性を論ずる。

福沢にとって女性に関する初の著書となった『日本婦人論』（八五年）の冒頭の語は、これである。すなわち同書は、「人種改良のことにつきては……」という一文ではじまり（⑤四四七）、そしてすぐに、自力で人種改良をおこなおうとすれば、必要なのはまず日本女性の心を活発にし、その身体を強壮にし、それによって「好子孫」をえようと欲する工夫である（⑤四四八）、と記されている。そして同書の末尾ちかくにおかれた結語は、現在の女性に依頼して「良子孫」をもとめるのはけっきょく無益の希望であるが故に、まずその心身を活発にしなければならない（⑤四七三）、というものである。

一八八四〜五年、福沢にとって政治の季節はすぎた。八四年に朝鮮でのクーデターに関与し、弟子を実動者としてくわえたものの、あまりにあっけなくクーデター計画がとん挫したからである。そればかりか、福沢の安易なシナリオがわざわいして、朝鮮「開化派」の芽がほとんどつまれてしまう結果となった。しかしクーデターの悲惨な結末があきらかになり、「脱亜論」を草した八五年上半期から、福沢は将来の国権拡張をめざして、より広範な議論の展開をはかったと思われる。『日本婦人論』は、執筆・公表時期（八五年六月）からすれば、そうした意図にくみこまれた著作であると判断できる。ここで福沢は、女性とその「春情」（性欲）について論じたりもするが（杉田⑦二二七〜八）、最終的に、屈強な帝国国民をうむ役割に女性をおしこめるのである。*

中期イデオロギーの宣言書たる『時事小言』（八一年）において、福沢は国権拡張のために士族（中等社会）の血統を維持する必要を強調し（⑤二二一以下）、「嫁して良家の婦となり、屈強の子を生むべき者が、芸娼妓に陥りて」云々（⑤二二〇）と、士族女性の惨状について一言ふれていた。甲申政変の失敗を通じてこの問題は福沢にとってより深刻となり、四年後のこの『日本婦人論』においては「人種改良」（身体の強壮化）に焦点をしぼったのである。つまり福沢は、女性は固有の役割として自らの身体の強壮化を、ひいては生まれてくるべき子孫（帝国臣民）のそれをはかるべきだと、同書で主張した。

なお、国民の健康を結局は国家の対外政略（福沢の用語では国権拡張）のためにもちいるという発想は、一九四五年までつづく日本の軍事政策の大原則となった（鄭六九以下）。

＊福沢の女性論は、『女大学』の良妻賢母主義的な変種にすぎない。福沢は女性の本質的役割は「産む」ことであると解する。それは、『女大学』の悪名高い女性規定「妻を娶《めと》るは子孫相続のため」と本質的におなじである。正確には福沢が女性に求めたのは、単に産むことではない。『女大学』があくまで家長となる男子を産むことをもとめたのと同様に、福沢は身体強壮な男子を産むことをもとめている。その限り、福沢は『女大学』以上に女性を「器械視」（⑤四六四、S.⑤四五〇）した。

銃後の家庭を守る

帝国軍人たる男性の銃後をまもるためにも、女性のはたらきが期待されている。

その傾向がよく表れたのは、ドイツの膠州湾《こうしゅう》占領を通じて、九八年頃に東アジアの緊張が高まった時期の論説である。「内助の功を没すべからず」と題した論説で福沢は、女性が「主人」の身のまわりや子どもの教育に心をくだいて、一身を粉にして内外・上中下のはたらきをなすは、夫につくす女の道であれば云々、と記している（⑯四二九）。これは、憲政党党員の行状に関する論説の一部であり、女性の役割自体を主題にしたものではないとはいえ、女性の「役割」はそのようなものだと、おそらくほとんど無意識に福沢が思いえがいていることが理解されよう。実際、この見方は他の女性論と共通である（S.⑧三五七以下）。

そもそも福沢が女性に期待するものは、きわめて限定的である。今後女子に衛生、経済、法律等の思想をやしなわせて、男子をたすけて「国家・処世の務」にあたらせる地ならしをするのは、きわめて肝要なことである（⑯五二六）という言葉も見える。だが経済、法律等の思想といっても「経済法の大略」をまなんで、法律についても人の話を聞いて合点するくらいのたしなみ（⑥四九〇、S.⑥五〇七）さえあれば十分だと、福沢は論じている。要するに、女性はあくまで男性につかえる存在としか見ていない。福沢が女性の

「天職」、「〔固有の〕職分」、「天然の約束」として家事・育児をあげたのは（⑥五〇六～七）、そうした女性観からの必然的な帰結である。

先に、貧民は国外に自らより「下」におかれた劣等な他国民を必要とすると記した際、その「貧民」は「女性をふくむ」と注記しておいた（九三頁）。中等社会も下等社会（貧民）も男も女も、大挙して他国人（中国人・朝鮮人）を見下す心性をやしなってはじめて、帝国国民がつくられる。

だが国内においては、中等社会であろうと下等社会（貧民）であろうと、男女の役割はことなっていると福沢は考える。なるほど女性も他国民に対するかぎりは、帝国国民である。だが、真正の帝国国民つまり軍人として他国民を殺す積極的な役割は男性にのみ期待されており、福沢において、女性はその男性を軍人とするための回路のうちに位置づけられている。女性は平時には前記のように「主人」の身のまわりに心をくだいてつくすべしとされるが、戦時には「主人」につくして育児に専念し、銃後を守るのでなければならない、と。

海外出かせぎ娼婦・「従軍慰安婦」――娼婦への罵詈雑言

もう一つの役割が女性に課せられている。女性一般にではなく「娼婦」にである。

福沢は公娼制を公然と擁護するが、公娼を含む娼妓・娼婦が、日本人の植民の便宜のために海外に出かせぎに出ることを、強く要請していた（⑥二八六、⑮三六三～四）。本章二で論ずるが、福沢にとって移民（植民）は国権拡張の第一の方法である。だが移民には各種の困難がともなっている。それに「報いる」ために、福沢は女性の性を公然とひさぐ道を不可欠の要件として提案する。

ところで本節で問題なのは、帝国軍人である。福沢が娼婦の海外出かせぎの必要を論じたのは、一面では移住民のおちいりがちな荒れた空気をやわらげるためである。そう論ずる際福沢は、西洋の軍隊を例にあげて、海外の駐屯地にはかならず娼婦がいると論じていた。娼婦がいない場合には、政府筋からひそかに娼婦の往来に便宜を与えて必要に応ずるという、と（⑥二八六）。

くわえてここで福沢は、兵士の気を荒くする害は娼婦があたえる害よりもさらに大きい（同前）と論じて、同政府筋の対策を合理化せんとする。「兵士の気を荒くする害」とは強姦や略奪・殺人のことであろうが、日本軍＝文明の軍隊という建前を維持したい福沢は、それだけは避けたかったにちがいない。とすれば、しかももし生命の安全が保障されない前線に近い場所に娼館が設置されなければ、政府筋あるいは軍自らが現地女性の「慰安婦」をおく必要があるという結論が、論理的に導かれるであろう。

福沢は、当時の過酷な経済状況（(5)で論ずるように福沢もそれを当然視した）の下で呻吟《しんぎん》した薄幸の女性に対しても、すさまじい罵詈雑言《ばりぞうごん》を投げつけるが（杉田⑦二五一～二）、日本人女性についてさえそれが可能だとすれば、必要とあらば、その眼には日本女性よりも低い位置におかれた現地女性を「慰安婦」とすることなど、なんら躊躇《ちゅうちょ》はしなかったであろう。

（4）官民調和と人権の制限

（1）に見たように、壬午軍乱時に福沢は酒税徴税について論じたが、その直後で「官民調和」に論及していた（⑧四四一以下）。国権拡張を実現するための国内体制として最も重要と福沢が見なす柱の一つが、官民調和である。これは時事新報社の社是でもある。八七年末、すなわち『時事新報』発刊四年半後に、同紙の政治に関する主義は常に官民調和論であった、と福沢は記していた（⑪四一三、S．⑧五六二、⑨一〇〇）。

福沢は外患や外戦は「報国心」をつくると力説したが（第二章二）、それは同時に官民調和をも可能にする。福沢は、官民不調和は「畢生《ひっせい》の大望たる日本国の独立（＝国権拡張）・富強」という目的に達するの進路に障害を与えうるが故に、まずこの不調和を除去しようと希望したと記して（⑧五六二）、官民調和の重要性を強調した。この姿勢は、その二年後、福沢自身が関わった甲申政変時により明瞭なものとなる。今回の事変こそさいわいである、これに乗じて何とか官民不調和の宿弊を一洗するよう希望にたえない（⑩二一一）、と論じた。ここには、福沢が甲申政変に関与した意図の一つがかいま見られる。自由民権運動による当時の激烈ともいえる官民間の不調和を、自ら政変を組織することで一掃せんとしたのであろう。

この期待は、壬午軍乱・甲申政変時にもあるていど現実になったが、日清戦争期には予想をはるかにこえるものとなった。一八九四年春、帝国議会において政府と議会（民党）の対立があまりにはげしく、政府としてもはや打つ手なしと苦慮したその時に、日本軍の朝鮮出兵・日清戦争開戦を通じて、みごとなほどの官民調和が実現した。帝国議会では、それまでの対立がまるで嘘のように雲散霧消し、そればかりか全く意見対立もなしに、官民（政府と民党）が一致して日清戦争へとまい進したのである。

当時福沢は感慨深げにこう論じている。日清の事件が破裂におよぶや否や帝国議会は旧時の議会にあらず、官民一致によって国家の大事にあたり云々（⑮二九）、と。また福沢は晩年の『自伝』でも、当時をふり返ってこう記していた。日清戦争は官民一致の勝利、「愉快とも難有《マヽ》いとも言いようがない」、と（⑦二五九）。

各種自由権の制限——官民調和論の帰結

だが問題は、官民調和が国権拡張のための有効な手段であるとすれば、福沢は、国民が（メディア関係者さえ）固有の判断を中止して政府の決定にしたがうことのみか（t．⑧二九〇）、自由権の制限をも当然視する、ということである。福沢は「典型的な市民的自由主義（者）」であると丸山真男は論じたが（丸山③一二二）、その実、福沢は独自な自由観（安川③二七三以下）も手つだい各種自由権の制限を合理化したのである。福沢にとって民権（いちおう人権の意と解しておく）は、「生命、財産、名誉」である（③三八）。福沢は「啓蒙期」にアメリカ合州国独立宣言を翻訳したが（①三二三）、その際、同宣言に記された「生命、自由および幸福追求」という人権規定から「自由」「幸福追求」をおとし、財産と名誉をこれにくわえた。この人権理解は晩年にいたるまで終生一貫していた。このように、ただでさえ自由権は制限的にしかあつかわれなかったが、官民調和ひいては国権拡張のために自由権がさらに制限されるべきは、福沢にとって当然のことであった。

そもそも福沢は民権より国権を重視する。国内で民権を主張するのは外国に対して国権を張るためである、と福沢は明確に論じていた（④六〇三）。つまり人権擁護には目的があって、それは国権拡張だと言うのである。のみならず、「民権の伸長はただ国会開設の一挙にして足るべし」（⑤九八）と主張して人権を選挙権に還元してしまう傾向がある以上（しかも福沢が選挙権をみとめたのは特権男性に対してだけである）福沢において十全な自由権がみとめられないのは当然であろう。

そしてこれは、個々の自由権について具体的に語られる。

報道・言論の自由の制限

「啓蒙期」から、福沢は報道・言論の自由に対する制限を当然視した。新聞紙条例による記者の投獄について、その当否はしばらくおき（④二三一）と記すばかりか、政府を害する者があれば同条例をまたずにただちにこれを逮捕してもよい（⑳一五八）、と論じてさえいた。

自由民権運動が活発化しはじめた時期におきた壬午軍乱時も、こうした大切な時機には新聞記者も注意して物の順序をよく考え、日本の政略に不利とみとめたことは自重するよう勧告しかつ自らもまもる（⑧二九六）と論じて、報道を自主規制するよう主張した。

この姿勢はその後もっと確たるものになる。日清戦争後は日英同盟に関し、新聞社はたとえその内情を知ってもそれを口外すべきではない、それは「国民の分」である、と主張した（⑮二一五）。また、非常事態がおきた場合には俗に言う「ならぬ堪忍」をも堪忍して当局者のすることをだまって傍観するか、そうでなければこれを「翼賛」して官民ともに同一歩調で外に向かうべきであるとも記した（⑮三一五）。

これは、後述する朝鮮王后暗殺の時期に公表された論説である。「歴史上古今未曾有の凶悪」（内田定槌・漢城《ハンソン》領事〔当時〕）とも言うべき事件についてさえ、官への追随を第一に重視するとき、ジャーナリズムの使命は地におちたと言わなければならない。

九七年の論説「新聞紙の外交論」でも、福沢は報道・言論の自由の制限を正当化した。そもそも重大事件でありかつ切迫している場合には、まったく沈黙して当局者の心中にまかせよ（⑯七一）、と。没年の前年におきた義和団鎮圧戦争時も、この姿勢は強まりこそすれ弱まっていない。外交的に明らかに自国に不利となりうる言論をほしいままにして得々然としている者があるが、つまらぬ新聞紙の議論は意に介するにたりない（⑯六二二）、と。こうして福沢は「啓蒙期」から最晩年にいたるまで、国権拡張のために報道・言論の自由の制限を当然視したのである。第二章で『時事新報』は官権新聞だと記したが、ここではそれがさらに明白である。

集会・結社／学問の自由の制限

集会および結社の自由を制限せんとする姿勢は、はるかに政府よりである。

自由民権運動がもり上がった八四年、福沢は集会条例、新聞紙条例を評価してみせる。八一年の秋以来、両条例などに大きな変更がくわえられたが、八四年の現在、日本社会の静謐《せいひつ》なるさまは自由民権運動がおこる以前の七九年とかわらない（⑨五二五）、と。* この論説では、条約改正のために金・労力を惜しむなという主張が主眼となっているが、それを惜しまなかったおかげで、自由民権運動をおさえるための両条例の改定が可能だったと、福沢は論じたのである。

悪名高い保安条例を福沢はどう解したであろうか。保安条例は、明治憲法発布を前にもり上がった第二次自由民権運動（いわゆる大同団結運動）をおさえるために制定された法律である。これによって少なくない反政府的な政治家・運動家が東京市街に追放されたが、これに対して福沢は、その結果より見れば、政府の施政にさまたげとなる者を遠ざけたにすぎない、まったくもっともな出来事である（⑪四一六）、と論じた。その後も、だいたいにおいて同条例の必要性を自分もよく認めている（⑭三四七）、と記している。こうして官民調和とは、福沢にとっては明治政府へのすりよりでしかなかった。

集会・結社の自由をこれまで以上にはげしく制限しようとしたのは、田中正造の名とともに有名な足尾鉱毒事件が社会的に大きな影響をもちはじめた時期である。福沢は同事件に関する集会を論じて、当局者も容赦するにはおよばない、これをだんじて排斥するよう希望にたえない（⑭一四七）、と政府に集会への介入・弾圧をけしかけている。その後も、集会条例自体をいささかも問うことなしに、集会参加者を断固処分せよと主張した（⑮六七〇、S.⑮六五〇、⑯一〇）。

福沢が慶応義塾を経営した以上、意外に思われるかもしれないが、学問の自由の制限も当然視された。自由民権運動に走る学生を見て福沢は、慶應義塾（より広くは一般の学校）における学生・生徒は政治に関与すべきではないと主張したが（⑤三八九）、制度的にそれが可能になるよう、学問のことと「学事」の管理とを完全に分けるよう提案した（⑤三七八）。一見これはもっともな提案だが、実はこれは、学問によって政治の針路に干渉しないこと（同前）、すなわち学問の政治への完全無関与の提案なのである。こうして学問の自由はその実質をうしなう（S．雁屋②三一六以下）。後に歴史学者・久米邦武が皇室・伊勢神宮の祭祀を、古代に共通して見られ、その意味で未開な東洋の古俗であることを明らかにして職をおわれた際（いわゆる「久米筆禍事件」）、福沢は沈黙をつづけたが、それは学問の自由放棄の必然的な帰結であった。

以上の政府追随を、福沢は一般国民にもよびかける。それが最も典型的に現れたのは、日清戦争期の論説「日本臣民の覚悟」であろう。ここで福沢は、戦争の終結にいたるまで国民一般が向かうべき方針はなにかを論じ（⑭五四六）、第一に官民調和の必要をとき、第二にその必然的な帰結として、「日本臣民」はことが終局にいたるまで政府の政略を非難すべきではない（⑭五四七）と論じた。それどころか国民の有すべき自由はすてられ、政府の自由が一義的なものとされている。あくまでも現政府をたすけてその運動を自由にし、政略・軍略ともに一点のまちがいもないと見なしてこれに賛成しなければならない（⑭五四八）、と。

こうして言論人・福沢は、自らの固有の権利をなげすてたのである。政府に口をはさまぬ福沢の言論は、安倍晋三にはさぞ心地よくひびくであろう。

＊福沢は国内が「静謐」だと記すが、この論説が公表される二週間前には「群馬事件」がおきている。福沢は自由民権運動を論評することはついになかったが、それは同運動を、明治政府要人と同様に、唾棄すべき「駄民権論」だと見なしていたからである（次項）。たしかに「群馬事件」は無謀であった。だがそこまで運動家をおいこんだ明治政府の弾圧姿勢が、そもそも問われるべきではなかったか。

自由権軽視の帰結――民権論への敵対・明治憲法の絶賛

各種自由の制限を当然視すれば、福沢が、人権の無制約的な保障を要求した自由民権論者に敵対的な態度をとるのは当然であろう。彼らへの罵詈雑言《ばりぞうごん》もすさまじい。

ある漫言で福沢は、彼らを「この蛆虫《うじむし》にも及ばざる民草ども」と唾棄するばかりか、百姓どもが政治の権柄をとるとはいったい何ごとか、民は民草というように草木同様の者であって、いまだ動物に仲間入りすることさえできない、などと書いている（⑧九八～九）。漫言であるだけに福沢の本音が直截《ちょくせつ》に語られている（雁屋②五五八以下）。

漫言でなくとも、論説類に見る福沢の眼はこれと同様に偏見にみちている。血気の少年でなければ皆「無知・無識の愚民」（⑳二三二～三）と記して、彼らのうちに一片の価値も認めようとしないさまは異様である。そして彼らを借金にたよる「無家・無産」の輩《やから》と見なし、「無頼漢」とまでよんでいる（④五八九、五九一）。また、井上馨・伊藤博文にあてた書簡では、政府系新聞発行*の主義の公明・正大であることをよろこび、新聞の発行によって「天下の駄民権論」を圧倒して、「政府真成の美意」を貫通させようとする真心云々（⑰四七五）と記して、二人にこびへつらいを見せている。

要するに福沢にとっては民権論者が自由権への最大限の尊重を要求したという事実が問題だったのであろうが、もとをただせば、それを通じて彼らを官民調和をやぶる存在と見たことが、以上のような評価となって現れたのである。

こうして自由権の制限が至当であれば、中江兆民によって一笑に付された明治憲法さえ、自由権尊重の故をもって評価されることになる。福沢は同憲法についてこう記す――

「驚くべきは、わが憲法の完全にして国民の権利を重んじ遺《のこ》すところなきの一事……真に文明の精神をこめて善美なるもの……」（⑥八六）

「いかにも完全無欠にして、字々みな自由・開進の精神ならざるはなし」（⑭三一二）

「甚だ寛大自由にして、立憲の旧国にさえも稀なる完全のもの……」（⑮六二七）

だが明治憲法は、強大な権力を天皇に与えた一方で、各種権利を国民に形式上保障しても、それらには「法律の範囲内において」（第二九条）という制限がついているのである。信教の自由には「臣民たるの義務に背かざる限り」という強力な制限も付されており**（第二八条）、それは「天皇は神聖にして侵すべからず」という天皇制に関わる根本規定（第三条）、つまり「国体」の護持を前提しているのである（島薗二三二）。

明治憲法において人権は天賦のものではなく天皇があたえた恩恵にすぎない以上、おのずからそうなる。あるいはこう言ってもよい。人権について言われる「天賦」とは、人が人であることによって保障されるという特質を意味する形容句である。だが明治憲法において人権は、天皇が恩恵的に賦与するという意味で「天賦」であるにすぎない、と。

いずれにせよ自由がどれだけ制限されようと、福沢は官民調和の観点から、ひいては国権拡張への寄与という点から明治憲法を絶讃するのである。

＊『時事新報』はもともと、井上・伊藤らから発行をもちかけられた政府系新聞として企画された。ただし、福沢は自由民権派につながる大隈重信に近いと見られたために、後に話はたち消えとなった。そのため福沢は独自に新聞（『時事新報』）を発行することにした。

＊＊福沢は信教の自由に対する制限をも当然視する。これについては、自民党改憲案に関連して、第四章一（5）で論じる。

（5）経済体制――大資本育成／職工の団結・ストライキ権の否定

資本家階級への肩入れ

福沢にとって国権拡張は「大本願」であった。その出典は晩年の『福翁自伝』であるが、そこでは正確には、「この日本国を兵力の強い商売の繁昌する大国にしてみたい」と記されている（⑦二四八）。私はこれまで国権拡張を主に政治的な対外的膨張ととらえてきたが、他面では経済的な膨張もまたその不可欠の一部と理解されている。

福沢は多様な面で「富豪」の利益をはかろうとしてきたが、それはこの志と関係があるのであろう。富豪に肩入れする姿勢は異常につよい。貧民のあいだから「智ある者」が出るのを福沢はおそれ、貧民の教育を最低・最下等のものにせよと論じたが、それは他年いつか富豪にとって禍根となるのはかならずこの種の子弟である（⑬一〇〇）、という認識からである。一方で、実際に貧民から「智ある者」が生まれることがないよう、他の方途をも考える。福沢は、授業料の安い官立（国立）・公立学校を廃して私立化するよう、そうでなかったとしても官立・公立学校においても高額の授業料をとるよう主張した（杉田⑦四三）。

富豪への肩入れは他にもおよぶ。福沢は、帝国議会開催後、議員に地主層ばかり多く「実業家・富豪家」があまりいない現実を見とがめ、何とかその議席をふやそうと彼らに対し財産分割を提案した（⑬五八五～六）。選挙人・被選挙人の資格は、直接国税一五円以上を納税する満二五歳以上の男性（これに該当するのは当時の同男性の約五％だという）だったが、納税の条件をみたさない実業家をより多く帝国議会議員にせんとしたのである。もちろん福沢は、貧民が議会で自らの階級的利害を主張しないよう、いわゆる「普通選挙制」などは認めない。

こうした姿勢から、おのずから福沢はこう書くことになる。『時事新報』はどちらかと言えば大いに富豪をひいきにする、と（⑬一四二）。そもそも、文明世界に国を立てて、内の貧富の不均衡などを語るいとまはない、富豪がますます富をましてその数のますます多くなるよう祈る、というのが福沢の基本姿勢である（⑬五一二、S．⑬五九六）。

大資本の育成

ところで、帝国主義的な海外進出の際、巨大資本の影響を無視することはできない。欧米では、巨大になった資本が、国内での寡頭制的な支配を通じて蓄積された固有な意味での資本 Geld を、海外へと輸出するにいたったが（四八頁）、福沢もまた資本のもつ経済的な力をよく知っていた。そのため福沢は、開発独裁的な政治力を利用しつつ、大資本の育成をはかろうとしたようである。福沢の経済論には、時にはその他種類の論説にも、しばしば三井や三菱の名が登場する。

福沢は国権拡張のためにとくに海軍増強の必要を主張したが、民間の船舶と同時に軍艦の製造のための造船業の発展をくり返し政府に進言し、その際、三井・三菱が言及されたのである。

例えば壬午軍乱後の論説において、すでに三菱への肩入れをかくさない（⑧四四八）。『実業論』では岩崎弥太郎を手ばなしで賞讃している（⑥一五五）。そして福沢は、これら巨大財閥が「官有物」を低廉な価格で買いうけて巨大利益をあげている事実を、不問に付す（⑮四四三以下）。いわゆる「官有物払下げ事件」（一八八一年）を別とすれば、その典型例は足尾鉱山であろう。その払い下げをうけたのは古河財閥である。明治期において空前絶後の被害を地域住民にもたらした鉱毒事件は、典型的な財閥支配の現れであった。

大資本による開発や蓄積を是としたとしても、福沢のようにこの種の事件まで許容することはできない。先にふれたように、福沢は足尾鉱毒事件に対して抗議に立ちあがった周辺住民の集会をきびしく取りしまれと要求したが、そもそも福沢は、足尾鉱毒を問題化する住民らを定見のない愚民であるかのように見なしていた。鉱山の事業が少しばかり繁昌すれば鉱毒問題をもち出して事業をさまたげんとする様子は、「竹槍・蓆旗《むしろばた》の一揆」と同じ無法と言うべきだ、と（⑭一四六〜七、S.⑮六五〇）。

信じがたいことだが福沢にとっては、彼らの鉱山閉鎖要求は「文明の発達を阻害しようという暴挙」（石河②七四二）でしかないのである。だが、「文明」の名にふさわしい行動とは、福沢の見解とは逆に、鉱毒被害をくいとめて人身の安全・健康を守ることではないのだろうか。

つまり、自由気ままな資本の運動をゆるしたとき、それがもたらしうる災厄こそ問われなければならない。後にこれらの巨大資本は、資本としてのその固有の運動を通じて対外進出をはかり、同時に政界に影響をおよぼして軍を動かし、日本国民を一九四五年にいたる破局へとみちびく主体となるであろう。福沢における大資本へのかた入れの本質的な問題性は、大資本の利潤追求が国民の生活・生命を犠牲にする可能性をなんら疑ってみないことである。

なお、足尾銅山の鉱毒を前に立ちあがった住民の集会を無法とみなした際、福沢は無法の例として、北里柴三郎の伝染病研究所の建設を「病毒の伝染云々を口実に……阻止しようとする」運動をあげた（⑭一四六）。北里が芝公園に研究所を建設しようとしたとき、多くの住民がこれに反対した事実にふれたものである。当時であろうと、「バイオハザード」に対する周辺住民の不安は正当である。伝染病研究の意義をみとめたとしても、重要なのは福沢のように建設予定地周辺の住民を「無学不文なる小民」（⑭一一二）よばわりすることではなく、生命に関わる住民の不安をとりのぞく最大限の努力をすることではなかったか。あるいは、福沢邸ないし慶応義塾の隣に同研究所を建てる努力をすべきであった。「ニンビズム」（Not-in-my-backyard-ism「自分の裏庭は御免だ主義」）を自らのりこえる努力もせずに、地域住民をバカよばわりする姿勢は正当化できない。

職工の団結・ストライキ権の否定——職工条例制定に反対する

以上に見られる階級的姿勢は、労働者（当時の言葉では「職工」）に対する場合にはるかに明瞭となる。貧民に対する姿勢をさきに見たが、貧民のうちでもとくに職工の組織化による階級的な力の伸張を、福沢はおそれる。それは第一に日本資本主義の発展のために（これ自体、国権拡張の重要な要素となるが、ここでは略す）、第二に国内で破裂する不平の熱をうまないためにである。

不平の熱とは、先進国イギリス等で見られたチャーチストや社会党・虚無党・共産党等の運動からうまれるもので（⑤九、⑮六二四）、国権拡張のためにその防止が重要であると福沢は認識する。国内の不調和は国権拡張に対する最大の障壁だからである。従来おもに官民の不調和が問われたが、これをのぞけば、福沢にとって資本主・職工の対立ほど規模も影響力も大きな不調和はない。それゆえ職工の団結をふせぐ必要があり、したがって労働組合の結成やそれによる同盟罷工《ストライキ》の発生を極力おさえなければならない、と福沢は考える。

こうして福沢は、職工の権利をおさえて彼らを窮乏状態におかんとする。当時明治政府は労働時間・児童労働の制限等をめざした「職工条例」の制定をはかったが、福沢は官民調和の原則さえすててこれに断固反対した（⑮五八六以下、⑯一二一以下）。一方で福沢は「救貧」にも反対である（t．⑩八五）。だから福沢には、貧民の海外おくり出し（移民）しか道がない。そしてそれ自体が、本章二で論ずるように、一面では国権拡張のための一手段となりうる。

二、国権拡張のための対外的な方法

帝国主義本来の対外的な方法とはいかなるものか。福沢において国権拡張の各種の方法が考えられている。それは、

（1）移民（植民）
（2）不平等条約の締結
（3）介入・干渉
（4）外戦・侵略
（5）資本輸出および鉄道敷設権・鉱山採掘権の獲得
（6）領域の割領
（7）地域の租借
（8）地域の割領
（9）一国の保護国化

（10）一国の併呑

である。

以上の順序について、あらかじめ二つ記す。

レーニンは、国際関係が問われる出発点として「資本輸出」を論じた（レーニン①一〇二）。だが後発資本主義国である日本の場合は、政治的軍事的な介入・外戦等の後に資本輸出が本格化したため、本書でもこの順序で論ずる。また「領域」（6）は便宜的に「地域」（7、8）よりも広い区域をさす。

また地域・領域を割譲させることを「割領」（6、8）と表現する。それは領有とほぼ同義ではあるが、福沢が中国に関して言及する「分割」のふくみを、ここにこめた。*

空間的な広がりからすれば、「地域」の問題（7、8）をさきにおくべきであろうが、福沢が八〇年代に示した渇望および日清戦争後の歴史的過程を考慮して、以下、「領域」の割領をさきに論ずる。ただし（7）（8）を論じた後、（6）の2としてこれを再論する。

＊杉田⑦⑨には「割領」を「割譲」と記すまちがいがあった。ここで訂正させていただく。

（1）移民（植民）——「貧智者」の排除

国権拡張の第一の方法は移民である。第一章でヨーロッパについて論じた際、これにはごく簡単にしかふれなかった。だが福沢の帝国主義イデオロギーについて語るには、移民の問題をおとすわけにはいかない。

最初に注記するが、移民は植民と言われる場合もある。一般に「植民地主義」「植民地」が語られる場合の「植民」は、相手国（地域）の自国への吸収（版図化）もしくは相手国政府の主権の掌握＝保護国化等を意味するが、ここで「移民（植民）」は、かならずしもそれらを含意しない。一八七〇～九〇年代、少なくない日本人が南米・太平洋諸国への移住民となるべく海をわたったが（高橋幸一〇以下）、それを移民（植民）とよぶ。また後述するように、ここには「居留」もふくめる（ただし出稼ぎはのぞく）。

いま、移民および移住民ということばを用いた。「移民」は移住民の意味でももちいられるが、ここでは移住する行為（あるいは政策）を「移民」（植民）と、その行為者（移住する者）を「移住民」と記す。* なお移民と植民を移住が一時的か永久かのちがいでわける場合もあるが、しばしば両者の明瞭な線引きは困難である。

＊日本では八一年に、札幌農学校（現北海道大学）ではじめて「植民学」の講義がおこなわれた。この時はこうした広義の植民が想定されており、だから北海道へのそれも重視された（井上勝②一六三～四）。もちろんこの植民は、アイヌとの関係で見れば、政治的な支配・土地の収奪をともなう狭義の植民・植民地化でもあったのだが。

「除害」のための移民

ヨーロッパの帝国主義イデオロギーはしばしばマルサス主義とむすびついて、人口問題の観点から移民を論じた。マルサスは『人口論』で人口増加に関わる悲観的な見とおしをのべたが、一面ではたしかにこれが帝国主義的イデオロギーを後おしした。「飢えにかりたてられた人々が食糧をもとめておしよせ、最後には何もかもが食いつくされてしまうのではないか、という悪夢のような思いが、帝国主義時代の人々の胸の中ではてしなく広がっていった」と、歴史家ゴルビツァーは記す（ゴルビツァー一一三）。

福沢も移民をおなじ観点から、しかし経済的な利益の観点とともに論じた。例えば「本国の〔商売上の〕利益を増進するの一方便」(⑨四五九)と、あるいは「国力を外に伸張すると同時に、大いに本国の〔経済的な〕利益を謀るもの」(⑮三七三〜四)、と。

だがそれと同時に、国内の政治的な安全のために移民を追求した。つまり移民の目的は「興利」とともに「除害」である(⑬二六)。福沢は七〇年代末、ヨーロッパ情勢を記した著作に、この論点に関わる植民論者ウェイクフィールドの文章を引用した。今後は「貧賤の権利説」がしだいに行きわたり、「富貴の権柄とその私有」とを犯し、ついには国の安全を害するにいたるであろう、と(⑤九)。

福沢は貧民が増加して富豪・中産階級をおびやかす危険性を、なかでも教育を通じて(ウェイクフィールドの引用文中にもこの点が記されている)「智ある者」が出ることを、おそれる。「貧知者」は福沢にとって排斥の対象である。それゆえ貧民の教育を最低・最下等のものにおさえよと要求し(⑪四七〇)、同時に、増加する貧民を移住民として海外に送り出すことを経世上の懸案とみなした(⑬一〇三)。

要するに、福沢は移民を一般的な人口増加に関わる問題(いわゆる社会問題)*としてあつかうことも多いとはいえ、その議論の背景には貧知者に対するおそれがある。だから、貧民の数をさだめて「内地を寛にする」ことは富豪にとって最も安全な策である(⑬一〇三)、と論ずることになる。先に記した「除害」とはそうした意味である。

こうして福沢にとって移民は、国権拡張を可能にする国内体制づくりの意味があった。**だが移民は、国権拡張そのものをもたらす契機でもある(次項)。

なお福沢は、貧民に向かって「日に飢寒の迫るを待つよりも、奮いて高翔を試みるこそ男子の事」(⑨五二六)、あるいは「他国に移住すれば……栄達を致す」(⑨四五九)とけしかけた。だが移住民がどれだけきびしい状況においこまれたかを（今野他二三三以下、土井一一五）、福沢は知らない。あるいは知っていたかもしれないが、貧民のことに関心はない。

*福沢はこれを「労力者等の始末」問題と記す（⑬二六）。

**「報国の大義」「報国尽忠」の意味について第二章二でふれたが、海外移住（移民）さえ「報国の大義」あるいは「報国尽忠」として語られることがある（⑨五二五）。福沢にとって移民がもつ意義が推測できる。

移住民・宗教家による「文明化」――日本文化・政治制度の輸出

九七年、福沢は「対韓の方針」（⑯三二六以下）という論説を公表する。それまで日本は二〇年以上、朝鮮を義侠心*から助けようとしたが（⑯三二七）恩を仇《あだ》でかえされた、また文明主義に立って改革をはかろうとしたが朝鮮人はまったく頑固不霊だったと総括したうえで、今後はこれらの方策を断念する、**ただ彼らの眼前に実物を示してじょじょにさとらせる、と論じた。すなわち、実物としてなるべく多数の日本人を朝鮮にうつして朝鮮人民と雑居させる、と言うのである（⑯三二九）。

この主張は移民に関するめあたらしい議論である。従来、福沢は「除害」を目的として貧民を海外におくり出すことを重視していた。一度ならず、日本の学者・技術者がじょじょに朝鮮に入りこんでその人民に親切に教えれば、朝鮮人もかならず大いに満足する等と論じたことはあったが（⑩二五四、S.⑬四六八）、ここにいたって福沢は、一般の移住民（入植者）は、庶民であろうと朝鮮人より「文明的」であり、したがって彼らに朝鮮人を文明化する指導者的な役割を期待できる、と判断している。

そして移住民の「文明化作用」を補強するために、宗教家および宗教施設が考えられている。福沢は以前から、移民（植民）地への宗教家派遣の意義について論じたが、その目的は移住民の安心を維持することであるという（⑮三六二）。また彼らが本国の観念を失わないようにするために、移民（植民）地で神社仏閣を建立するよう提言した（同前）。そしてこの文脈で、日本移民のみか他国人にも日本語を使わせることが肝要である、そのようにして日本の勢力をその地に拡張すべきである、と論じた（⑮三六一）。ここでモデルはイギリスの植民地である。

福沢がどれだけ自覚していたかは不明だが、神社仏閣の建立まで提言するのであれば、それは日本語利用とあいまって多かれ少なかれ日本文化の、ひいては政治制度の輸出をもたらさざるをえない。ちょうどハワイで、在住アメリカ人が自分たちの臨時政府をつくろうとはかった（そしてそれは実現した）ようにである。

＊かつては義侠からではなく「自利」のために朝鮮に介入（この場合は借款供与）するのだとも論じていたが（t.⑮九四以下）、福沢はここではその事実をかくしている。

＊＊この論説は福沢の「朝鮮改造論」の（再度の）放棄（月脚二〇五）を示したものではなく、あらたな朝鮮改造論展開の前ぶれである。

日本人移住民による被害

さて、日本人を朝鮮人と雑居せしめて、いったい「文明化」という所期の目的は達せられるのだろうか。むしろ雑居したほとんどの日本人は何もできぬまま朝鮮人と同様の境涯におちいるか、あるいは逆に強欲な日本人がかえって朝鮮人に害をくわえることになるのではないか。福沢はきれいごとを語っているが、経世家のあまい見とおしをうらぎるのが、福沢がこのむ「弱肉強食」の現実ではないのか。

そもそも日本は朝鮮で治外法権を有するのみか、日本銀行券の流通のおかげでつねに有利な経済活動ができる。その現実を放置したまま、いかなる意味で本質的な「文明化」がありうるのか。日本人の手によって王后まで殺され、しかも日本の干渉に命の危険を感じた国王が他国の公使館に実に一年以上にわたって避難していたのが、朝鮮の現実である。

そうした状況・介入に本質的な反省をくわえることなく日本人が朝鮮に移住して土地をたがやせば、何がおこるかは明らかではないか。日本人なら税を朝鮮の国法にしたがって払うと福沢は気楽に書くが(⑯三三〇)、そもそもなれない農作業など簡単にできるものではない。農業は実は専門的な営為である。それに自作農ならまだしも、小作農の労苦は甚大であろう。福沢は小作農のおかれた状況を満足に理解できずにいるが(⑮五八一、⑥一三四～五)、朝鮮にわたった庶民は農作業のむずかしさ・大儀さになやみ、税・小作料をはらうことに汲々となるだろう。彼らを「文明化」の尖兵にするなどという議論は、無責任すぎる。

また福沢は、朝鮮の地方官吏が収穫物をうばおうとしても日本人ならそれをこばむから、しだいに朝鮮の政治・法律もかわると記す(同前)。だが移住した庶民が現地の官吏に抵抗できるはずがない。そもそも福沢は日本人の「順良さ」を賞讃してきたのではなかったか(t.⑫四六、⑥一七〇、⑭二八五)。その日本人がどうやって収奪に抗しうるというのであろう。誰はばかることなく自己主張できる人物なら別だが、そうした人物は逆に朝鮮人とのあいだに争いをおこして、彼らを食い物にするであろう。要するに特別な人を別とすれば、庶民に「文明化」作用など期待できない。南米への移住民のその後を見れば、それは一目瞭然である(今野他二三九以下)。

実際福沢はこの論説の少し前に、日本における「内地雑居」後に懸念される争いの危険性を論じ、その懸念があるのはエジプト・朝鮮のごとき「未開国」においてのみ、と記していた(⑯二〇四)。とすれば、朝鮮のような「未開国」での「文明人」の雑居は争いの種になることが、福沢には分かっていたはずである。要するに日本人は、収穫物をうばおうとする官吏に抵抗するどころか、自ら朝鮮人の収穫物をうばうようになるかもしれないのである（高崎三八、六七～九）。弱肉強食は、文明の（悪しき）果実はではなかったのか（S.⑨一九五～六）。*

実は福沢はその後この点をはっきり論じるようになる。朝鮮での移民地に僧侶がおもむくべきだが、それは海外娼婦の場合と同様に「移住民の心を和ら（げ）」争いをふせぐためであると論じつつ（⑯三四五）、日本の移住民が朝鮮人に対して悪行をくわえる可能性があると語っている。利益をえようと事業をすすめようとして、彼らが朝鮮人をあなどりはずかしめて、喧嘩《けんか》・争い等のさわぎはあとをたたない、と（同前）。

そうした弊害を知っているのに、福沢は日本人を朝鮮におくり出そうと主張した。ここで僧侶の奮発に期待しているようだが、それ自体ほとんど無効な手だてであることを福沢は知っているはずである。実際僧侶の「不始末・不品行」ぶりを、同時期に自ら語っていなかったか（⑯二九〇、S.⑭一九一）。そしてその姿勢は後にますますつよくなる（⑯五四七以下）。

その福沢が、移住民につきそう僧侶だけはまともであると前提できるという事実が、そもそも奇妙である。一八八二年、条約で規定された元山《ウォンサン》の居留地からでて他市にむかった二人の商人（無関税をよいことに各種日用品をもちこんで巨利をあげた、大倉組および三菱会社の社員）が朝鮮人と悶着をおこして重傷をおうという事件がおきたが、その際、同行していたもう一人の日本人は殺されている。それは福沢が時に名ざしした浄土真宗の僧侶だったのである（⑧九四）。

要するに福沢は、「文明化」の建前をあげつつ日本の支配力を朝鮮におよぼすことを第一にめざしている。だがそれは現地を「文明化」することではなく、あらそいの種をつまり野蛮をもちこむことである。

＊一方福沢は、清国については、内地雑居が実現し、商売人の他に「政客」「壮士」「博徒」「資産なくして事を好む

の徒」等が渡航することになれば（商売人にも悪質な者が多かったが）当局者は大いにおそれるだろう、と記す（⑭二八八〜九）。だが福沢は、朝鮮にも日本人政客・壮士らが入りこんでいる事実を知りながら、それればかりか後に彼らが日本公使とくんで朝鮮王后を殺害さえしたのに（本章三）、それについては口をつぐむ。

移民の政治性――居留地の場合

ところで、移民がもたらす経済的利益を論じた先の論説（⑮三七三）を公表した時期に、後述する「進取線を張る」（これは事実上土地の割領を意味しうる）という議論をおこなった事実を思うと、福沢が言う移民の政治性を思わざるをえない。

とくにそれが問われるべきは居留地の場合である。居留民がいれば（居留と移民はことなるが相違は相対的なものにすぎない）、各種事件が勃発した場合、当地への公然たる政治的・軍事的な介入が多かれ少なかれ可能となる。一八八二年、朝鮮の元山で日本人が殺された際（前項）、福沢は現地に日本人警察官五〇人・陸軍士官二〇人をおき軍艦三隻を警護船として開港場につなげ、と主張した（⑧八四〜五）。またその後の壬午軍乱《イムオグルラン》時にも、居留地となっていた釜山《プサン》・元山に軍艦を派遣し警察官をふやせ、と（⑧二四八）。

さらに各種事件をきっかけに「遊歩規定」をじょじょに廃止させれば、「内地雑居」は容易になり、ひいては相手国に対する経済的・政治的その他の進出が可能となる。実際福沢は、元山事件の後、遊歩規定を廃止して日本人の内地旅行を自由にすべきだと主張した（⑧九六）。だが、次の（2）で論ずる「不平等条約」を悪用した日本商人の悪辣《あくらつ》な商売等、日本人・朝鮮人のあいだに軋轢《あつれき》が生じる原因になんら検討をくわえることなく、一方まだ法整備がととのわない段階で内地旅行を自由にすれば、さらに日本人に被害が出るのは確実であろう。にもかかわらず右のごとき安易な議論を見ると、ひょっとすると遊歩規定廃止後におこりうる再度の事件を機に、さらに朝鮮に対して介入を強めることが目的なのではないか、とさえ思えてくる。事端をおこして他国に介入せよと扇動する福沢の姿勢（⑬四一四）からすれば、そうした判断も可能であろう。こうして問題は、おのずと（３）で見る「介入・干渉」に通じてくる。

ところで、中国に対して欧州列強が要求し取得した居留地は一般に「租界」とよばれるが（「居留地」は「租界」という中国語の外務省公定訳である）、歴史的には、土地借用の主体が個人か政府か等によって、相手国（中国）に対する主権侵害の度合いにおのずと差がうまれる。釜山や元山にもうけられた居留地は、ヨーロッパ諸国が中国にもったどの租界にくらべても主権侵害の度合いが大きく、歴史家・藤村道生によれば、それは「ほとんど日本領土の延長であった」（藤村三）。

ここに租界（居留地）がもうけられたのは歴史的な既成事実である。だが福沢がそこへ軍艦を派遣・係留すべきだと主張した事実は、十分にふまえられなければならない。当時明治政府は、開港場近海で「軍艦の遊弋《ゆうよく》〔＝海上の往復〕と示威」を行っていたが（姜②一二七）、福沢の提案はそれをこえている。軍艦の派遣・係留を通じて主権侵害のていどがさらにまそうとも、福沢はその種のことをなんら意に介さない。後に、相手国に対する主権侵害を問題視することさえ、「耳を傾くるに足ら（ず）」と主張したほどであるから（⑭四四二、S.⑮一二）、租界への軍艦係留になんら問題は見いだされないであろう。だからそもそも、租界なるもののの存在について何らうたがいをもたない。江戸末期、日本で居留地（租界）が各地に設定され、それが不平等条約の象徴でもあり実体でもあった事実を福沢は知っていた（t.⑭二六三）。にもかかわらず朝鮮の居留地を当然視し、くわえて開港場への軍艦係留まで主張したとすれば＊、福沢は、日本が不平等条約を通じて朝鮮を収奪する体制を、確固として肯定していたと判断される。

租界（居留地）に関わる事件を理由に、公然たる政治的・軍事的な介入を当然視する姿勢は、その後もつづく。八三年末以来、漢城《ハンソン》にも日本人居留地ができたが、甲申政変《カプシンヂョンビョン》の際福沢はそこに二、三個大隊の軍を派遣せよと主張した（⑩一四七）。日清戦争時には、居留民の生命・財産保護を名目に、それをはるかに上まわる戦時編成の二個連隊を「速やかに出兵すべし」（⑭三九二）と要求し、実際出兵が実現すると「商売の安全」および「日本貿易の利益」の保護（⑭四一二）のためにも出兵は不可欠だったと主張した。しかもその姿勢は高じて「撤兵するな」と、それどころか「兵力を用いよ」と主張するようになる（後述）。

そして、ドイツの膠州湾占領とその租借（一八九七〜八年）について論ずる際は、そのきっかけとなったドイツ人宣教師殺害事件について、「好機会」（⑯一五八）あるいは「好機」（⑯一八一）と記した。それははたしてドイツの見方をさすだけなのか。また福沢はドイツの占領を容認しつつ、「うまき汁を分《わ》かつ」（⑯一六三）という論理で、日本も台湾対岸の福建省の一部を租借すべきだと主張した（福建省には英租界の厦門《シャメン》＝アモイがあり、ここに日本人も多数居留していた）。とすれば、居留民の存在が、公式にもあるいは非公式にも相手国への介入（これを通じた地域の租借・割領）のきっかけになりうることに福沢は意義を見いだしていた、と言わざるをえない。

＊福沢はかつての横浜居留地について、日英条約の文面には「兵隊の上陸を禁ずるの明文なき」が故に、イギリスが軍を横浜に駐屯させた事実を「失態の甚だしき」ものと難じたが（⑭二六四、S.⑭三八八）、しかし同じことを朝鮮に対しては当然視した。

（2）不平等条約の締結と諸特権の確保

国権拡張の第二の方法は、不平等条約の締結と諸特権の確保である。福沢はこれを国権拡張の方法としては論じなかった。不平等条約それ自体については論じたが、それはかつて日本がおしつけられた不平等条約に関してでしかなく、日本が朝鮮におしつけたそれについてではなかった。

とはいえ、たとえ「移民」が国権拡張の方法として明確に論じられなかったとしても、関連問題を多かれ少なかれ語っていたように、日本に対する不平等条約に関する問題も随所でふれている。おしつけられた不平等条約の解消が日本の国権拡張に資するなら（⑪一二二）、不平等条約を他国におしつけることは、はるかに国権拡張に資するであろう。

日朝修好条規と三大特権

一八七六年、日本は、あからさまな不平等条約である日朝修好条規を朝鮮側の不案内をよいことに締結させ、*これによって（正確には下位の付録や規則をふくめてだが、ここではおく）三つの特権を手に入れた。治外法権、朝鮮に対する無関税特権、日本諸貨幣の開港場での流通権が、それである。

一方日本は当時、欧米列強からしいられた不平等条約に苦しんでいた。それを福沢はくりかえし問題化した。例えば『通俗外交論』では治外法権が問題にされている（⑤四二五以下）。他の不平等についても論説ではっきりと語られる。条約改正が実現すれば関税権は日本人の手に帰して云々（⑭五三一、S.⑮五五九）。

だが福沢は、日朝修好条規を通じて日本が治外法権・無関税特権をえている事実については、ついに語らなかった。開港場での日本貨幣の流通権についても同様である。朝鮮の内情なかでも租税法について記す際にも、流通通貨についてはは語らない（⑧二八一～四）。日朝修好条規は日本がおしつけた不平等条約であることを知っているのに、同条規は対等条約だと語りさえした（⑩一三九、⑭三九八）。しかしそれは、日朝の条約締結当事者は全権委員であるかぎり対等な立場で締結した、という形式論にすぎない。**

それどころか、清国がより不平等な条約を朝鮮とむすんだ際には、福沢は、日本も同様のより不平等な条約をむすぶべきだと明治政府をけしかけさえした。新たに清朝間で締結された条約とは「清朝商民水陸貿易章程」（八二年十月）である。その清国にとっての有利を知って、治外法権に関する日朝修好条規の規定を、同章程のようにより不平等なものにせよと主張したのである（⑧五一五）。

＊福沢は、これを締結させたのは「わが日本国の栄誉」と記した（⑧二八、S．⑧四二七）。

＊＊その証拠に、福沢は日本がメキシコとの間でむすんだ条約は、本来の意味で「純然たる対等条約」であることを熟知していた（⑭二〇三）。

三大特権のうま味——日本商人の悪辣さと福沢の沈黙

朝鮮で有した三大特権のおかげで、日本は政治的・経済的な利益をどれだけえたか。それは通商・貿易において明瞭であった。日本商人は国内と同じように商いができたのみか、事情にくらい朝鮮人を相手に詐欺的な不等価交換で莫大な利益をえた。そして度量衡が一定しないことによる詐欺や、時になされた恫喝《どうかつ》的な売り買いが明らかになっても、当事者は治外法権によって罪をまぬかれることができた（同前）。

福沢が認めたように、朝鮮において第一に望みがあるのは商売上の利益であったが（⑮九五）、それは輸出入いずれにおいても顕著であった。

特権の一たる関税免除は「原価申告の義務を負わない」ことを意味しており（姜①二）、これによって日本商人は、不等価交換という言葉では言いつくせないほどの破格な価格で輸出商品（なかでも朝鮮になかった各種の工業製品）を売りつけることができた。一方、日本にとって輸入のうま味も大きかった。福沢は、朝鮮は「土地も豊かに人々も多く、物産も乏しからず」（⑭四一三～四、S．⑩二五四）あるいは「農産物もあり鉱物もあり」（⑮一八）と記していた。多様な物産・鉱物が問題になりうるが、朝鮮民衆にとって何より貴重だったのは米・大豆などの穀類であった。

米の不等価交換は驚くべきものである。日本貨幣の流通ひいては「韓銭相場」と組となってのことのようだが、例えば日本で一石六～八円で売れる朝鮮米を、一石四〇～四五銭で買いとることができたという（姜①二）。米が日本に流出する際、日本の商人がとったあくどい方法が知られている。日本商人は、窮迫している農家に対し相場よりはるかに低い値で前貸しをしたうえで、秋に収穫米を持ちさるという悪質な方法をとったという（山辺①一一五）。だから、日朝修好条規以来、米の日本への流出は深刻であった。さきに見た元山事件（八二年）も、同年の壬午軍乱も、また日清戦争直前の「防穀令」事件（九三年）も「東学《トンハク》農民軍」の蜂起（九四年）も、結局みなこれが遠因だったのである。

金地金《じがね》の流出も深刻だった。日本は一八九七年に金本位制を確立するが、その際の正貨準備のために朝鮮の金を大規模に収奪したのである。六八年（明治元年）から日清戦争前年の九三年までの四半世紀に日本は海外から膨大な金を輸入したが、そのうち実に六八％は朝鮮からの輸入なのである。日本産金量と比較すると、例えば八五～八七年では、朝鮮からの輸入金量はその四倍におよぶという（同一一〇～三）。しかも、税関をとおらずに朝鮮からもち出された金地金が、どれだけあったか知れない（姜②一一八、中塚①三四）。

金は、窮迫農民から砂金*を直接に安価に買いとる方式がとられた（山辺①一一五）。しかも日本商人は、朝鮮での金銀交換比率を自らに有利にもちいた。かつて日本が飲んだ苦汁を、こんどは日本が朝鮮に飲ませたのである。福沢は、西洋列強商人が交換比率を悪用して膨大な利益をえた事実をよく知っており（⑪一二）、「防穀令」事件が懸案となった日清戦争前の時期にあらためてこの事実をふり返っていた（⑭六四）。しかし話をそらして、朝鮮での交換比率の不当性についてはついに語らなかった（同前）。

総じて、福沢は朝鮮について「商売上の利益」を語っても、それらの利益にともなう朝鮮国内での副作用

（それは餓死者をさえだす深刻なものである）や、利益をうみだすためにとられる日本商人のやり口については、語らなかった。「防穀令事件」の背景も東学農民軍蜂起の背景も、語らなかった。福沢が何を語ったかは重要だが、何を語らなかったかも重要である。語らなかったことからも、福沢の帝国主義者としての立場は明瞭に見てとれる。日本を「商売の盛んな」富強国にするために、以上の数々の不正をいっさい語らないことで、福沢は帝国主義者としての本領を発揮したのである。

＊そもそも日本が元山を開港地としたのは、そこが砂金の集散地だったためである（姜②一二七）。そして金の買いしめにおもに関わったのは、福沢の盟友・渋沢栄一の「第一銀行」だった（同一二一〜三）。福沢が朝鮮に対する日本の特権について封印したのは、この事実とも関連しているのであろう。

国権拡張の一大方法としての不平等条約

福沢が、日本が朝鮮に対しておこなっていた収奪にふれないのなら、逆に欧米列強が日本に対しておこなったそれについての発言を参考にする価値がある。

福沢は日本が苦しんだ治外法権等について、なんと言っていたか。日本独立の道によこたわるのは外国人居留地の治外法権であって、それがおこなわれるかぎり日本国民は東洋独立国の人民と名のることはできない（⑨五四三）、と論じていた。＊国権拡張を意識しつつ治外法権を論じる場合もある。外国人にとって日本人と同一の国法の下に立つことが懸念材料とならなくなれば、治外法権の撤廃という議論もでてくる、そうなればいくらかでも日本の国権を伸ばしたと言える、と（⑪一一二）。

ここでは、日本にとって不平等条約（諸特権）の解消は国権拡張に資すると論じられている。だが、うらをかえせば列強が日本に対して不平等条約をおしつけること自体が、さらには日本が朝鮮に対して同様にすることが、より確固として列強のもしくは日本の国権拡張に資するという結論になるはずである。

あるいは、右の言及において治外法権をえているのは「外国人」だが、それをえているのが日本人であり、相手国は日本ではなく朝鮮であると読んでみてもらいたい。これだけの朝鮮側の不利を、したがって日本側の有利を知りつつ、ついにこれをいっさい不問に付したのは、不平等条約が国権拡張の一方法としていかに大きな意味を有するかを福沢が知悉《ちしつ》していたことを、おのずと語っている。

そして福沢はその種の不平等を不問に付す合理化論をもっている。その種の問題は日本人から欧米人にもとめる事柄であるが故に、欧米人のあずかり知るところではない（⑨四七四）、と。ここでも「欧米人」を日本人と、「日本人」を朝鮮人と読めば、福沢の帝国主義的な姿勢が明瞭になる。その種の問題は朝鮮人から日本人にもとめる事柄であって、日本人のあずかり知るところではない（！）。

＊これを思えば、日清戦争の目的は朝鮮の独立であるという福沢の主張（⑭四三六）は欺瞞であることが分かる。独立のためなら、何より朝鮮において日本がえていた治外法権を撤廃する必要をうったえるべきであった。日朝ともに当事者能力を有する条約改正のためには、清国との戦争など不要である。

（3）介入・干渉——外患の利用・挑発・陰謀

国権拡張の第三の方法は、他国への政治的な介入・干渉である。これは一般に何らかの口実をもうけておこなわれるが、ふつうは「外患」（④六六〇）が利用される。前述のように、他国に租界や租借地を有している場合などは外患がおきやすい。あるいはそうした場合をふくめ相手国を挑発することによって、さらには陰謀・謀略によって外患がつくられ、それを通じて介入・干渉がくわえられる場合もすくなくない。

さて他国に対する介入・干渉は、「外戦」と同様に、国内の階級対立の気炎をおさえる効果をもつと福沢は主張する（⑩四四以下）。したがってそれ自体国権拡張の手段となりうる。帝国主義者（国）は、国権拡張のために虎視眈々《たんたん》とその機会をねらう。

江華島事件・壬午軍乱――外患・挑発による介入

歴史をふり返れば、江華島《カンファド》事件は日本艦船の挑発によって引きおこされた。それが禁断の閉鎖水域に入りこんで、朝鮮軍の発砲を誘発したのである（杉田④五四）。福沢は「無知の韓兵、みだりに砲撃を加えたるがため」と記したが（⑮八三）、自らが考える挑発を、軍略にたけた軍首脳部が考えないとでも思っているのであろうか。

壬午軍乱はあくまで朝鮮内部の事件であるが（ただし前記のように遠因は日朝修好条規にある）、その際日本公使館が焼きはらわれ公使館関係の日本人が何人も殺されたために、大きな外患となった。日本側は積極的に介入しそれは済物浦《チェムルポ》条約締結で終結したが、この条約は一二年後、日清戦争開始期に日本軍の朝鮮上陸をゆるす根拠として悪用されることになる。

甲申政変――陰謀による介入

福沢の朝鮮に対する介入を求める主張は、八四年の甲申政変前になされた。まずは、中国への介入を通じて間接的にである。

この際福沢は、「外に劣者の所在を求めて内の優者の餌食《えじき》に供する」は今日の必至・必要とも言うべきもの（⑩四七）と記して、中国に対する介入をけしかけた。その文脈で福沢は、相手国（ここでは中国にかぎらない）を「取る」「略（す）」等と論じており（⑩四四以下）、介入後の目的は、後述する領域あるいは地域の割領であろう。同論説でのポーランド分割に関する言及（⑩四七）などに、それが現れている。*その後は、ポーランド分割それ自体を論説の主題として『時事新報』に掲載し、中国分割に対するおそれをあおった（⑩七二以下）。これは、自らが企図した朝鮮でのクーデター（右二論説公表の時期はその準備が着々となされていた）を有利にはこぶための戦術である。

そしてこのクーデター自体が、朝鮮への介入の手段であった。福沢は一部政府関係者とはかり、陰謀によって朝鮮政府の転覆をはかった。先に引いた「外の劣者の所在を求めて」云々の前で福沢は、「今に及んでその（＝各国に見られる階級対立の）気炎の熱を緩和するがため」と、その目的をあからさまに記していた（⑩四七）。

八一年秋以来、とくに八二年明け後に、燎原の火のように日本中に広がった自由民権運動は、政府の予想をこえて大きな広がりをもったが、一方、政府の切りくずし策、つまり「松方デフレ政策」を通じて運動のにない手が分裂する事態が引きおこされ、そのために八四年には運動自体が激化した（「秩父事件」は八四年十一月におきた）。福沢は八四年に国内にまん延した激烈なまでの政治的な熱を外ににがすために、朝鮮に目をつけたのである。

なるほど朝鮮開化派にすれば、クーデターによってあくまで自国の政治体制の変革をめざしたのであろうが、福沢をふくむ日本側の事情を見おとすことはできない。

＊井上角五郎が八二年末に福沢の命によって訪朝した際、福沢は、中国が西洋列強によって四分五裂させられその勢力範囲におかれるのは必至との情勢認識のもとに、「我々はこの場合において、なお退いてこの一孤島を守って我慢ができるであろうか」と話したという（井上角③九～一〇）。

九三年の主張――挑発あるいは陰謀による介入

福沢が朝鮮への介入をあらためて主張したのは、日清戦争に先だつ時期である。

九三年、国内政治の混乱をふまえ、福沢は事実上朝鮮への軍事介入を主張した。その際、七一年の「台湾征討」の例をあげたが（同所で福沢は、「内の人心を一定せしむるために外に対して事端を開いた」と記す）、それは現地でおきた事件（外患）が口実とされた（⑬四一四）。九四年には、「人気を転ずるの工風《ママ》」、「朝鮮政略」の名のもとに、挑発あるいは陰謀による介入さえ口にした。第三帝国議会の閉会後、次期議会での紛糾を憂慮した福沢は、朝鮮の周辺に「何か交渉事件を生じ（させ）て」人心をこの方向へ向かわせるべきだと論じて（⑭六）、朝鮮への介入へと政府を誘導した。

その一年半後、第五帝国議会も紛糾してわずか一か月で解散し、その後は政府部内の更迭《こうてつ》さわぎが顕在化した。これをうけて福沢はふたたび「東洋政略」の必要を説いている。その際、今度はフランスによるラオスの保護国化*（一八九三年）の例をあげて、「国内の人心を外に転ぜし（めよ）」と明治政府にけしかけた（⑭二七五）。ここでは介入の内容まで論ぜられないが、その少し前の論説では、海軍の組織を十分なものにして「東洋の諸国に対して雄を称し」、あるいは「太平洋・南洋等の諸島にも余威を及ぼして国光を宣揚すべし」と論じていた（⑭二五七）。

*ここで「保護国化」は、国際法的な意味で用いられている。一七五頁を参照のこと。

日清戦争期――介入は権利とまで主張した

その後福沢は、朝鮮への介入・干渉をくり返し語るようになる。日清戦争直前の時期には、東学農民軍の革命的な動きと、これを鎮圧するために朝鮮政府が清国政府に出兵要請をしたことが、ある種の外患と見なされた。そして、日本軍は大規模な軍隊を朝鮮半島に出兵するのみならず、首都漢城の王宮に攻め入って国王・政府要人を統制下においた。したがってその後は、もはや口実にするべき外患をさがす必要さえなかった。

だからこの時期の主張はあからさまである。朝鮮の「改革」あるいは文明の注入が介入の口実とされる。そして、「干渉また干渉……あるいは叱り、あるいは嚇《おど》し、あるいは称讃し、あるいは恵与し」、あたかも子どもを取りあつかうかのように意のままにすべきである、とまで福沢は記す*（⑭六四八）。典型的な帝国主義イデオロギーは他国民を子どもあつかいして介入を合理化するものだが（第一章）、福沢の姿勢にもそれがつらぬかれている。

日清戦争終結後、福沢は、朝鮮に対する干渉は単に遠慮におよばないのみか、干渉をますます深くして、文明入門の成功がますます速やかになるように祈ると記したが（⑮一九〇）、同時に、干渉は権利だとまで主張した。今や日本が朝鮮より手を引こうとしても、その口実がないことをうれえる、それはつまり朝鮮に干渉する権利があるゆえんである（⑮一九二）、と。

*福沢は朝鮮を併呑せよとは言わない。併合せずとも公式・非公式の各種の統制をおよぼすことで朝鮮を支配した方が、大きな利益につながる場合が多々あるからである。日清戦争当時も、朝鮮を併呑しさえしなければ、いくら介入しても「外国人において怪しむ者な（し）」と記していた（⑭六四八～九）。

福沢の権謀術数

その後も、日本による介入を合理化せんとする姿勢がめだつ。最も顕著なのは、九五年一〇月、日本公使が壮士をつかって朝鮮王后を暗殺した凶悪事件に対してなされた合理化論であろう。これについては本章の三で論ずる。

王后暗殺事件の後、命の危険を感じた朝鮮国王がロシア公使館に逃走・避難するという異常な事態がおこるが（いわゆる「露館播遷」）、これについても福沢は、国王が露国公使館に行ったというが、国王自ら公使館に身を投じたのであって特別な意味があるわけではない（⑮三八九）、あるいは、国王とあろうものが他国の公使館に借り住まいしたほどの次第にして云々（⑯一三二）と、朝鮮の政治情勢をものわらいの対象とするかのように気楽に書いて、それまで朝鮮に対して主権侵害をものともしない露骨な政治介入・干渉を日本がくり返してきた（福沢もそれをあおってきた）事実・責任に、まったく頬かむりをする。

ここで思い出されるのは、甲申政変への失敗後、福沢が自らの政変への関与をかくすために、また政変失敗の要因となった清に意趣返しをするため、なりふりかまわず責任を清におしつけようとした事実である。「国交際の主義は修身論に異なり」という、権謀術数体質をよく見せた合理化論で、国と国との関係は人の交際と同日に論じられない、国際問題ではこちらに過失があっても非をみとめるな、と福沢は主張した（⑩二三六）。甲申政変後、その主張通り自らの関与をかくして虚偽の入りまじった論説を何くわぬ顔で書きつづけたが、日清戦争後には、日本公使や、福沢も個人的に知己のある壮士*が朝鮮王后を暗殺したというのに、権謀術数を使いつづけたのである。この故に私は、福沢は究極的な帝国主義イデオローグだと判断する。

福沢は、現実におこった国際政治上の諸問題について論評した。だがそこから見えてくる権謀術数は、それ自体が帝国主義的合理化論のモデルと言えるほどである。政治家・壮士は自らの論理で外患を利用し、あるいは外患をうむよう挑発し、あるいは陰謀をくわだてる。イデオローグは、そうした挑発・陰謀を合理化し、そしてそれを通じて政治家・壮士を挑発・陰謀へとそそのかす。その行きつく先は、当人の意図と無関係になされる他国に対する本格的な帝国主義的介入であろう。

＊壮士側の首謀者は、以前から福沢と関係のふかかった岡本柳之助である（杉田④二七〇）。岡本は福沢の書生だったという情報もある（Wikipedia「岡本柳之助」）。

（4）外戦・侵略――その合理化と略奪の扇動

国権拡張の第四の、そして決定的な方法は外戦（戦争）あるいは侵略である。福沢は、国民を外戦・侵略へとしばしば扇動する（福沢において戦争と侵略の区別はあいまいなため、いずれかは文脈で判断する）。

壬午軍乱――侵略への扇動

外戦が、（3）介入・干渉と同様にもつ効果は七〇年代末から論じられていたが（④六四一）、外戦それ自体を追求する姿勢は、壬午軍乱（八二年）時に明瞭になる。

これを機に福沢は世論を侵略・外戦へと扇動した。朝鮮政府がますます無礼をくわえるなら、やむをえず開戦して「城下の盟（＝首都にせめ入ってむすぶ講和）」にまで迫らざるべからず」（⑧二九一～二）と、またその背後にいた清国に対しては、理非曲直は「北京城下の盟に決すべしと覚悟すべ（し）」（⑧二四七）、と主張した。あるいは清国についてては、感情をむき出しにした言辞をはく。「むしろ彼の所望に応じて戦を開き、東洋の老大朽木を一撃の下に挫折せんのみ」（⑧三〇五）。

なお福沢はくり返し清が好戦的であるかのように記すが、清が自ら開戦をのぞんだ例はないのではないか。日清戦争直前の時期には、清は日本の出兵後も日本側の予期（期待）に反して兵を動かさなかった（山辺①八九）。にもかかわらず福沢は、清が先に発砲した（⑮八四）、曲（非）は清にある（⑮一〇六）、あるいは清はしいて自ら戦争を開始したのであって日本はやむをえず干戈《かんか》（戦い）に及んだだけである（⑮一三二）等と、くり返し責任を転嫁した。

甲申政変――「問罪の戦」という合理化

朝鮮政府の転覆をはかって自らが関わった甲申政変時には、侵略・外戦をあおる姿勢は露骨になる。同政変は、数年前から交流があった朝鮮開化派に福沢がシナリオと武器*（井上角②六三、六七、井上角⑤三四〇～一）を与えることで実行されたクーデターである。福沢の弟子をふくむ主動者はそのシナリオを下に決起し一時的に権力を奪取するが、結局、日本公使の逡巡《しゅんじゅん》と、朝鮮国王あるいは王后の要請（⑭四七〇）によって介入した清軍と公使館護衛兵とのあいだにおこった戦闘のために、「三日天下」でおわった。

この時福沢は、中国と戦争となれば必勝まちがいなしと論じて開戦をたきつけ（⑩一六〇～一）、また外戦のために帝室を利用するという超政治的な方策まで提案した（⑩一八四以下）。しかも中国を完全に「致害者」ときめつけることで、戦争・侵略を「問罪の戦」として合理化しようとした（⑩一五九）。自らが政変に関与した上にその事実をかくして「問罪の戦」をあおる姿勢は、ジャーナリストのではなく帝国主義イデオローグのものである。

政変時、四〇人にのぼる日本人市民・公使館員が殺されたが（高崎二八）、その事実に福沢は間接的に責任を有する。だがそれを結局福沢は問わなかった。福沢は、クーデターを「〔開化派〕諸氏の軽挙」であると述べたと言うが（井上角③三〇）、これはシナリオをあたえ、事前に主動者と連絡をとりあっていた者（井上角①六五）が言うことではなかろう。むしろ、自ら稚拙なシナリオや武器をあたえた事実を深くかえりみるべきであった。

福沢は早晩事件がおこるのを予期していたというが（石河①三四三）、事前に井上とやりとりをしていた以上、「予期」ではなくはっきり認識していたのであり、したがって井上からの失敗の電報を受けとって「その意外なるに驚（いた）」のは、「事があまりに急遽《きょ》であった」（同前）からではなく、自らたてた計画があまりに簡単に失敗したからであろう。

福沢が与えたシナリオの内容は、正確にはわからない。だがそれは少なくとも次をふくんでいたであろう。井上（角）は、井上馨外務卿や駐朝日本公使ら政府関係者と事前に意思疎通をはかり、その上で朝鮮に再渡航すること（井上角④一〇二〜三）。その上で井上（角）は、朝鮮守旧派に動揺を与えるために、清仏戦争（八四年）をふまえて福沢が甥に描かせた錦絵「北京夢枕」**と、論説「東洋のポーランド」に掲載された「支那帝国分割の図」（⑩七七＝⑯二〇六）を漢城内に広めること（⑳二八六）。決起の詳細は情勢を見て主動者が判断するが、それをふくめ漢城の状況・計画をこまめに福沢に知らせること、等。

クーデターでは、一時的に権力奪取はできても、その後に軍の支持をえる等の周到な計画がなければならない。だが福沢の稚拙なシナリオには***おそらくそれが欠けていた。福沢は公使館護衛兵の支援がえられればことは収まると見ていたように思われるが、「役者を選み《ママ》役者を教え、また道具立てその他万端を指図（した）」（井上角⑤三四一）にもかかわらず、外務卿の慎重な姿勢と日本公使およびその書記の少々軽率な協力姿勢とのあいだにそごがある事実を、見ぬけなかったのである。

こうして福沢は結局、あるていど成長しつつあった朝鮮「開化派」の芽を早期につんでしまったのみならず、多くの無辜《むこ》の日本人が殺されるという悲劇をうんだ事実を不問に付したまま、政変を頓挫させた清に対してさらなる敵がい心を蓄積させるのである。

＊武器を調達したのは「飯田三治」である（石河①三四一）。時事新報社の「計算簿」を見ると、飯田は政変の三か月前に同社に入社している（㉑二〇二）。

＊＊これは、寝そべる大男（清国）の体を蟻のような多数の列強兵士が攻略するさまを描いている（⑳二八四～五）。

＊＊＊右の注に記した飯田に対する賃金・賞与は、他の社員の場合とことなり計算簿に別あつかいで記されている（㉑二〇二～三）。また政変翌年の六月には二千円という破格の金（今日なら二千万円をこえるだろう）について、「現金にて請け取り　別口に記す　飯田三次《ママ》持参」と記されている。当時の社員給与全額のおよそ二か月分、飯田本人のそれの一〇〇倍の金が現金で動かされ、「別口」扱いされ、飯田が「持参」した（持ち帰った）とすれば、それは「朝鮮生徒」（⑰六七三、S．⑰六五九）つまり亡命した開化派らに対する出費であろう。後年福沢は、朝鮮人は金を返さないと強い不満をもらすが（⑦二一二）、これだけの出費をしたのは自らのつたないシナリオの責任をとる必要があると考えたからであろう。

日清戦争──野蛮を文明化する懲罰戦争という合理化

こうして、十年後の日清戦争時には、侵略・外戦をあおる福沢の姿勢はきわまる。この時期福沢は、帝国主義イデオローグとしての本領を発揮する。

日清戦争に関してまず明らかにすべきは、清に非はなかったという点である。甲申政変後に清とのあいだに締結された「天津条約」において、後日、日清両国が朝鮮に派兵する場合は「行文知照」する（互いに知らせ合う）とされていたが、明治政府は九四年六月、この規定にもとづく清国政府の通達によって、清が朝鮮政府のもとめにおうじて朝鮮に派兵するという事実を知った。そして第六回帝国議会で民党の攻撃によっておちいった危機的な状況を打開するために、つまり民党議員および国民の目を他に転ぜんとして、明治政府は（福沢の意識においても同様である）清の派兵を奇貨として利用したのである。

にもかかわらず福沢は、清はますます干渉をたくましくして専横をもっぱらにし、ついには朝鮮併呑の野心を現したために、*日本はやむをえず日清戦争の端をひらいた（⑮六六四）と記して、当時の清－朝間の政治的動きからして清国がとるはずもない行動・態度をあげつらうのみか、同戦争を、甲申政変時と同じようにまたしても「懲罰」戦であると意味づけたのである（⑭四八〇）。それればかりか日清戦争を「文野の戦争」と、すなわち野蛮を文明化する戦争であると主張して合理化した（前述）。

しかもこの時の福沢の論法は執拗である。手をかえ品をかえて、清との戦争を合理化せんとする。状況におうじて日々に主張をかえても、おのれの矛盾した言い分になんら動ずる気配はない。

福沢は最初、例えば派兵数について「真実の保護に必要なる数を限る」と明確に釘をさした（⑭三九二）。だが実際は、明治政府は「戦時編成の歩兵二個聯隊」（平時編成の二倍の六千人）をふくむ八千人をこえる兵を派遣していた（原田五八）。すると福沢は態度を豹変させて、兵数の多いことこそ日本が平和をむねとして争いを好まないことの証拠であるなどという理屈をならべて、直前の説をいとも簡単にすてた（⑭四八六、杉田④一九四）。

より矛盾がめだつのは、派兵および軍事力行使に関する主張である。当初福沢は、相手方政府の依頼であれば出兵も可と論じたが（⑭三八七）、依頼がないことがわかると、前言をひるがえして日本居留民保護のため速やかに出兵せよと論じた（⑭三九二）。東学農民軍が和約をむすんだために、居留民に対する危険がないとわかると、その財産をまもるためには商売の安全・貿易の利益を保護する必要があり、そのために出兵が必要だと論じ（⑭四一一～二）、あまつさえ、たとえ撤兵を要求されても（実際朝鮮政府によって日清両国に対して撤兵が要求された）、撤兵は不要であると主張した（⑭四一五）。その変貌ぶりは驚くべきものである。

要するに福沢は、どんな事情が生じようと、どんな理屈をならべてでも日本軍が朝鮮に出兵しかつそこに居直ることを合理化しようとするのである。

＊それどころか清軍は、「天津条約」の規定どおり撤兵しようとした（中塚①一三五）。

米西戦争・米国のフィリピン領有・義和団鎮圧戦争の合理化

その後も帝国主義的な論理がくり返し提示される。めだつのは、明治政府に対する清国等への外戦・侵略の扇動ではなく、他の帝国主義国による外戦・侵略の合理化である。それは、米西戦争およびアメリカによるフィリピン領有の際になされた。

福沢は、米西戦争の発端となったキューバ問題にアメリカが介入したのは、スペイン政府がそれまで以上に軍をおくってキューバ人を殺し、残虐をほしいままにして止まるところを知らないという惨状を眼前に見たからである、と記した（⑯四一三）。だがその米国がほとんどその直前の時期まで、先住民を西部山脈地帯まで追いつめて虐殺をほしいままにした事実には、まったく目をむけないのである。また福沢は、アメリカによるフィリピン領有も帝国主義的な論理で支持した（⑯四一一、四一四）。

もちろん、日本の利害が関わる事件であれば、外戦・侵略を率先して合理化し、かつさらなる外戦・侵略へと世論を誘動する。義和団鎮圧戦争（北清事変）の際、日本軍が先陣をきって中国本土に上陸（侵略）して天津城を陥落させた際は、日本は「文明の一国」として欧米列強連合と運動をともにしつつあり、「文明の光」を中国全土におよぼし内地開放にいたるのは疑いをいれないと、「文明」に名をかりて侵略・破壊を合理化した（⑯六一八〜九）。

略奪の扇動

くわえて福沢は略奪をあおりさえした。それが明瞭になるのは日清戦争時である。日本軍が平壌《ピョンヤン》で清軍をやぶり、清国内での戦闘の可能性がうまれたとき、「なにとぞ今度は、北京中の金銀・財宝を掻きさらえて〔＝かっさらって〕、かの官民の別なく……チャンチャンの着替えまでも引っぱいで持ち帰るこそ、願わしけれ」、と漫言に記した（⑭五七〇～一）。

これはただの戯言《ざれごと》ではない。論説において略奪について論じ、それに明確な意義をあたえてさえいる。略奪は相手国の打撃となる、というのがその理屈である。清国の軍艦を撃ちしずめ、土地を占領し、財産・生命を略奪することは、それ相応の損害を清にくわえることである（⑭五七五）、と福沢は明言した。福沢を社主とする『時事新報』は、日清戦争時に戦利品の一覧を時々掲載した（杉田④二一三）。それは、戦勝に近づきつつあることを読者に示し、またためだった戦闘もないまま時がすぎて国民に倦怠感がうまれるのをふせぐ（⑭五一八～九、五二二）必要と同時に、略奪の「意義」を福沢が十分に認識していたからであろう。

なるほどすべてを「略奪」と十把一からげにしてはなるまい。福沢が論説で論じたのは、国家・地方権力の中枢に損害をくわえることと読める。だが略奪される「財産・生命」には、おのずと庶民のそれも入るはずである。両者を分けられると思うのは抽象論であって、現実にはそんな模範的な戦争はありえない。それどころか一般に、数多い庶民の財産と生命こそ標的となる。福沢は従来から「生命・財産・名誉」を基本的な人権と見なしてきたが、この時福沢がすくなくとも漫言であおったのは、「官民の別なく……チャンチャンの着替えまでも引っぱいで持ち帰る」ことだった。着替えは、たとえみすぼらしくとも、庶民にとって生存のための必要不可欠の「財産」である。

なお福沢が略奪をあおったのは、一面では、日本軍は文明の軍隊であって略奪などしない（⑮一〇一）という建前からである。もっとも日本の軍隊も、福沢にあおられずともとうに略奪をくり返していたのだが。

（5）資本輸出および鉄道敷設権・鉱山開発権の獲得

国権拡張の第五の方法の第一は、資本の輸出である。

輸出は一般には商品のそれである。（2）で不平等条約を論じた際、日本（商人）が朝鮮とのあいだで行った、輸出を含む各種取引にふれた。だがここでは資本の輸出、つまり借款《しゃっかん》および直接投資が問題である。

借款による朝鮮支配――会計の全権をにぎる

資本輸出の一つの方法は借款である。その必要を論じた論説は、日清戦争前に公表されている。熟練した日本人を朝鮮におくって事業を援助させせよ、そして相当の抵当をとって日本の公私の資本を朝鮮政府に貸与するのもよい（⑬四一七、S．⑬四一三）、と。

だが資本輸出が本格的になるのは、日清戦争期からである。日本政府の公的資本（借款）は実際朝鮮に何度か投じられたが（海野九九）、日清戦争後のそれは三〇〇万円であり、これは当時の朝鮮政府の歳入の七～八〇％に及ぶ。一方福沢はすでに日本軍の朝鮮出兵直後に、それをはるかに上まわる五～六〇〇万円の民間借款を供与するよう提言していた（⑭四一三）。そして日清戦争後には、朝鮮が日本の思いどおりにならない現実にいらだち、より大きな規模の借款を明治政府に提言した。実際におこなわれた明治政府の借款（三〇〇万円）の二～三倍の銀貨を貸与し、それを正貨準備金として同額の兌換紙幣を発行して朝鮮国内に流通させるのがよい、と（⑮三六九）。すでに日本銀行券が正貨として朝鮮国内で広く流通していたが、さらにこれだけの量の銀行券を流通させせれば、朝鮮経済は完全に日本の従属下に置かれることになるであろう（S．中塚①二一二～四）。

問題はそれにつきない。借款とは要するに朝鮮からみれば借金にすぎない。それには利子払いの責務が生ずる。日本政府のそれは年利六分（六％）であったが、福沢は七～八分の利子をとれと主張した。返済期間にもよるが、朝鮮にとっては借金が数割から倍近くにふえることになる。要するに借款で援助しているはずの日本に、より大きな額が還流するしくみである。

はるかに大きな問題は、借款とくに公的な借款をだす条件として、朝鮮政府の「会計の全権」を日本人がにぎるのが順序である、と福沢が主張したことである（⑮一〇）。後に（9）であらためてふれるが、福沢はこうして朝鮮の「独立」を名目にして、事実上その保護国化へ向けた支配を当然視した。

直接投資――独立の実を傷つける

そうした帰結がおのずから導かれることは、資本輸出のもう一つの形態である直接投資に関する福沢の議論から明瞭である。福沢は、ドイツの膠州湾占領によって中国分割のあらたな段階がはじまった時期に、日英同盟等に言及しつつ日本に外資を入れるよう提案した。これに対し、そうなると外国人の干渉をまねいて「独立の実を傷つくる」ことにもなりかねないという懸念があろうが、そうした懸念が生じるのは前記のようにエジプト・朝鮮のような「未開国」の場合であって、日本のような強国では心配は無用だと論じた（⑯二〇四）。しかも外資導入だけではなく、外国人による土地所有についても同じことを主張した。

ということは、日本の資本を朝鮮に入れたとき、またその過程で日本人が朝鮮の土地を手にしたとき（朝鮮の民族資本が未発達であり、したがって合弁の形で資本投資が行われにくいとなれば、おのずから新たに土地の確保がめざされるはずである）その独立が保障されなくなる危険性を、福沢はよく知っていたことになる。実際、居留地がもうけられただけでも、そこで治外法権および他の特権をえた日本商人が、あくどい投機的なやり方で朝鮮の商品を買いしめて、各種穀物や金地金を流出させたのである。くわえて対抗しうる資本がほとんどないなかで日本人が資本を投下し、現地の港湾を利用し、現地の資源を入手し、現地の労働力をもちいるなら、その影響は広くおよび、その弊害は日本側の利潤とともに幾倍にもますであろう。投資者（あるいはその代理人）が朝鮮で強大な権力をもつようになるのは、ハワイの例を見ずともあきらかである。つまり直接投資によって、実際朝鮮の「独立の実を傷つくる」のはほとんど不可避である。

福沢は、清についても直接投資の必要を論じた。朝鮮に対してとことなり清の政治に直接口だしする通路はなかったが、日清戦争後の下関条約で日本は清への資本輸出権をえたからである（原六一）。だがそれは同時に、最恵国条項を通じて欧米列強もおなじ権利をえたことを意味する。そうした事実をふまえて福沢は記す。いまイギリス人が清国内で起業し「賃銀の低廉なる支那の職工」を使ってさかんに製造に従事するにいたるなら、日本の競争上の有利は一挙にうしなわれる、と（⑮二四五）。職工の賃金の安さを日本資本主義の出色の特質と見ていた福沢にとって（⑥一七六）、これは脅威である。だから、イギリス人に先んじて中国に投資せよと福沢は主張する（同前）。すると、民族資本が未発達の清国においても、朝鮮におけるのと同種の問題がおのずと発生するであろう。

なお、当時の日本で直接投資につよく関与したのは、第一銀行（渋沢栄一）、三井組（三井八郎衛門）、大倉組（大倉喜八郎）、三菱商会（岩崎久弥）などである。ここに記した各財閥の領袖は、多かれ少なかれ福沢と関係があった。大倉をのぞく他の三人は、日清戦争時に福沢とともに「報国会」の結成をよびかけた（⑲七二〇）。

朝鮮に対する鉱山開発権・鉄道敷設権の要求

国権拡張の第五の方法の第二は、鉱山開発権・鉄道敷設権の獲得である。

福沢はすでに日清戦争前の時期に、朝鮮に「独立の実」をあたえるために必要な財政、軍、法、警察等の整備について論ずると同時に、鉱山をひらき鉄道をおこす等の重要性について語った（⑬四六八）。また日清戦争の渦中には、朝鮮は「農産物もあり鉱物もあり」とその富源のゆたかさに言及した（⑮一八）。

だがそこでの議論はまだ具体性に欠ける。日本では産業資本が未成熟であったうえに、当時の産業構造は軽工業が中心であり、欧米先進資本主義国に見られるような重工業は、日清戦争後に、おもに清国からの賠償金による軍需工業への投資とともに発展したのである。しかもその発展を主導したのは官営工場であり、また製鉄に要する鉄鉱石も計画どおりに採掘がすすまず、中国の鉱山から輸入せざるをえなかった（井上清四四、S.⑮一二五、一七〇）。したがって福沢は、日清戦争以前は鉱山開発権の獲得の必要は、右の一般的な言及以外にはほとんど行わなかったようである。

なるほど朝鮮において金地金がねらわれたが、その採掘および収奪のシステムはすでにできあがっており、前述のとおり「朝鮮の採金業者や、窮迫農民……から買い取（る）」方式で莫大な利益がえられたのであれば（山辺①一一五）、不平等条約を前提した金収奪についてとくに論ずる理由はないわけである。ただし福沢の主張は、中国についてはは朝鮮に対するのとかなりことなる（次項）。

一方福沢は、鉄道敷設権に関する主張は何度も行っている。明治政府は、九四年七月、王宮占領後に「暫定合同条款」を締結して、漢城《ハンソン》・仁川《インチョン》間および漢城・釜山《プサン》間の鉄道敷設権を暫定的に手にしたが（海野九五）、福沢は王宮占領にさきだつ時期に、つまり明治政府が八千もの軍隊を朝鮮におくりこんで間もない時期に、まさにそれを背景として、同上間の鉄道敷設権を手に入れるべきであると論じた（⑭四一二）。そもそも鉄道事業は経済的・政治的・軍事的進出を可能にし容易にする一大要因であり、これ自体資本輸出を必要とする理由でもある。

福沢はこの事業のために日本の金と力を投入せよと論じたが、事業実現のために日本兵の朝鮮駐屯は必要な処置であるとさえ主張した。すなわち漢城・仁川間にすでに配備された軍を撤兵せずに、防穀令事件のようなおこりうる「事変」を排して鉄道敷設権を確保せよ、と(⑭四一六)。従来、居留民の生命・財産保護のためでなければ朝鮮政府改革のために、軍の圧力を利用すべしと説いたが、ここではそれにとどまらずに、鉄道敷設をふくむ「文明事業」達成のためにそれを用いよと主張している。福沢がめざしたのは日朝相互の経済的利益ではなく日本のそれにすぎなかったこと、そして福沢にとって朝鮮の実質的な支配のために鉄道敷設権の獲得がいかに重要であったかを、以上から見てとることができる。

日清戦争後、日本公使・大陸浪人が朝鮮王后を暗殺した後には、運輸・交通の便をはかるために鉄道敷設の計画も必要であると書く(⑮三九一)。この論説の趣旨は、朝鮮の処置は日本をふくむ列強が共同で行うべきだということだが、鉄道敷設の権利その他は、従来の関係からすればおのずと日本人の手に帰すのは自然のなりゆきであると、福沢は記す(同前)。ここでは、ロシアの進出に機先を制せんがための姿勢が前面にでている。「文明化」の論理からすれば、鉄道建設はロシアとの共同事業であって何ら問題はないはずだが、福沢にとって朝鮮の文明化は日本によるものでなければならなかった。だからもちろん、ここでも兵力の後ろだてを当然視する(⑮三九二)。

清に対する鉄道敷設権・鉱山開発権の要求

鉄道敷設権の要求はもちろん鉱山開発権の要求も、清国に対しては露骨におこなわれた。

清国から休戦条約締結のもうし入れがあったとき、日本政府が休戦実施の担保として山海関・太沽《タークー》等の砲台ならびに鉄道を要求した事実について、福沢は、日本政府の決心がいかに強固だったかをうかがうに十分であろうと肯定的に論評した（⑮一二一）。

実際にはかくたる名分がなかったため、日清戦争の終結後には、さしもの福沢も銑鉄の輸入・買い入れとその貯蓄を主張するにとどまった（⑮二八三）。だがその後は、鉱山・鉄道へと確固として目を向けるようになる。それは、戦後の重工業への転換はすでに顕著になっていた上に、ロシアが「三国干渉」（九五年）後にいくつかの鉄道敷設権をえたばかりか（斎藤聖二）、ドイツによる膠州湾占領（九七年）によって「支那分割」が世界の大勢になったと理解したからである。そして、いよいよ諸強国のあいだで支那帝国を分割（後述する租借・割領）するか、あるいは支那の版図は変えずに鉱山採掘・鉄道敷設等を名目にして、それぞれ必要な土地を占領して自ら支配の実をおさめるかは知りえないが云々（⑯二五九）と論じて、鉱山採掘権・鉄道敷設権獲得の重要性に言及している。ここでは一見「諸強国」の動きについて書かれているようだが、（8）に記すように、それまでの土地および人民支配への言及（⑯二一八～二二〇）からすれば、論じられているのは日本を含めた展望である。

またここでは、「分割」そのものより、「鉱山採掘、鉄道敷設」に力点がおかれていると見るべきである。本論説の要点は、「商工立国の外に道なし」という題が示すとおり「商売の発達」であり「商売の自由」だからであり（⑯二五九）、清国の分割にまでいたらなくても、そこに鉄道をとおしまた鉱山を採掘できれば、大きな利益がもたらされるからである。

ただし、後に英仏等による清国主要港湾等の租借まですすんだ段階で、福沢は列強の「新領地」について言及しつつ、その中には石炭にとんだ土地も少なくないので、これを採掘して軍艦用に供するはもちろん云々、と記す（⑯三〇〇）。欧州列強は前記の租借とともに、後背地の鉄道敷設権・鉱山開発権の獲得にまい進し、実際それを獲得している*（高一八、朴一一八）。福沢の意識は、すでに重工業へと舵をきった日本の状況をふまえ、中国の地下資源にむかっていると判断できる。

*一九〇〇年八月、『時事新報』は三度《みたび》中国の分割図をのせた。一度目は八四年、二度目は九四年のことであるが（それぞれ（6）の2、（8）で論ずる）、三度目は一、二度目とことなり他国に領有された鉄道網がくわしく書きこまれている。

（6）の1　領域の割領

先に、（4）外戦・侵略について記した。それは多かれ少なかれ占領をともなうが、一時的な占領は多少とも恒久的な支配に移行する可能性がある。福沢もドイツの膠州湾占領にあたって、それが一次的か永久的かを問題にした（⑯一五九）。また占領は、一国全体の支配でなければ地域あるいは領域の割領となるのがふつうである。地域的な分割支配は租借あるいは割領の形態をとるが、それはあくまでより広域的な領域の割領（一国全体の領有＝併呑が不可能である場合）の前哨戦にすぎない。

一九世紀末、列強は領域の割領をもくろみ、特定地域に対する多かれ少なかれ恒久的な支配を租借と割領によってめざした。ここでは領域の割領を国権拡張の第六の方法として論ずる。なお、（7）（8）で地域の租借・割領を国権拡張の第七、第八の方法として論じた後で、領域の割領について再論する。

中国の割領

八四年、甲申政変直前の時期に福沢は「支那帝国分割の図」なるものを掲載し、台湾とともにその対岸である福建省を日本領とみなしていた（⑩七七＝⑯二〇六、杉田④二九三）。しかも同政変後には、中国（および朝鮮）の分割を実際に主張した。論説「脱亜論」は、「我は……アジア東方の悪友を謝絶するものなり」（⑩二四〇）という文言のため、文字通り脱亜を主張したものと思われているが、実はそうではない。それは、「〔日本も〕西洋人がこれに接するの風にしたがいて処分すべき」（同前）こと、言いかえれば割亜をこそ論じている。

つまり福沢は、清国と朝鮮は数年のうちに亡国となり、「その国土は世界文明諸国の分割に帰すべきこと一点の疑いもあることなし」という現状認識をしるした上で（⑩二三九）、日本は分割者の隊列にくわわるべきだと主張したのである。そしてその種の発言は、すでに七〇年代後半の時期から、あちらこちらに見ることができる。福沢が中国の割領（および朝鮮の割領もしくは領有）について述べたあからさまな表現を、いくつか引用する（いずれも八〇年代前半のもの）――

「今は競争世界で……〔英も仏も〕人の隙《すき》に付け入らんとするの時節なれば、理非にも何も構うことはない、少しでも土地を奪えば、暖まりこそすれ何の寒きことがあるものか。遠慮に及ばぬ、『さっさと取りて暖まるがよい。」（⑲七一一）

「火災〔＝西洋列強がもたらす火〕の防御を堅固にせんと欲すれば……時宜により〔近隣の主人を〕強いてこれ〔＝石室〕を造らしむるも可なり。……事情切迫に及ぶときは、無遠慮にその地面を押領して、わが手をもって〔石室を〕新築するも可なり。」（⑤一八七）

「支那国……自立を得ずして果たして〔＝予想どおり〕諸外国人の手に落つることならば、わが日本人にして袖手《しゅうしゅ》〔＝袖に手を入れて〕傍観するの理なし。我もまた奮起してともに中原〔＝首都北京が位置する河北省〕に鹿を追わんのみ。」（⑤三一三）

「食《は》むものは文明の国人にして食まるるものは不文の国とあれば、わが日本国はその食む者の列に加わりて、文明国人とともに良餌をもとめん……」（⑨一九五～六）*

ほぼ十年の沈黙をおいた後、福沢は日清戦争の戦勝が確実視される時期になると、再び中国の割領を論じはじめる。またこの時期には、台湾の中国からの割領についても語りはじめる。それは戦勝を前提した主張であり、**またいずれの場合でも割領のための「正当な理由」があると記すことを忘れない。

戦勝が確実視されはじめた時期に、福沢は、いつか中国全土の「分割の時機」にあたって、「中原」（河北省）にむかって大いに力をのばすにたる「立脚の地」を選ばなければならないと論じたが（⑭六六五）、その地とは中国東北部と台湾である。前者については、「これを取るに……充分の理由ある」と記す（⑭六五九）。それは、地政上朝鮮を援護する必要からであり、日清間の紛争が再燃するうれいをとりのぞく担保なのだと主張する（同前）。ここで担保の地として、中国の盛京省（現遼寧省）、吉林省、黒竜江省が名ざしされている（⑭五〇七、五一一）。後者の台湾については、分割は単に「理由ある」のみか、琉球の国防上やむをえない必要な処置である（⑭六六〇）と記す。これは一見、分割の「理由」は国防上の必要とは別もののように読めるが、分割は「理由ある」といったていどのものではなく、やむをえないものだと論じて、国防上の必要を強調したのであろう。

いずれの場合も、高い戦勝の可能性を前提しているとはいえ、「正当な理由」はしょせん日本側の一方的な言い分にすぎない。とくに中国東北部について福沢は、台湾の琉球に対置される地域として朝鮮をあげたわけだが、日清戦争の戦勝がちかいだけに、朝鮮をほとんど日本の版図のごとく考えていたように見える。中国東北部に対する要求は、台湾の場合とことなり「充分の理由ある」としか記していないとしても（⑭六五九）、それさえ朝鮮の主権を無視した強国の論理にすぎない。

*最後の論説が公表されたのは八三年である。この翌々年、甲申政変に失敗した福沢が「脱亜論」を書いた後に、アフガン問題をめぐってロシアと対立していたイギリスによって、巨文島《コムンド》が占領された。占領は二年でおわったが、福沢はその間、論説「朝鮮人民のためにその国の滅亡を賀す」を公表して、イギリスの占領を、ひいては日本の朝鮮に対する介入を事実上合理化した（⑩三八一）。

**ただし、本節の（7）（8）をふまえて（6）の2で領域の割領について再論する際に記すように、福沢は後には戦争と無関係に領域の割領を主張するようになる。

初の領域の割領――地域の租借と割領へ

さて、日清戦争を通じて日本は台湾を割領した。中国東北部は不可能だったが、それに匹敵する要衝の地である遼東半島をも割領した。後者は「三国干渉」後に清に返還されたが、これは東アジアで領域の割領が現実のものとなった初めての例である。

とはいえ、中国の割領は福沢が思うほど容易にはすすまなかった。領域の面的な割領どころか地域の点的な分割支配さえ、容易に実現しなかった。だが日本の戦勝を通じて確かに情勢は流動化した。東アジアではそれまで比較的安定した状況がつづいたが、日本の戦勝が状況を一変させた（原田八七）。福沢が右の論説に記したように、たしかに「四百余州分割の時機」（⑭六六五）が日本によってつくられたのである。その後列強はことあるごとに、各々利害のある地域の分割支配すなわちその租借ないし割領を、清にもとめた。そして福沢も、日清戦争後に日本の立場からそれを要求する。
以下、(7)(8)で、地域の租借・割譲を国権拡張の第七、第八の方法として論ずる。

(7)地域の租借(租借地化)

地域的な分割支配の第一すなわち国権拡張の第七の方法は、地域の租借(租借地化)である。これは、九七年十一月にドイツが電撃的に膠州湾を占領し、翌年それを租借することからはじまった。先に移民の政治性を論じた際、租界(居留地)にふれたが、租借地は、歴史的に見て軍事目的で設定されたために(川島二一)、租界以上に主権侵害の度合いが強い。つまり租借地とは、租界と同様にある国が他国領土の一部を借用することでなりたつが、当該国が「地域内の司法・立法・行政を掌握(する)」のみならず、歴史的な経緯から「軍隊を駐留させるなど、独占的・排他的管轄権を持つ地域」である(孫七六)。

つまり、歴史的に租界という限定された形態からはじまった地域支配は、日本による中国からの台湾割領(要するに中国の割領)をへて激化し(高一七)、租界設定以上の独占権の獲得をふくむ形態、すなわち地域の租借へと移行する結果となった。租借者は、租界の場合のような単なる「自由通行区域」(高崎一九)をもつだけではなく、後背地への「鉄道建設、鉄道沿線の鉱山開発などの独占権」を獲得した(高一八)。その意味で支配は線的になっている。ドイツによる膠州湾占領後、欧州列強による各地の租借およびその後背地での鉄道敷設権獲得が、一気にすすんだ(川島一九)。

ドイツの膠州湾占領──「うまき汁を分かつ」の覚悟

さて、福沢はまずドイツによる膠州湾占領を論ずる。いわゆる弱肉強食こそ国交際の真の姿であってたよれるのはただ武力だけである、「強きものは他の肉を食い、弱きものはその食う所となる」(⑯一六三)と、国際政治の冷厳な客観的事実をまず語った上で、ドイツの占領を合理化する。それは「むしろ率直の挙動として認むべきのみ」、と(⑯一六四)。一般に事実判断を価値判断の根拠とすることは不可能だが、福沢にはすでに弱肉強食は合理化の必要さえないほど自明なことになっている。ここにあるのは、あからさまな帝国主義的イデオロギーそのものである。もはや何らかの理由(ふつうは「文明化の使命」論)をもちいて領土侵犯を合理化しようとする姿勢さえ、ここにはない。

しかもこれは単に欧米列強の策動に関するのみか、自らの思惑もからんだ言説である。つまり福沢は、日本も一定地域の租借を要求すべきであると論ずるのである。ドイツに対して詰問や抗議をしても、それは「うまき汁の独占を許さず」という意思を示すだけのことであって、そんなことをするより、日本にとっても「直ちに虚礼を脱して、その汁を分かつの覚悟こそ肝要なれ」、と(同前)。ドイツはドイツ人宣教師の殺害を口実としたが、福沢の場合は「うまき汁」を要求する口実さえ示していない。

福沢が租借地として考えているのは、前記のとおり福建省の一地域である。日本は日清戦争での戦勝をつうじて台湾を割領したが、台湾島民の抵抗に手をやく現実をまえにして、福沢は対岸の同省にその援助者がいると考え、九八年五月、ドイツの膠州湾占領の半年後(その間ドイツは膠州湾を租借し、英仏露も中国各地に租借権をえた)に、その一地域を租借するよう明治政府に要求した。もし清国政府がこうした「至当の要求」を拒絶しようとするなら、やむなく威力をもって同政府にのぞみ、こちらの要求を実現する以外にはない、*と(⑯三二五)。ここで福沢は、ドイツの強引なやり方を見ならい、帝国主義的な占領を、ひいては中国に対して租借の要求を、何はばかることなく主張している。

福沢は、福建省に対する要求は禍根がなくなるまでの一時借用にすぎぬと記しているが（⑯三二五）、欧州列強のそれと同じように、それはほぼ永久占領つまり事実上の割領となるだろう、とふんでいた可能性もある。すなわちドイツの膠州湾租借について、「名は年期間の借り受けと言うも、実際は永久占領と見て差し支えなきものなり」（⑯二九二）と、また英仏のそれについても、「新領土を現出したるものなり」（⑯二九九）と論じていたからである。租借とは、結局は「仮装的」「偽装的」な割領である（高一八、孫七六）。

＊福沢は支援者の存在を理由に租借要求を「至当の要求」とまで記したが、同じ理屈をもちいるなら、朝鮮政府は、甲申政変時に福沢が朝鮮に武器をもちこむことを理由として、東京ないし福沢が住む三田の租借を要求する権利があったことになる。これはなかば冗談である。だが、少なくとも朝鮮・中国を論ずる際、福沢がもし日本のある地域が租借され割譲された場合のことを十分に想像してみたなら、自らの要求の「至当」さいかんを問題視できたにちがいないのだが。要するに福沢は、独につづき英仏露まで租借地をえた事実をまえに、なりふりかまわぬ仕方で租借地要求の合理化をはかろうとしたのである。

一時占領の当然視

ふり返ると福沢は、壬午軍乱時、朝鮮政府に対して談判をおこなうよう明治政府に要求したが、その際、事情によっては要衝の地をえらんで占拠し、これを談判の抵当とすることもありうる、と記していた（⑧二九二）。一方ドイツによる膠州湾占領当時は、ことなる事情下にあってことなる論理からではあるが、同様に福建省のある地域の占領を当然視した。

当時福沢は、宣教師殺害に対する賠償をとるためと称して、ドイツのようにただちに一定地域を占領するのは乱暴である、と主張した（⑯一五八）。これは壬午軍乱時に展開した自説の否定につながるが、そう主張したのは、租借の手順に関する理解のためである。少なくとも九〇年代、膠州湾のドイツを別とすれば、外交交渉（談判）なしに特定地域を突然占領した事例はない。だから福沢も、当然外交交渉からはじめるべきとの認識をもっていたと判断できる。ただし、その結果借用が実現しなければ、自らの要求を「至当の要求」と解するかぎり、武力にうったえて適当な場所を占領してよいと福沢は考えている（⑯三三五）。

実際、一度はドイツの占領を「傍若無人・乱暴至極」と批判しながらも、要するに弱肉強食こそ国際関係の真面目であるが故に、むしろそれは「虚礼虚文を脱し（た）……率直の挙動」であって、けっきょくのところ、日本においても「直ちに虚礼を脱してその汁を分かつの覚悟こそ肝要なれ」（⑯一六三～四）と記して占領を合理化するのみか、日本もまた同じ挙に出よと主張したのではなかったか。右に言う「虚礼」とは外交交渉のことである。したがって福沢がここで「汁を分かつ」という言葉で論じたのは、外交交渉による借用ではなく軍事力による占領であると判断しなければならない。

そのことは、右の論説からもあきらかである。そこで福沢は、「進んで攻むるの必要」を説き、「さらに進んで島外の地を守るの覚悟」がなくてはならない（⑯一六四～五）、と論じている。ここで「島外の地を守る」とあるが、守るまえに島外のその地を「進んで攻むる」ことが必要になるのであろう。

その時期も、日清戦争期と同様に自衛の必要が時に強調された（⑯二一八、S.⑯一六五）。そして自衛ないしそれに近い事情のために他国の土地を分割してよいのだ、と。だがここでは、当然のことだが、日清戦争期のような戦勝を背景とする姿勢は見られなくなっている。独に引きつづき、英仏露等の帝国主義的な策動を目のあたりにし、福沢はもはや戦勝という合理化論ももちだす必要を感じていない。

いずれにせよドイツによる膠州湾占領を機に、福沢は積極的に「支那分割」の方向に歩みはじめたと判断できる。右の論説で福沢は、文明の国は日々にすすむが「古風の国はおのずから倒る」、そしてこれが世界の大勢であるという現状認識を示した上で、現在の世界に国を立て自衛せんとするなら、この事実にかんがみてますます文明進歩につとめるしかないと宣言している。そしてこれにつづいて、「おのずから倒る（る）」古風の国たる支那帝国の「分割」手腕が問題にされるのである（⑯二一八以下）。この論説の題は、「支那分割後の腕前は如何」である。

（8）地域の割領

地域的な分割支配の第二すなわち国権拡張の第八の方法は、地域の割領である。すでに論じたように、租借はおのずから割領に通ずる。そして福沢が分割支配の方法としてまず重視したのは、租借ではなく割領であった。だが後述するように当時の国際情勢下では、本格的な戦争による戦勝を介さずには中国の地域的な割領さえ困難であった。

歴史的に言えば、アヘン戦争後の南京条約（一八四二年）で香港島が、アロー戦争後の北京条約（六〇年）で九龍半島南端部が（両者とも今日の香港の一部である）割譲された。日本でも、実現こそしなかったものの、壬午軍乱（八二年）時に巨済島《コヂェド》あるいは鬱陵島《ウルルンド》を割譲させるという案も出された。東アジア地域で割領政策の画期となったのは、やはり日清戦争である。

台湾島外に「進取線を張る」

福沢は日清戦争後に論説「進取の方針」で、版図外に「進取線を張（る）」べきであると主張した。台湾の新版図を永久に維持して失わないようにするには、単に台湾を守るだけではなく「さらに進んで島外に進取線を張らざるべからず」、と⒂三〇一）。

ここで「進取線を張（る）」とは、いかなる意味なのか。福沢は八〇年代後半に、朝鮮を日本の「藩屏《はんぺい》」（守り）であり「防御線」であると主張した⑾一七七）。また日清戦争の講和前には、盛京省（遼寧省）一帯は「朝鮮保護の防御線」であるとも記した⒂四二）。「進取線」と「防御線」とは、正反対のもののようにも思えるが、ほぼ同じものを意味していると思われる。前者では、台湾の防衛のために進取線を張ると論じているからである⒂三〇一）。右の八〇年代同論説でも同様である。そこで、防御線を張るとは「日本島外の地において敵の侵入を食い留むる」ことだと福沢は記した。

ところで、後者の一例として朝鮮に対する中国の対応にふれている。すなわち、中国人は朝鮮の国事を自国のそれのように見る、袁世凱《えんせいがい》を漢城に派遣して「万機を裁〔＝裁量〕せしめ」、また時々艦隊を仁川その他の港へ送って不慮にそなえさせ、あるいは「巨文島《コムンド》を譲り受けて」東洋艦隊の本拠地にしようとしている、と⑾一七七）。

ここに「譲り受けて」という言葉が見られる。防御線を張ることの最終的な含意が、この一定地域を「譲る受け（る）」ことだとすれば、先の「進取線を張る」とは、結局、軍事力誇示あるいはその行使を通じた一定地域の割領を意味しているように思われる。実際そこで福沢は、「進んで取る」のは自ら守るの方便であって一国の自衛に不可欠の処置であると記し⒂三〇一）、またほぼ同時期に別論説で、「膨張進取」は現在の地位を維持するために実際上必要な処置であって、日本は東洋の平和を目的として国勢の膨張進歩をはかる、とも論じていた⒂三二三～四）。

「進んで取る」「膨張進取」は、いずれも一定地域の割領にいたる、ていどの高い介入を示唆した表現であろう。実際福沢は前述のように、日清間の紛争が再燃するうれいをのぞく担保として、満州の三省を「取る」ことは十分な理由があると論じたが(⑭六五九)、その後にこの「取る」の意味を明確にして、占領しえた地方を「永久〔に〕わが版図に帰せしむる」はもちろん、さらに進軍して占領した土地は一寸たりとも返還すべきではない、と記していた(⑮二四)。これは日清戦争の帰趨《きすう》がきまった時期の主張である。だが、台湾に関する前記の主張(⑮三〇二)がなされた時期は、次の節(6)の2「領域の割領・再論」であらためてふれるドイツによる膠州湾占領以降の時期と同様に、日本はいずれの国とも戦争状態にあったわけではない。にもかかわらず福沢は、戦争中と同じ主張をしたのである。

そのかぎり、福沢にとって合理的な根拠があったとは言えないとしても、*台湾島外に「進取線を張る」必要を論じて、結局、島外(具体的には福建省)の一定地域の割領を考えていたと結論せざるをえない。先の満州への言及につづいて、福沢は沖縄を念頭において、その防衛のために台湾の割領を要すると論じていた。分割は単に理由があるのみか、沖縄の国防上やむをえない必要な処置である(⑭六六〇)、と。だがその台湾を割領したあかつきには、こうして、台湾自体の防衛のために他地域のさらなる割領が必要だと論ずるのである。

方法は明示されていない。だが、さきの攻勢防御を論じた論説からすれば、「利害感情を同じゅうする意中の国」、「日本の与国たるべき国」との共同(⑮三二三~四)が考えられていたにちがいない。そうだとすればここで福沢は、台湾島外に進取線を張る口実として「東洋の平和」を、要するに欧州列強による均衡をたもった中国分割を、そしてその方法として欧州列強(おそらくイギリス)との割領要求の共同提示を考えていたと結論せざるをえない。

*福沢はふつう「戦勝自然の結果」(⑯四一四)として「割領」「併呑」等を論ずる。

（6）の2　領域の割領・再論

福沢が領域の割領を論じたのは、日清戦争の帰趨《きすう》がきまりかけた時期である。つまり福沢は、あくまで戦勝を前提にこれを論じた。だが、日清戦争後は、とくにドイツによる膠州湾租借後は、戦争と無関係に中国での領域の割領を論じはじめる。

「支那帝国分割の図」――領域の割領

ドイツが膠州湾を租借した九八年一月、福沢は「一四年前の支那分割論」と題した論説で、八四年の分割図をふりかえって、十数年前の想像論はちゃくちゃくと事実によって証明されて分割の区域はほぼまちがっていない云々、と記した*（⑯二〇七）。たしかにこの時期には、大枠でみて同図に描かれたとおりに中国の割領へむけた列強による前哨戦が進行していた。前記のようにドイツにつづいてイギリスが威海衛を、フランスが広州湾を占領・租借し、ロシアが旅順・大連湾を租借し（⑯二九九）、日本が中国に対して福建省の不割譲をもとめる等（⑯三二四）、この時期には中国分割へむけた動きが明らかになった。そしてそもそもこの図のとおり、台湾は日清戦争後に日本の領土となっていた。細部はともあれ一九世紀末における列強の勢力圏は、ほぼ正確にこの分割図に描かれている。

もちろん当時は、いかに列強による分割が論じられようとも、いずれも一定の領域全体を、面的に、つまり小国ならあたかも一国全体を領有＝併呑するかのように、割領しえたのではない。実際は、各領域の主要都市・港湾等を点的に、あるいは後背地をふくめてせいぜい線的に租借する以上のことはできなかった。だから福沢は、右の九八年論説で「昨今、すでに分割の端を開くに至りし……」と記すにとどまったのである（⑯二〇七）。

とはいえ、「分割の端を開（いた）」ことの意味は重大である。八四年時点ではただの夢想であり、九四年十一月段階でもまだ日本の台湾割領しか見とおしが立っていなかった中国の分割は、九八年にはそうではなくなっている。[**]その当時、ドイツによる膠州湾租借が中国情勢をあらためて流動化させたが、この時期に福沢は、日本もまた中国の「分割」「支配」にのり出すべきであると語るようになる。九四年頃は、戦勝による台湾の個別的・消極的な分割（割領）を念頭においていただけだったが、九八年には、中国の分割・支配にのり出すべきだという一般論・積極論を提示した。つまり「十四年前の支那分割論」ですでに福沢は、「分割の端を開く」にいたった動きを「大勢進歩」と記して「文明」の必然的なりゆきであるとの認識を示したが（⑯二〇七）、その直後には、支那帝国をいよいよ「分割」と決したる際は、「諸外国人が土地・人民を支配するその成績は如何なるや」と問うた上で、日本固有の腕前をもって割領にのぞもうとすれば、実際みごとな効果をおさめることをうけ合える（⑯二一八以下）、と記した。

ここで「分割」後の「支配」の手法は、台湾に見るように結局は領域の割領であろう。確かにドイツの膠州湾占領・租借に引きつづいてくわだてられた英仏露の手法は、諸地域の租借にとどまった。しかし福沢は、これらをいずれも「永久占領」（⑯二九二）すなわち事実上の割領であると見ていた。おそらくここでは租借（租借地化）の名の下に、本国（中国）による主権行使がかなり制限された形態、つまり割領が考えられていたと思われる。しかも福沢は、その占領地は今後「次第に区域を広むるとも縮小することはかなるべし」と論じ、列強の支配が地域の支配（事実上の割領）から領域の支配（割領）へと拡大する可能性をつよく示唆した（⑯二九九）。つまりこの時点にいたると、ドイツが膠州湾を占領した九七年以降に顕著となる列強の帝国主義的な策動を前提すれば、もはや租借と割領に実質的なちがいがないことを確認したと言えよう。

なるほど福沢自身は、日本が割領にのりだすことは、ちょうど小国の領有＝併呑と同様に（一八三頁以下）是としていないように見える（⑯三三二）。とはいえ、先の論説で土地・人民の支配が論ぜられた以上（⑯二一八）、福沢は中国の「分割」「支配」の名のもとに、少なくとも朝鮮の場合のように、その一定領域での内政権の掌握を考えていたと判断できると思われる。*** それは一国の場合ならば保護国化とよぶべき事態である。

そして、一九〇〇年八月、日本が関わった二つの帝国主義的な策動、すなわち義和団鎮圧戦争および厦門《アモイ》事件をふまえ（ただしいずれもまだ渦中にあった）、『時事新報』は「露人胸中の支那分割」という、一面の半分もの紙面をとる詳細な図をのせた（八月二九日付）。さきにふれた三度目の中国分割図がこれである。ここでは、「露人胸中」かどうかはともあれ朝鮮は日露の「勢力範囲」とされる一方、福建省は日本の「領土」と記されている。

*九四年十一月、日清戦争の戦勝が確実になった時期に、福沢は『時事新報』にあらたな中国分割図を第一面に掲載した（杉田④二九三）。そこでは満州や華北はおろか、福建省にいたる華中、華南の海岸ぞいが、すべて日本の領土とされている。だがこれは、少なくともその時点では、現実の国際政治を無視した夢想の域を出ないかもしれない。ただし一〇年後、二〇年後を見こした福沢の関心や願望が示された（私はそう解する）点は、ふまえておいてよい。

**中国が租借をふくむ各種の特権を列強にあたえたのは、日清戦争の敗戦にともなう巨額の賠償金支払いのために列強相手に外債を発行せざるをえず、そのための担保をさしだす必要があったからである（杉山二四三、中山四五二）。そのかぎり、中国の半植民地化をまねいた（しかも何ら大義名分のない理由で）のはけっきょく日本であるという事実を、心して知る必要があろう。

***この論説の直後から約二か月の間に、海軍拡張とそのための増税（特に酒税の）を二度に一度の割合で公表した事実を思えば（「三国干渉」後の増税論説もこれほど長くは続かなかった）、福沢のかくたる姿勢を確認できる。

福沢の行きつく先——割領と武断の採用

日清戦争の開始期、福沢は無定見に主張をかえて日本の出兵を合理化したが、ドイツによる膠州湾占領を経験した時期にも、それがくり返される。この時期の福沢の変貌ぶりもみごとである。当初福沢はドイツの挙動を横暴と見なしたが(⑯一五八〜九)、ただちにそれを撤回して日本も同じうまい汁を吸うべきだと主張し(⑯一六四)、次にはそれを「世界の大勢」「文明進歩」のためであると合理化するのみならず(⑯二一八)、「支那分割」のために日本人の技量・手際こそ(日本と中国はいわば同文同種なるが故に)上手《うわて》である、などと論じたのである(⑯二一九)。

その際興味深いのは、その「技量・手際」の中身まで語ってみせたことである。それは、台湾・朝鮮の人民支配の方法との関連で述べられている。これまでは、「西洋流」「西洋流儀*」をなまかじりのまま、これに拘泥したために不手際が生じたのであって、むしろ西洋の流儀をかみくだいてよく消化し、それを皮としながらも、東洋にある独自の習慣にもとづき、また日本固有の長所をいかしてことにあたる、と(⑯二一九〜二〇)。要するに、国際法を順守し人民の権利に配慮するのはほどほどにして、むしろ今後は武断にうったえる、という含みのことを述べたのである。直後の論説でも、国交際の儀礼あるいは国際公法などのささいな理論のごときは、全く無効と知るべきであると宣言した上で、「結局は力に訴えるの決心なかるべからず」(⑯二二一)、と記している。それはちょうど、明治政府が(福沢も後おしして)台湾島民に対して容赦のない武断統治をおこなったようにである。

＊これは「憲法政治」(⑯二一九)とも書かれるが、それは一般に憲法にもられた人民の権利や、さらには国際法のことをさしているのであろう。

(9) 保護国化——内政権の掌握

国権拡張の第九の方法は、一国の保護国化である。福沢は、巨大な版図と数千年にわたる固有の文明をもつ中国に対しては割領を主張したが、大国によって翻弄される「未開国」にすぎない朝鮮に対しては、それとはことなる方法をとろうとする。それは、保護権の獲得すなわち保護国化である(杉田⑦一五九以下)。

保護国化とは国際法上は外交権の掌握を意味するが、本書ではこの語を歴史学の用語法にならって内政権掌握の意味でもちいる(海野二二六)。朝鮮について言えば、一九一〇年の「韓国併合」(併呑)へむけた三次にわたる協約のうち「第三次協約」(一九〇七年)で、日本は、財政権をふくむ韓国(大韓帝国)政府の内政権をうばい、その意味でこの段階で韓国は保護国化されたが、福沢の第九の方法はこの第三次協約の内容にちかい。

壬午軍乱時の保護国化構想

八二年、壬午軍乱の外交交渉がなされた時期に、福沢はすでに朝鮮の保護国化を主張した。すなわち日本公使(今日の大使)を「朝鮮国務監督官」に任命して、「同国万機の政務を監督することとな(す)」べし、と(⑧二四九)。しかも保護権掌握期間はながきにわたるが、その間の経費はすべて朝鮮にもたせよと論じた。つまり同監督官をおき全国政務の改良を監督するあいだは、みじかくて六、七年、ながくて十数年、護衛兵一隊を漢城に駐屯させてその衣食住等はすべて朝鮮政府が供給すべきである、と(同前)。

一国軍隊の他国に対する駐留も全国政務の改良も、どんなに理想主義的な形をとろうと、しょせん本国の利益が第一にめざされるであろう。少なくとも本国の利益を見こさない駐留・改良などありえない。にもかかわらず福沢は、軍隊のながきにわたる駐留を当然視したばかりか、これにかかる経費すべてを（あるいは政務改良にかかる全経費をかもしれない）朝鮮側におしつけようとした。だが、「全国政務の改良」を実現しえなければ、その駐留は（半）永久的なものとなるであろう。監督官の監督が「万機の政務」におよぶ以上改良は容易に実現しえないだろうし、そもそも福沢・明治政府のいずれも、日本が不平等条約を通じて国際司法上・通商上の諸特権を、すなわち治外法権、日本貨幣の開港場での流通権、無関税特権（ただし同権が保持されたのは八三年まで）等を掌握している以上、そしてそれによってもたらされる利益の大きさを知っている以上、ある種の政務は事実上永遠に改良されないままとなるはずだからである。

日清戦争期の保護国化構想

福沢はほぼ同種の主張を、日清戦争期の論説でふたたびもち出している。

最初福沢は、朝鮮の親日派に政権をとらせよと主張する。日本の政友たるべき人物をもとめ、その人に国務の全権をとらしめる以外に方法はありえない、と⑭五五七）。だが、すでにそこに日本人顧問をおくという案をも示している。臨時の処理として日本人のなかから適当な人物をえらんで枢要の地位におき、この人に万般の施策をまかせて行政の模範とすることが必要である（同前）、と。しかしほどなく姿勢をかえ、強硬な姿勢を示す。気のどくながら「脅迫の筆法」に依頼せざるをえない、「国務の実権」を日本人がにぎり朝鮮人等は単にことの執行にあたらせるだけにし、その主義の可否については喙《くちばし》をいれさせず云々（⑭六四六）。

ここでは、先の「朝鮮国務監督官」ないしそれに類する言葉はもちいられていないが、実質的に壬午軍乱時とおなじ保護国化構想が示されたと判断できる。当初、親日派に政権をとらせると記していただけに、むしろこの時期の方が自覚的な議論になっていると言うべきかもしれない。ここでは「脅迫の筆法」に依頼すると記されているが、それは武力をもちいるという意味である。福沢は日本人が朝鮮の「国務の実権」すなわち主権をにぎり、すべて日本人の流儀でことをすすめようというのである。

　独立国に対して武力をもちいて改革をうながすことは、主権の蹂躪《じゅうりん》以外の何ものでもない。実際当時、福沢の主張にそうした批判が出されたようである（⑭四四二）。だが福沢は主権論になんらたち入らずに、批判はひどく窮屈な「僻説《へきせつ》」（偏った説）であって耳をかたむけるにたりないと記して一蹴した（同前）。それはばかりか後には、朝鮮の改革に関連して、「そもそも独立国の主権云々の談はしばらくおき……」（⑭四五六）と記してその主権の制限を当然視し、ついには主権云々は純然たる独立国に対する議論であって、朝鮮などには適用すべきではない（！）とまで主張するにいたる（⑮一二）。保護権の獲得は主権侵害と並行するものだが（長田五五〜六）、福沢の主張にもそれを明瞭に見てとることができる。

　こうして主権蹂躪を当然視する福沢は、（3）で引いたように、「干渉また干渉、深きところにまで手をつけて……あたかも小児を取り扱うがごとく、虚々実々の方便を尽くして臨機応変、意のごとくすべきのみ」、と平然と記す（⑭六四八）。九四年八月（清国への宣戦布告の直後）の『時事新報』には、日本軍人が、子どもである朝鮮人をだきかかえながら、弁髪の清国人の頭に「文明」という弾を撃ちこむ漫画が掲載されたが（杉田⑦一九七、韓他七二）、これは福沢の一貫した帝国主義的・温情主義的《パターナリズム》な朝鮮観をなしている。

　福沢は「征服」という禁断のことばを用いることもある。「独立国の体面をそのままに存するはしばらく〔＝いちおう〕宜《よろ》しとして、実際はこれ〔＝朝鮮〕を征服したるものと見なし、かの政府枢要の地位には日本人を入れて実権をとらしめ、武備・警察のことより会計*の整理、地方の施政にいたるまで、一切日本人の手をもって直《じか》にこれを実行し」云々、と（⑮一〇）。ここで「実権」は、内政権のみか外交権をも意味している可能性がたかい。「警察」と区別された「武備」への言及からすれば、そう見なしうる。「一切」と記されている点からも、そう判断できよう（先に袁世凱に言及された際、「万機」には外交権までふくまれていた）。これに先だつ時期にも、前記のように、「日本国人の中より適当に人を選んで枢要の地位に置き、これに万般の施策を任して……」、と記していた（⑭五五七）。

以上よりすれば、福沢の主張は前述の第三次協約のみか第二次協約**（一九〇五年）と同様の内容をもふくんでいたと判断できる。とすれば、ここから併呑まではほんの一歩である。

なお、福沢がこの時期にあらためて朝鮮の保護国化構想をうち出したのは、フランスによるラオス保護国化に刺激された結果だと判断する。そしてそれに着目したきっかけは、国内の政治情勢である。本節（3）で言及したように、第五帝国議会のわずか一か月での解散、政府部内の更迭《こうてつ》さわぎ等をふまえ、福沢は国内にみちた「倦厭《けんえん》」気分を外に転ずるために東洋政略をおこなうよう主張した（⑭二七五）。その際例としてあげたのが、フランスが「安南***といい、シャムといい、東洋の辺隅に向かいてさえますます政略の歩を進める」という事実である（同前）。

これは時期からすると、フランスが「シャム」（タイ）の版図であったラオスを割譲させて保護国化した事実（一八九三年）をさすことは、まちがいない（桜井他六六〜七）。これが福沢のあらたな韓国保護国化構想を触発したと考えられる。

*本節（5）でふれたが、ここでは「会計の全権」を日本人が掌握すべきことが強調されている。その全権は、単に借款の抵当（！）としてさし出すものだとさえ主張される。（⑮一〇）。

**「第二次協約」の後、日本人の移住民が朝鮮に殺到した（井上勝②一〇）。第一章で北海道大学で発見された人骨にふれたが、そのうち「東学党首魁」のものとされる頭蓋骨が「採集」されたのは、同協約がむすばれた翌年の一〇六年である。

＊＊＊フランスは「安南」（ベトナム）を八五年に保護国化した。

(10) 併呑——戦勝による植民地化

最後に、ドイツの膠州湾占領にさきだつ時期に調印されたアメリカ・ハワイ併合条約（一八九七年六月）および福沢の死の前年（一九〇〇年）に勃発した義和団鎮圧戦争（北清事変）にふれなければならない。それによって、国権拡張の第十の究極的な方法が推察できる。

ハワイ併合問題——アメリカ侵略主義への加担

福沢は、アメリカ・ハワイ併合条約が調印された直後に、「ハワイ合併につき日本の異議」と題する論説を公表した（九七年六月）。そこで一見もっともなことを書いている。日本がハワイの存亡について「喙《くちばし》を容るるの権」があることは論ずるまでもない、日本の外務大臣はさっそくアメリカ政府に抗議したとのことだがそれは至当の処置である（⑯一八～九）、と。ここで福沢が容喙《ようかい》権があると記したのは、ハワイ併合は地学的に見て日本に影響が大きいということと同時に、当時、日本からの移民が組織的に行われてハワイには日系人が多かったという事実（猿谷二二〇）が関係していると思われる。

だがここで問題にされたのは、併呑が「わが立国の基礎」に影響するという点であって（⑯一八、S.⑯五七）、米国によるハワイの併呑自体の是非は問題にされていない。そもそも福沢は日清戦争の前年（九三年）、在住アメリカ人がハワイの併呑をめざしたクーデターによって王室の統治権を簒奪《さんだつ》して臨時政府を樹立し、その後（九四年）、ハワイ人をふくむ非アメリカ人を参政権から排除したまま「共和制」を成立させた事実を、フランス革命と比較して合理化し（⑭一四五）、またそれを「世界文明大勢……流行の兆候を示すもの」にほかならない（⑭四九六）と論じていた。かく在ハワイ・アメリカ人による権力簒奪を容認していた以上、ハワイ合併の是非を問わない福沢の右の姿勢は取るべくして取られたのである。

しかも福沢はこの種の微温的な姿勢さえ、その後実際にハワイが併合されても（九八年八月）、二度と示さなかったばかりか（他の社説記者による論説にもその種の議論はない）、合併に関する右論説の翌日には、宗教・人種の相違に由来する、欧米人がいだく「黄禍論」的な悪感情にふれつつ、日本人がハワイ併合条約に口をはさむと「台湾の始末などにも外国人（＝西欧人・白人）の異議を見るに至る」かもしれないと論じて（⑯二四）、容喙権行使の放棄へとふみ出していた。

福沢自身は、ハワイ問題を主題的に論ずる社説は前記のそれ以外に書いていないが、『時事新報』にはハワイ併合自体をあつかった社説は他にもある。「米布合併条約」と題されたそれ（これは福沢の前記論説のすこし前に公表された）は、いくつかの論点を提示しつつも、結局ハワイをえるか失うかは「世界海国」の利害に大いに関わる、とくにハワイはイギリスが重きをおく場所である、と論じている（九七年六月一九日付*）。だから、併合条約はそれらの国の異議をうけざるをえない、と。

だが実は異議はでなかった。そればかりか、本社説が名ざししたイギリスは「意見を発表するの必要を認めず」という立場だといった記事さえ、『時事新報』にのったほどである（同六月三〇日付）。イギリスが介入しなかったという事実が、おそらく福沢が矛をおさめた理由の一つだろう。あるいは、米国務長官が、ハワイ併合は日本その他いずれの国の太平洋における正当な利益を害することは決してないという声明をだした事実（同七月八日付）も、影響したかもしれない。

いずれにせよ、福沢は容喙権を主張したのに、こうしてそれを行使しなかった。ふつう福沢は、官民調和の観点から政府の外交政策に追随するが、この時期に明治政府がくり返しハワイ合併についてアメリカに抗議したのに、むしろこれに水をさしたのである。

それどころか、あらためて「黄禍論」に言及しつつ（⑯五三）今後の進退はいかにあるべきかを論じ、アメリカの策動を合理化した。すなわち、多数をしめる西洋人の運動は世界の大勢であって破竹のいきおいで進行しつつあるという、さきと同様の現状認識を示した上でアメリカに対して、今さらけっして退却はゆるされない、さらにすすむ以外に道はない（⑯五四）と主張した。これは、アメリカのハワイ併合への、したがってアメリカがとりはじめた「侵略主義」（⑯一八）へのまったき同調と見ることができる。そして同時に福沢は、「日本もまたすでに世界の一国として大勢と共に覚悟した」という前提をおいて、日本のすすむべき道をアメリカにかさねるのである。その後は外交の危機を論じつつ（⑯八一以下）、例によって増税を、そして大砲・水雷艇などの製造（⑯八四〜五）を主張する。

したがって福沢にとって、アメリカのハワイ併合はもはや問題ではない。前述のように、福沢は米西戦争期にアメリカがおこなったフィリピン占領を手ばなしで肯定した。そしてアメリカが戦勝の余勢をかって最終的にハワイを併合した際には（九八年八月）、『時事新報』はそれを単に事実として報じる以上のことはしなかった（九八年七月一〇日付）。

＊この論説はハワイを「独立国と言いながらも、あたかも各種の外国人寄り合いの一孤島にして……政府の当局者とてもほとんど無責任の姿」などと揶揄《やゆ》する。これは、アメリカのハワイ併合を合理化する伏線であろう。

同盟による外戦――他国支配あるいは併呑

ではアメリカの「侵略主義」への同調は、日本の帝国主義的な策動にとってどのような意味があるのか。福沢はそれをどのように意味づけるのか。それについて判断するための素材は、第二章一でふれた義和団鎮圧戦争にある。

一九〇〇年六月、福沢は、日本軍が八か国連合の先陣をきって中国に上陸し、太沽《タークー》砲台を占領した事実を手ばなしで喜んだ（⑯六二一）。そして同戦争の一大転機となったその後の天津攻略の際、こう論じた。日本兵が連合軍のなかで出色のはたらきをし先登《せんとう》の栄誉をしめることができた*のは疑いもない事実であって、列国がともに認めるところであろう、今回はじめて欧米諸強国の兵と戦争をともにして、その面前でこうした戦功を博した（⑯六二三）、と。それまで福沢は、欧米列強の果敢・勇躍ぶり、その共闘体制をただ茫然とながめるだけだったが、ここでは、日本軍がはじめて欧米列強の軍隊と肩をならべ協力して同じ餌食《えじき》にくらいついた事実を、称賛したのである。

この事実は、その後の福沢の論調についてなにを示唆するであろう。福沢は、生きて翌年の義和団鎮圧戦争の結末を見ることはなかった。だから、福沢がもしさらに生きていたらその後の激動の歴史をどう論じたかは、わからない。だがこの最晩年の論説を見るかぎり、福沢の帝国主義的な志向は強まりこそすれ弱まることはなかっただろう、と想像できる。

九八年の米西戦争・フィリピン占領の際は、福沢はアメリカを支持して、その成果から漁夫の利をえることをよしとした。「双方（＝日米）の商売上にも非常の便利をみることならん」、と（⑯四一四）。その論説と右の義和団論説とを線分でむすび、それをさらに先にのばすことができたなら、おそらく次は、他の列強による他国の支配を通じて漁夫の利をえるだけではなく、他の列強と共同して外戦にうってで、「戦勝自然の結果として」（同前）、他国を支配し利益をえる道に、あるいはハワイのような弱小国ならその併呑に、すすんだのではないか。

このすこしまえの時期から、福沢がしきりに「同盟」を口にしていた事実は注目にあたいする。すでに九六年（ドイツによる膠州湾占領の前年）には、前述した「進取の方針」を語りつつ、「利害感情を同じゅうする意中の国と事を共にして、他の障害に当たるの覚悟なかるべからず」、と記した（⑮三二三）。またその前年の九五年春には、「同盟に当たるに同盟をもってするの意を決し、我もまた他の強国と結託して相互に応援するの方略をめぐらすこそ、知者の事なれ」（⑮一六九）、とも。「同盟に当たるに同盟を」との文言からすれば、また論説の公表時期からしても、ここでは独仏露の「三国干渉」が念頭におかれていた可能性がたかい。そして、傍点を付した後者の「同盟」で想定されたのは日英同盟であろう。しかもそれは、ひょっとすると外戦を想定した攻守同盟かもしれない（S. ⑯六三）。その後に、義和団鎮圧戦争で列強八か国による連合が成立するが、それはあくまで一時的なものであって、恒常的にはいくつかの同盟国との同盟こそ福沢の念頭にあったと思われる。

＊「先登の栄誉を占め（た）」、つまり先陣を切るということは、「最大の戦利品を獲得できる」ことを意味する（小林三六六）。とすれば、福沢は事実上ふたたび略奪をあおったことになる。

戦勝を通じての支配・併呑

なるほど福沢は、中国に関しては、「東洋の平和」への悪影響から自他ともに割領すべきではないと主張した。「隣国の騒乱に乗じその土地を割取して自ら利せんとするがごとき、断じてなさざるところ」（⑯六二五）、と。だが、この主張の数年前に、日清戦争の戦勝を理由に日本が断固として台湾を割領した事実にはまったく類かむりをしている。それはおいたとしても、前記のように福沢は、義和団鎮圧戦争時におきた八か国連合軍による破竹の上陸と日本軍が先陣をきった太沽《ターク－》砲台占領を称賛した（⑯六二一）。歴史学者スタイガーは、「これ（＝砲台占領）こそ全く戦争そのもの」と記したが（スタイガー二〇六）、これは清朝による宣戦布告前のできごとである。つまりそのようにして外患あるいは陰謀によって開戦へとふみこむことを、福沢はむしろ是としている。また義和団の影響が朝鮮におよんだ場合、無条件でその鎮圧におもむくべきだと主張した（前述）。

そうだとすれば、あたかもアメリカによるフィリピン占領時に見せたように、福沢が、列強とともに「文明のために野蛮を倒（す）」ことを大義としてふたたびかかげつつ（⑯四一四、S．⑯四一二）、日本の防御線あるいは進取線と見なしたいずれかの「野蛮国」に戦争をしかけることを是とするのは、容易なことではないだろうか。実際日清戦争の際も、当時の国際情勢から戦争が不可避だったわけではなかったにもかかわらず、日本は陰謀によって中国に戦争をしかけ、そして福沢自身も数々の理由をつけて（非は中国にありそれを日本は膺懲《ようちょう》すると）それをあおったのではなかったか。

そのようにして戦争をしかけ、そして「戦に勝ちて土地を取るは自然の結果」（⑮二四）という立場から、戦勝を理由にいずれかの土地の領有あるいは割領を福沢は当然視したであろう。

要するに福沢において、晩年にふたたびもちいられる「文明化の使命」論（⑯四一四）に依拠した戦争と併呑への関心は、強まりこそすれ弱まることはなかっただろうと想像される。したがって余命さえあれば、前記のように、文明化を旗印にして他の列強と共同して外戦にうって出（あるいはそれを容認し）、「戦勝自然の結果として」他国を支配せんと、あるいはハワイのような弱小国なら併呑せんとする方向にむけて論陣をはったであろう、と推論せざるをえない。

三、帝国主義がもたらす空前の野蛮——福沢による合理化

第二章の二で、福沢が、いかにジンゴイズムを内面化し身体化した帝国国民の創生をはかろうとしたかについて論じたが、そうした帝国国民はいったいどこに行きつくのであろうか。

自国民を優越視する一方で、他国民を強く侮蔑・憎悪するばかりか、彼らを支配し必要ならせん滅してもよいと考える帝国国民は、本章二で論じた国権拡張にむけた各種の手段を通じて、実際に他国民（民族）を殺すであろう。しかも無辜《むこ》の市民を、ときに無差別に。つまり、ジンゴイズムを内面化した帝国国民がもたらしうるのは、空前の野蛮である。

福沢は、明治期日本の帝国主義イデオローグとして、そのようにして犯された空前の野蛮それ自体を隠蔽し（旅順虐殺事件）、その意味を矮小化するであろう（王后暗殺事件）。また、空前の野蛮を犯すべく、何はばかることなく人々を扇動するであろう（台湾抵抗民のせん滅）。

（1）旅順虐殺事件

一八九四年一二月、遼東半島の旅順砲台を陥落させた際、日本軍が、にげおくれた多数の旅順市民（女性、幼児、老人をふくむ）を無差別に殺害する事件がおきた。これが、「南京事件」のさきがけとなった*「旅順虐

殺事件」である。欧米列強との不平等条約の解消をはかるのに障害となると判断した明治政府は、各種の方法をつかってこれを隠蔽しようとしたが、福沢は事実を否定しつづけた。

＊これは、それ以前に虐殺がなかったという意味ではない。朝鮮の牙山《アサン》や平壌、中国の金州での虐殺も知られている（杉田④二五〇〜一）。

全く形跡もなき虚言――ジャーナリストにあるまじき合理化論

当初福沢は、日本の軍隊はまぎれもなく文明の軍隊であって、「敵に対するに寛大にして慈悲心に富（む）」が故に、それが虐殺を犯したなどということは「実に跡形もなき誤報」（⑭六六六）であるばかりか、「全く跡形もなき虚言」（⑭六七五）であるとまで主張した。

そればかりではない、一般市民に対する殺戮の事実がすこしずつ報道される現実をまえにして、他の理屈をならべて事態を合理化した。無辜《むこ》の市民が犠牲になったというが、日本軍の銃剣によってたおれた者は、市民のように見えたとしても「ことごとく皆、支那の兵士」であると（同前）。これは、当時軍と明治政府が流布させた言い分である（陸奥一二一、井上晴八九〜九〇）。だがそれを言論人・福沢は、なんの検証もないままうのみにして真実と断定したのである。しかも殺された住民の中には女性も子どももいたというのに、その事実を無視した。

そればかりではない。福沢は明治政府とことなり、事件それ自体がなかったと断言しさえした（⑭六七五〜六）。他紙もだが、他ならぬ『時事新報』の特派員報道さえ福沢の主張が臆説にすぎないことを暗示していたというのに（佐谷七五以下、井上晴四五以下）、それをさえ公然と無視する福沢の姿勢＊は、みごとと言うしかない。福沢にとって「日本軍＝文明の軍隊」という図式は、いかに事実と反しようとも、日本＝文明国というイデオロギーの一環として主張しつづけるしかなかったのである。

福沢の姿勢はその後どうなったか。軍機・軍略に関しては陸軍省・海軍省によって報道管制がしかれていたため情報はすぐにはもれなかったが（井上晴三八）、その後は明治政府としての対応を、諸外国に対してせざるをえなくなった。その時点で、おそらく福沢は事柄の真実をあるていど知るにいたったであろう。当時の外務次官は次男の義父である林董《ただす》であり、林は最初の段階から陸奥宗光外相の指示をうけてこの事件への対応をになっていたからである（同二四以下）。あるいは、以下すぐに記す事情から、陸奥宗光から林を通じて真実が福沢に知らされたかもしれない。

にもかかわらず、そのかたくなな姿勢はその後もつづく。「事件」直後に福沢は、世界にさきがけて「旅順虐殺事件」を報道したクリールマン記者をおとしめる記事を、『時事新報』に二か月にわたって掲載しつづけた（杉田④三五六）。それをうけて福沢は、虐殺のうわさなどはまったく跡をたったと自紙の効果をほこったが（⑮一二七）、その後、台湾への軍事作戦が拡大しつつあった時期に、虐殺自体を「虚報」であり「一新聞記者の捏造説」（⑮二九六）と、あらためて否定した。「雲林《うんりん》虐殺」にむすびつく台湾島民のはげしい抵抗を知り、またおそらくこれと関連して軍備拡張をくり返し主張した時期には、旅順虐殺の「流説」や日本軍が台湾の「土匪《どひ》」処分の際に良民を苦しめたとの誤伝は、けっして信じることはできないと記して、旅順虐殺を台湾での虐殺事件ともどもほうむり去ろうとしたのである（⑮五四五）。

実は、言論人を統制した明治政府・軍さえ、福沢が虐殺自体を否定するという強硬な姿勢をとるとは思っていなかったようである。一般市民に対する虐殺は、明治政府も・軍も現場指揮官の報告からけっして否定できないと理解していたからである。福沢は後におそらく当時をふり返って、「自ら外務大臣たるの心得をもって」外交論説を書くと記したが**（⑯七一）、その実本当の外務大臣は、数年後にひかえた条約改正をまえに右の福沢論説について、「もしこの気風さかんになりたる時は、欧米各国の与論と日本国内の与論とに衝突をきたすの恐れあり」と危惧していたのである（井上晴六二）。外務次官の林が福沢の親類なら、外務大臣から林をとおして福沢に何らかの忠告があったと考えることも可能だろう。

さて、旅順虐殺事件を事実無根と否定する福沢の姿勢は、当時の言論人のなかでも突出していた（佐谷七九～八〇）。だがこれを福沢のように隠蔽せずに十分な検証を行うことができていたら、少なくともその後中国その他のアジア諸国でくり返された各種虐殺も、かなりのていどにおいて避けることができたのではなかったか。また福沢が「旅順虐殺事件」を言下に否定しなければ、「文明」が「野蛮」に堕す可能性に福沢自らが気づく可能性が残されたかもしれないのである。

＊福沢は戦地に「画報隊」を派遣したが、旅順虐殺を示すその絵は掲載しなかった可能性がある（大谷②一七一～二）。

＊＊福沢がこう記した事実は重要である。福沢は、国権拡張にむけた各種の帝国主義的な方法にくみしつつも、一方朝鮮や中国の領土を占領したりうばったりする意思はないと何度も記したが、それはいわば「外交上」の建前にすぎなかったと解釈可能かもしれないからである（S．中塚②四〇～一）。

（2）朝鮮王后の暗殺

旅順虐殺事件とともに忘れてはならないのは、朝鮮王后の暗殺である。

一八九五年、日本は日清戦争に勝利した。これで、朝鮮に対して大手をふって介入できることになった。それにもかかわらず、朝鮮政府を思いどおりにあやつることは不可能だった。朝鮮政府が次第にロシアに接近しはじめたのである。この事実に業をにやした日本公使・三浦梧楼《ごろう》は、同年十月、朝鮮で暗躍していた壮士らを王宮に忍びこませ、ロシア接近の黒幕と解した朝鮮王后を惨殺し、その後遺体を凌辱し（山辺②二二六）、かつ王宮の裏山で焼きすてるという「歴史上古今未曾有の凶悪」事件（内田定槌・漢城《ハンソン》領事〔当時〕）をひきおこしたのである。

朝鮮王后暗殺は野外の遊興

日本人のこうした傍若無人な介入をゆるした事実に対し、『時事新報』全体をつかい「朝鮮独立のため」と称して朝鮮への干渉を執拗にあおった福沢は、大きな責任を有する。そればかりか、福沢自身がなさけ容赦ない公使・壮士とおなじ水準にたつ。福沢は最初、実際の形跡を厳密にとりしらべ、関係者をことごとく厳罰に処し、全世界に対して事件の真相を明らかにして日本国民の真意が理解されるようになるようあえて希望する、などと勇ましく記したが（⑮三〇五、S.⑮二三二）、これを追及せんとする姿勢は最初から満足に見せず（⑮三〇四～五）、しかも日本公使館員等が関与した事実をみとめる場合でも、それを「出先の者の心得違い」とみなして軽視せんとした（⑮三一三）。

だが、王后暗殺に関わったのは「出先」だけではない。それには陸軍も関わっていた（金二三五以下）。いや、「出先」と言うが、そもそも首謀者たる公使は日本政府の名代である。かつて福沢は、壬午軍乱時の花房公使を「わが日本天皇陛下の代理人」と（⑧三二七）、また甲申政変の関与者の一人である竹添公使を「わが大日本国政府の名代人」（⑩一四六）と記していた。それなのに、事態が不利になると、その公使を単なる「出先」と称して責任のがれをしようとするのである。この二枚舌にはおそれいる。

そればかりか福沢は、このおぞましい凶悪事件を、どこでも起こりうるありきたりの事件とみなして無視しようとする姿勢を見せはじめ、ついにこれを「一時の遊戯……野外の遊興、無益の殺生として見るべきのみ」（！）、とまで主張したのである（⑮三三二〜三）。仮に日本の皇后が外国人に暗殺されたら、福沢はいかなる意味においても、それを許すことはなかったであろう。そればかりか相手国への宣戦布告をただちに要求しただろう。だが、朝鮮の皇后は福沢にとってただの昆虫であり、その殺害もわらって放置すべき子どもの遊びとおなじ類なのである。朝鮮および朝鮮人に対する福沢の深いさげすみの眼は第二章一で論じたが、ここでその態度はきわまる。私はこれは福沢が書きのこした文章のうち最悪のものだと断言する。

（3） 台湾征服戦争

こうして福沢は、「文明」とともに十分な道徳化（カント）が実現されないとき、それがいかに空前の野蛮に転化しうるかをみとめないまま、言論活動をつづけることになる。その姿勢から、さらに何が帰結するのか。旅順虐殺事件は事実無根と主張して隠蔽し、朝鮮王后暗殺は「野外の遊興」だと論じて矮小化したが、日本が戦勝を通じて領有した台湾に関しては、抵抗民の虐殺・殺戮を当然の権利と見なした。

狐と思って撃ち殺す――植民地人のあつかい

まずふれるべきは、植民地人のあつかいに関する「文明諸国」の方法に関する福沢の理解である。福沢は、下関条約（九四年四月）にもとづく台湾領有の後、「台湾経営の大方針」についてくり返し論じた。その土地を目的として島民の有無は眼中においてはならぬ（⑮四七四）、というのがそれである。その方針にもとづいて、反抗する島民の皆殺し、島からの追放、土地・財産の没収等を当然視するのだが、その脈絡で「かの文明諸国」でのおどろくべき先住民対策にふれている。

これは直接にはアヘン禁令に関わる論説だが（もっとも福沢は台湾をふくめた中国でのアヘンのまん延は「文明国」イギリスによる貿易赤字解消のための策略であったことは論じない）、そこでは右の福沢の基本姿勢がグロテスクに拡大されている。新領地の人民が不穏のことをくわだてたとき、一定の土地内にすむ者を男女老若の区別なくひとりのこらず殺戮した例をあげて、福沢は皆殺しを合理化しさえする。またその脈絡で、「土人」を狐と思って撃ち殺すことがあっても、とがめるに値しないかのように記す（⑮四七五～六）。

ここで注意すべきは、台湾は戦争当事国ではないということである。したがってその住民は国際法上の「敵」ではなく、一般の国民である。なるほど日本側は下関条約において、台湾島民が台湾にとどまるかどうかについて二年間の猶予をおいた（第五条）。だが、だからといって台湾島民がその間、戦時国際法における「敵」となるわけではない。にもかかわらず、そうした人民に対してさえ殺戮・皆殺しをと福沢は主張した。それはある時期まで「台湾民主国」が成立していたからではない。もとより福沢には、そのような独立国など眼中にない。すでに日清戦争期においても、福沢は、戦争当事国ではない朝鮮半島で、同前の意味で「敵」とは言えない東学につどう農民の虐殺を事実上当然視したが、台湾については自国の植民地であるために何はばかることなく、虐殺を権利とさえ見なすのである。

＊本書では台湾島民の抵抗とそれに対する日本軍の鎮圧を（国際法的な意味でではなく）象徴的な意味で「台湾征服戦争」と記した。

皆殺し・境外追放の主張

福沢は、いかに台湾住民の殺戮・皆殺しを主張したか――

「実際に抵抗を試みたるのみか、種々の毒計をめぐらして我が兵士を虐殺したるもののごときは……これを誅戮《ちゅうりく》する〔＝罪人として処刑する〕は当然なり。いやしくも我が兵に抵抗するものは、兵民の区別を問わず、一人も残らず誅戮して焦類〔＝焦《あせ》る賊〕なからしめ、もって掃蕩の功を全うすべし。」（⑮二六九〜七〇）

「いやしくも我に反抗する島民等は、一人も残らず殲滅《せんめつ》〔＝皆殺しに〕して、醜類〔＝悪人の仲間〕を尽くし〔＝根絶やしにし〕、土地のごときも容赦なく官没して、全島掃討の功を期せざるべからず……」（⑮三五五）

「いやしくも反抗の形跡を著わしたる輩は一人も余さず誅戮《ちゅうりく》して、醜類を殲《ほろぼ》すべし。……小数を殺すは多数を活かすの手段にして、土匪のごときは、一人も余さず殺戮したるところにて僅々《きんきん》の数にすぎず。」（⑮四七七）

ここには福沢の「文野」（野を文する、つまり野蛮を文明化する）の論理が、もっとも酷薄な形で現れている。福沢はかく台湾の抵抗民をくり返し「醜類」とさげすんだが、これは、福沢が野蛮とみなす中華帝国がその秩序に反する「野蛮人」をよびならわしてもちいた、伝統的な言葉である（三石二三）。そして、文明化できないものは滅ぼしつくす。「文野」の論理はそこまで行きつく。

その残酷な論理の矛先をゆるめた場合でも、福沢の主張は苛烈である——

「たとい兵器をとりて抵抗せざるも、いやしくも我が政令に従わざる輩は、一日も我が版図内に差し置くを得ず。」（⑮二六九）

「いやしくも不従順の輩は厳重に処分して一歩も仮さず、全島の島民がことごとく境外に退去するもさしつかえなしとまで覚悟して、強硬手段を断行せざるべからず。」（⑮四六六）

「いやしくも事を幇助《ほうじょ》しまたは掩蔽《えんぺい》（＝隠蔽）したる疑いのあるものは、容赦なく境外に放逐して、その上財産の如き悉皆《しっかい》（＝ことごとく）没収して官有に帰せしむべきものなり。*」（⑮四七三）

同じような表現がくり返し使われているが、それだけに福沢の台湾統治に関する確固たる意志を知りうる。しかも当初は誅戮・せん滅するのは「兵士を虐殺したるもの」と言っていたが、それが「抵抗するもの」「反抗する島民等」にかわり、そしてついには「反抗の形跡を著わしたる輩」にまでその対象が広げられている。島外に追放すべしとする島民も、当初は「政令に従わざる輩」だったのが、「不従順の輩」にかわり、最後は幇助・隠蔽等の「疑いのあるもの」にまで拡大されている。

以上には、福沢が戦勝によってえた土地（およびその住民）に対して示す、苛酷なまでの支配欲がよく現れている。福沢がこうした論説で体現したのは、ジンゴイズムそのものである。福沢は帝国国民を創成する論理を構築せんとしたが、おそらく自らがもっとも典型的な帝国国民であった。

＊在特会は、「朝鮮へ帰れ」「出て行け」という罵声をあびせてきた。被害者がこれに耐えるしかなかったのは、彼らにとって他にうつり住むことなど不可能だからである。福沢は、不従順な島民は容赦なく島外に放逐せよ、財産はすべて没収せよと主張したが、それが当事者にとってどれだけ苛酷なしうちかを思いはかる想像力をもっていただろうか。

（4）福沢「文明」論の根本的欠陥

以上は、帝国主義そのものと同時に、「文明」論に依拠した帝国主義イデオロギーが示す野蛮である。そう見れば、福沢の代表作と言われる『文明論之概略』には、根本的な欠陥があることがわかる。「文明」に関する本質的な問題が不問のままなのである。つまり、文明が高度にすすんで他民族の殺戮まで当然視するとき、それは本当に文明の名に値するのかどうかが、問われなければならなかったはずである。

なるほど七〇年代の福沢は、ひたすら「文明」への到達を念願しつつ『文明論之概略』を書いただけに、そこまで問えなかった事実に責を負わせることはできないかもしれない。だが、その後の福沢自身の議論の深まりにつれて、つまり「文明」（ここでは欧米のそれ）が事実においてもった正・負の諸相がじょじょに明らかになるにつれて、それを根本的に問い直すべきだったのではないか。

私は総じて文明が本質必然的に野蛮に転化するとは、いささかも考えない。だが、内に民族差別をふくみ、逆にかくたる人権尊重の姿勢を欠いた文明は、外形においていかに高度化しようとも、福沢に典型的に見られるように、必然的に野蛮に転化すると言わなければならない。

福沢の不幸は、時に個人に対して見せる感受性（t. ⑯二九〇以下）を、社会（他民族・人種・国民）全体に対するそれに発展させることができなかったことだと考える。そればかりか、こと他民族のこととなったとたんに、ナチまがいの非情な姿勢を示して何ら疑わないでいる。この落差はにわかに信じがたい。これは福沢の思想家としての根本的な欠陥を示している。福沢が非情にも他民族に対して虐殺、追放、土地・財産没収を呼号した事実は、たとえ他面では個人に対する温情的な見解があろうと、けっして忘れるわけにはいかない。

一九四五年への道――福沢の戦争責任

最後に問うべきは、福沢の戦争責任である。

福沢は日清戦争を鼓吹することで、日露戦争やアジア太平洋戦争を準備した。マハンが主張したように、日本が日露戦争をおこなわなければアジア太平洋戦争はなかったであろうし（戸高四一〇）、日露戦争自体も日清戦争なしにはありえなかったであろう。同様にして、日清戦争の前後を通じて中国人に対する侮蔑・憎悪があおられなければ、アジア太平洋戦争期に数多くの虐殺をうむ、中国人に対するはげしい差別視はなかったであろう。その二重の意味で、中国人そして朝鮮人に対する蔑視をくりかえし、日清戦争を最大限の賛辞をもって合理化した福沢は、一九四五年に間接的な、だが重い責任を有する（雁屋②七一八～二一）。

もう一点ふれるべきは、福沢は日清戦争・義和団鎮圧戦争を通じて中国の民衆がおちいりうる惨状を見ようとしなかった、という点である。*

日清戦争後に清が日本に、義和団鎮圧戦争後に清が列強に支払った賠償金は、天文学的な額であった。日清戦争時の賠償金は、遼東半島の還付金三千万両をふくめて約二万四千万両、当時の日本円にして約三億四五〇〇万円であった（杉山二四一）。義和団鎮圧戦争で清国が列強に支払った償金は、これをはるかに上回る四億五千万両であり、三九カ年賦での支払いだったために元利合計して九億八千万両（同二四三）、すなわち日清戦争時のレートで言うと一五億円弱にたっした。前者は日清戦争期の清の歳入総額で言えば約三年分、後者はおよそ一二年半分におよぶ（S. 川島九）。

こうした膨大な出費を通じて、清国の民は塗炭の苦しみにあえいだであろう。なるほど清国政府は対外借款によることで支払いをすませられたが、けっきょくそれを通じて欧米列強による分割・搾取の餌食《えじき》になった事実（白井一八〇）がもった意味は、あまりにも大きかった。だが福沢は、「文明化」を御旗にして、こうした甚大な犠牲に対しては何ら関心をはらわないのである。

福沢が清兵について述べた無情なことばを、記しておきたい。福沢は日本がまったくの自利のためにおこした日清戦争を、野蛮を文明化する戦争であると合理化しつつ、無辜《むこ》の人民を皆殺しにするのは憐れむべきことであろうが、世界の文明進歩のためにその妨害物を排除しようとすれば、「多少の殺風景を演ずる」のはとうていまぬかれえない道理であると論じたうえで、こう記したのである。彼らは、「不幸にして清国のごとき腐敗政府の下に生まれたるその運命の拙きを、自ら諦むるのほかなかるべし」、と（⑭四九二）。

いかに兵士のこととはいえ彼らもまた人間である。しかも彼らのその「拙き運命」なるものは、帝国主義イデオローグとしての福沢が、その「お師匠さま」と自認する明治政府とともに、人為的におしつけたものではないのか。なのに、人の命を一顧だにしないこれほどに無情なことばが、他にあるだろうか。

＊日本が清軍を追って中国領に入るまで、日清両軍および日本軍討滅隊・東学農民軍の戦場は朝鮮半島であった。そのため朝鮮の多くの民が窮迫状態におちいったが（宇野八九）、福沢はこの苛酷な現状にもついに目を向けることはなかった。

第四章　現代の危機と福沢の帝国主義イデオロギー

一、暴走する安倍政権と「日本会議」――福沢が与える養分

「まえがき」で、日本がいま直面している大きな危機にふれた。何よりも集団的自衛権の行使を可能とする「安全保障関連法」の成立がそれである。このような体制下にあって、安倍自民党はさらにどのような意味で日本を「帝国」化しようとしているのであろうか。近年の策動は、おもに日本国憲法第九条の廃棄に、すなわち軍事的国家体制の再構築に向けられているが、それを実現するために、関連する多くの場面における制度的な転換が、数をたのみに強引にはかられようとしている。

安倍政権がめざす体制は、第一次政権以来の主張・政策（代表的なのは教育基本法の改悪）を見れば想像できるが、だからと言ってそれが見えやすいわけではない。むしろそれは、安倍政権のみならず自民党を全体として背後から強力にささえる「日本会議」の運動を見ることで、理解される。そして日本会議の動きに目をやれば、福沢が今日の危機的な策動にどのように関連しているかも、見てとることができる。

日本会議と安倍政権――福沢「国権拡張」路線との重なり

安倍政権と二人三脚を組むようにして反動的な体制を推進しているのは、何よりも日本会議である。近年のルポからその運動の方向を私なりに列記すれば、日本会議は、連携する「日本会議国会議員懇談会」その他の組織とともに、次の政策を推進せんと策動する（上杉二二、青木二八～九）――

（1）天皇崇拝・天皇制改編・男系の維持
（2）新憲法制定
（3）国防・軍事力の強化（自衛隊の国防軍化）
（4）愛国心教育の推進
（5）人権制限
（6）家族制の強化
（7）「自虐的歴史観」の克服
（8）天皇・首相らの靖国参拝・公式参拝の実現
（9）領土防衛

これらの多くは福沢の帝国主義イデオロギー（くわしくは第二～三章）と親和的である。安倍政権が「戦前レジーム」、つまり明治体制ないしそれに近似した体制への復帰をもとめ、一方で福沢が自他ともにゆるす明治体制の「お師匠さま」なら（⑳四一四）、両者はおのずと親和的となる。

以上の（1）～（8）を福沢の思想のことばで書きかえれば、次のように表現できる――

（1）「帝室」の重視＝絶対主義的天皇制の擁護
（2）明治憲法の絶賛――人権の制限・反立憲主義
（3）「軍国」化＝軍備拡張とそのための徴税・増税

（4）「報国心」の形成、「報国の大義」の普及をめざす教育の実現
（5）官民調和のための各種人権の制限
（6）人種改良のための女性の役割、家庭に対する女性の責務
（7）明治の歴史修正主義
（8）国民（軍人）統制のための靖国神社の利用*

日本会議関係者がかならずしも福沢をもち出すわけではないとしても、その運動の柱は福沢の主張とかさなる。その意味で、福沢の思想は過去のものではなく、現代の方向づけをもなしうる生きた思想である。

* （9）「領土防衛」は日本会議にとって重要な運動目標とされ、福沢にも関連する論説はあるが（第三章二（8）（10））、現代と福沢の時代とでは領土をめぐる政治的環境がちがいすぎるため、これは以下の論述にふくめない。

ショーヴィニズム・ジンゴイズムの形成——「在特会」

以上の策動を通じて、多かれ少なかれ国家主義的なナショナリズムの形成がはかられてきたが、国民の広い層におよぶ「報国心」形成のためには、したがって帝国国民の創生のためには、時代の状況におうじたショーヴィニズム・ジンゴイズムの形成もまた不可欠である。政府自体がその旗ふりをすることはおそらく困難だが、自民党政府の別動隊となった個人・組織が、つまり個々の議員、議員連盟（例えば日本会議国会議員懇談会）、学者・作家・宗教者・ジャーナリスト等の広い層をまきこんだ横断的な組織（例えば日本会議、日本女性の会）がここでも力を発揮し、国民をショーヴィニズム・ジンゴイズムへと扇動する動きをつよめている。

他にも、日本会議等とは別個に動いている学者・作家が「嫌韓」「反中」を前面に出して、あるいは在特会のようなゲリラ的な団体がヘイトスピーチによって、ショーヴィニズム・ジンゴイズムへと世論を誘導する役割をはたしてしている。これらの団体は、今日の社会・経済状況に鬱屈《うっくつ》し不安を感じる人々の受け皿になっている可能性があるため、軽視できない。

在特会のヘイトスピーチは、その内容といい表明のされ方といい、時代状況を一〇〇年もまえに逆行させるほどの時代錯誤にみちたものであった。安倍政権といえども、市民を離反させる可能性があるため、在特会流の露骨なヘイトスピーチそれ自体は容認しないが、* 在特会があげつらう日韓・日中間の諸懸案を、改憲へ向けた雰囲気醸成のためにたくみに利用してきたのは、事実であろう。思想・精神構造において在特会と通じるヘイトスピーチ・ヘイト本は、ちまたに多くみられる（本章二）。

*そうはいっても彼らをおよがせたいはずである。一六年五月「ヘイトスピーチ法」が成立したが、その機縁は、一四年八月にジュネーヴで開かれた「人種差別撤廃委員会」で日本のヘイトスピーチが問題にされたことである（安田②一〇）。

ふたたび安倍晋三の「一身独立して……」と自民党改憲案

さて、日本会議や嫌韓・反中派がめざす方向は、安倍晋三の主張や自民党改憲案（二〇一二年）に具体化されている。

安倍が、第二次内閣の施政方針演説で「一身独立して一国独立する」を引用したことは、「まえがき」でふれた。問題は「一国独立する」である。ここでも福沢と同様に、国の「独立」は主権国家であることにとどまらない。福沢は、『文明論之概略』で論じた「国の独立」をその後「国権拡張」と規定しなおし、それは一般的な意味での独立を維持するのみならず、朝鮮・中国に対する先導者となりさらに「東洋の盟主」となって、その「文明化」を推進すること（内政干渉、保護国化へ向けた策動）をも意味していた（第二章二）。安倍の場合も同様である。安倍がめざすのは、古賀茂明が言う「世界をリードする列強国（となる）」ことであり、「世界の仕切り役にな（る）」ことである（古賀六二〜三）。本書の観点から言えば、前記のようにそれは日本を（ふたたび）帝国にすることである。

そのかぎり「一身独立（する）」に意味があるとすれば、それは、帝国のために身を奉ずること、つまり報国あるいは奉公へと自己を方向づける一個人（帝国国民）となることであろう。そもそも「修身要領」にもられた「独立自尊」が、他にしいられることなく自動的に天皇に対する忠義にまい進することであったように（杉田⑧六四）、安倍にとってもけっきょく「一身独立」は命をとして（尽忠）、帝国（帝《みかど》＝国）に奉ずる（報国）ことを意味する。

それは、自民党改憲案*からも明らかである。同案は、二百年におよぶ国際的な民主主義運動を背景になりたった日本国憲法の歴史的な前文をまるごとすてさって、きわめて貧相な（はっきり言って恥ずかしい）前文をおいているが、そこでは「日本国民は、国……を誇りと気概を持って自ら守り……」などと、しかも人権原則の宣言にさきだって、記されている。なるほど現在のところ、自民党改憲案にはこの前文を具体化する条文はない。だが自民党は、最初の改憲をなしとげたあかつきには、この前文をさらなる改憲に向けて条文化するであろう。

＊自民党改憲案については、逐条的に問題点をとりあげた岩上安身他『前夜』が参考になる（岩上他）。

右派が福沢を養分にしているさまが理解されよう。

日本会議・自民党の方向と福沢の思想

現在、日本会議およびその関連団体が、自民党とともにおし進めようとする先の八つの政策について、福沢との関連を意識しつつ以下で詳論する。これによって、現在の危険な策動が福沢と親和的であるのみか、右派が福沢を養分にしているさまが理解されよう。

（1）「帝室」の重視＝絶対主義的天皇制の擁護

日本会議は、天皇を元首と位置づけて象徴天皇制の変質をねらう。モデルは、明治憲法の天皇制である。世界史的な歴史の流れを考えれば、さすがに絶対主義的な天皇制そのものにいきつく政治的条件は見いだしにくい。だが、どのようなものであれ、そもそも民主政治への対抗原理たる王制（天皇制）が退行的に変質させられるという事態は、民主政治にとっての脅威である。

天皇の元首化——自民党改憲案

本来、象徴天皇制の下では、天皇（および皇族）がなしうるのは、日本国憲法第七条が規定する十の「国事行為」だけである。だが自民党は、天皇をこの規定から逸脱する「公的行為」へかり立ててきた。国事行為の解釈をも政治的におこなってきた。最近の例で言えば、一三年末、ネルソン・マンデラの告別式に、皇太子を（天皇の代理として）出席させたのがそれである。また一六年四月、神武天皇陵でひらかれた「二千六百年式年祭の山陵の儀」に天皇・皇族が出席したが、それがいかに天皇家の祭祀の一環と位置づけられようと、記紀神話を増幅させるという大きな問題をはらんでいる。そして東北・熊本等の被災地への「お見舞い」さえ、自己を特権的に露出し、天皇制そのものへと世論を誘導する力となるかぎり、政治的な意味をおびうる。

自民党改憲案では、天皇は「元首」と規定されるのみか（第一条）、それと対をなすような改変がくわえられている。前文は、人類の普遍的原理たる人権保障*をかかげつつも（ただし「人類の普遍的原理」という重要な文言はない）、それを制度化するシステムたる民主制の根本原理の記述は削除され（あるのはただ三権分立の文言のみ）、日本国憲法独自の平和主義原則もすてられている。「平和主義」という言葉はあっても、これだけでは安倍晋三が言う「積極的平和主義」に転化しうる。いずれも、二度にわたる世界大戦をへて、おびただしい人命の犠牲によってはじめて獲得された原理だったにもかかわらず、改憲案はこれをまったく無視している。なるほど「国民主権」は言葉としては見える。だが、それは「天皇を戴く国家」という規定（「戴く」とは何のことか！）の後に出るにすぎない。

前文にすでに「国民統合の象徴である天皇」という言葉が登場する。そして象徴規定は第一条にのこされている（もっとも明治憲法でも、天皇は絶対主義的な権限を持ちながらも一面では象徴的な機能を有していたのである。「象徴」規定がのこされたからといって何ら逸脱がないと思うのは早計である）。だが同条の元首規定がこれに加われば、天皇の政治的権能はかなり強化される。それは、ひいては国民主権の形骸化に通ずる。自民党改憲案でも、日本国憲法と同様に、天皇は条文で規定された「国事行為」以外の政治的権能を有しないとされる。だが一方で天皇が「元首」と規定されれば、それからの逸脱は必然である。おまけに政治性をもちうる「公的行為」も条文化されている。そしてそもそもおそれるべきは、内閣の恣意的な意図によって、天皇はいくらでも政治的に利用されうるということである。第九九条で、公務員の憲法尊重義務から天皇（および摂政）がのぞかれている事実と考えあわせると、内閣によって超法規的な利用さえなされる懸念がある。

もちろんこの種の規定は自民党にとっても両刃の剣である。一六年の「全国戦没者追悼式」で、安倍晋三は三度《みたび》アジア侵略の事実にふれなかったが、一方天皇は「お言葉」で事実上それにふれた。だが、こうした若干の例外（もっとも効果においても大きな意味を認めえない）がありうるとしても、やはりおそれるべきは、明治憲法による絶対主義天皇制下の天皇さえ、結局は内閣の（時に軍部の）方針に基本的な点ではさからえなかった、という事実である。いや仮に「お言葉」に政治的な効果があったとしても、それに期待するなら、それは天皇の権威を、ひいては民主制に対する危険をますことにほかならない。

*自民党は改憲案を説明して、日本国憲法前文には「基本的人権の尊重」が書かれていないと記す（Q&A五）。だが、それは不当な言いがかりである（これを理由に前文を書きかえるという取ってつけたような言い分は滑稽である）。同前文には、国民が享受する「福利」について記されるが、それは、ホッブズやロックの思想、ひいてはアメリカ合州国独立宣言等との対応関係を考えれば、人権保障をさすことは明瞭である。

福沢の帝室論

さて、天皇に象徴的機能と同時に元首の役割を課すのは、福沢天皇制論の発想とおなじである。一八八四年、朝鮮政府の転覆をはかって起こした甲申政変《カプシンチョンビョン》の時点で、福沢が絶対主義的な天皇制の立場に立っていたのは明白である（⑩一八五、杉田⑤三〇）。それに先立つ『帝室論』（八一年）では、帝室の精神的な機能が重視されているため誤解の余地がないとは言えない（⑤二六八）。丸山真男、宮地正人などが、『帝室論』の天皇制は象徴天皇制だと見あやまったように（丸山②二二〇～一、宮地二二）。だが、天皇の宣戦布告権・講和権に事実上論及し、さらに天皇の「御親裁」まで論じた以上、そこでも福沢が絶対主義的天皇制の立場に立っていたことは、明らかである。*精神的な権威と統帥権者としての権能とがあいまってはじめて、軍人の心の収攬とその運動の統制（同前）は可能となる。

そもそも、精神的な権威をもつにすぎない者に軍人が心酔するかと言えば、それは疑問である。福沢は、西南戦争終了時（七七年）、すなわちまだ満足な軍政がしかれていなかった時期に、徴募兵に対して天皇がもたらした精神的効果について感動をもって記したが（⑤二六五）、当時はまだ天皇の精神的権威は十分に確立されていなかった。にもかかわらず天皇がこうしてもった影響力は、精神的な権威に由来するのではなく[**]、まだ明確な立憲的な権能ではなかったとしても、あくまで統帥権者の立場[***]がこの権威にむすびつくことでえられた効果なのである。

当時、そうした天皇制の機能を論じた論者は少なくなかったと想像するが、福沢がそれを『帝室論』で主題的に論じただけに、そして日本会議国会議員懇談会・会長たる平沼赳夫が『帝室論』を『尊王論』とともに現代語訳で刊行しているだけに（まえがき）、福沢天皇制論は、他の各種主張とあいまって、「戦前レジーム」復帰へのイデオロギーを提供する可能性がたかい。だがそれがどのような反時代的な帰結をまねきうるのかを、私たちは心して知らなければならない（後述）。

なるほど、現在の自民党改憲案は天皇を統帥権者にしようとしているわけではない。だが、ひとたびこの改憲案がとおれば、その後の改定はなしくずしになされるであろう。天皇を元首化できれば、そしてそのレベルをじょじょにひき上げることができれば、天皇の権威・権力は現在よりはるかに、かつ多方面においてますことになる。

とはいえ、今回のような「元首」化の企てでさえ、いっていの効力をもつと考えられる。現時点では、自衛隊員あるいは「国防軍」兵士が、集団的自衛権の行使を名目に軍事行動をとるよう求められたとしても、彼らが守るべきと観念される日本国は抽象的なものにすぎない。だからそれを具体的にすべく、自民党は教育基本法の改定以来、「愛国心」教育を実のあるものにしようとしてきたが、天皇を利用すればさらにその具体化が可能になる。そればかりか天皇を国家「元首」とし、天皇が軍の指揮権を、象徴的・形式的にであれ（ちょうど明治期において華族が象徴的・形式的に参謀長・近衛師団長などの要職についたように）もつにいたれば、その権威・権力ははるかに高まるだろう。

自民党にとっては、天皇がそうした権威・権力をもてばそれだけで十分な意義がある。だから自民党改憲案において天皇が「国政に関する権能を有しない」（第五条）とされても、また国事行為が日本国憲法のままうけつがれたとしても、それは劇的な改憲の衝撃に対する緩衝剤にすぎまい。つぎの改憲案では、これらは一蹴される可能性が高い。

＊福沢においてその絶対性の度合いは、明治憲法が想定したそれよりも高い（杉田⑤二七〜三九、杉田⑦一一八〜九）。

＊＊だから福沢は、この数年後になっても、軍人の精神を制するために天皇よりは華族（特にかつての藩主）を、考えに入れざるをえなかったのである（⑳一九七）。

＊＊＊「統帥権者の立場」といってもそれは、西南戦争期には正規の軍政・軍機構上のことではない。だが当時においてさえ、「詔《みことのり》」によって軍全体に確たる命令を出しえた点において、天皇が統帥権者的な立場にいたのはたしかである。

男系の皇統維持――日本会議と福沢

ところで、日本会議は男系の皇統維持をつよく主張する。この問題を福沢がどのように解するかは不明である。だが、男系が伝統であるという日本会議系の主張とはことなる論点においてであるとはいえ、福沢が男系の皇統を支持するのはたしかと思われる。少なくとも明治憲法下にあって、天皇は単なる精神的権威ではなく、統帥権という絶大な権力を有する「大元帥」である。軍人の頂上に立つ人物として女性を立てることを、福沢が是とするとは思われない。

そもそも福沢には、女性に対する根づよい偏見がある。福沢は、「婦女子の姑息」（⑤九三）、「婦女子の痴愚・窮屈」（⑩一〇〇）、「婦女子的嫉妬」（⑭二五四）、「婦人の根性をもって他を猜疑する……」（⑮一三五）といった言葉を、前後の脈絡とたいした関連なしにもちいる。日本公使・壮士に暗殺された朝鮮王后（この事件については第三章三で論じた）に言及する際も、「婦人相応の小策……牝鶏……」（⑮九）などと記す。

それに福沢は、女性は家を固有の場とすべきだという固定的な役割観をもっている。夫は「主人」であり（⑥四八〇、四八七）、福沢によって労働権を否定された妻（⑤四六八）は夫につくす存在にすぎない（⑯四二九、S.⑧三五七～八）。また「人の意に逆らうことなきに勉むる」を、女性の本領と見なす（⑥二八二）。そうした福沢が、男女の地位を転倒させた女系天皇をみとめるとは思われない。

（2）明治憲法の絶賛――人権の制限・反立憲主義

絶対主義的天皇制の擁護は、福沢による明治憲法の絶賛（第三章一（4））におのずからともなう。また後者からは、官民調和ひいては国権拡張のために人権の制限が必要がある、とする立場が結果する。

そして安倍晋三も自民党改憲案もそれを当然視する。福沢は国権拡張が「大本願」だと述べたが、安倍の大本願は日本の帝国化である。そしてそのために不可欠なのが改憲であり、その柱として天皇制とともに重要視されるのが、「公」を理由とした人権の制限である。*

＊（2）では自民党改憲案における人権行使の制約について論ずる。改憲案での各種人権の制限については（5）で

論ずる。

「伝統」は明治期の作為である――「公益及び公の秩序」による人権の制限

日本国憲法にも、人権行使の制約に関する規定がある。「国民は、常に公共の福祉のためにこれ（＝自由及び権利）を利用する責任を負う」、と（第一二条）。自民党改憲案はこれを、「国民は……自由及び権利には責任及び義務が伴うことを自覚し、常に公益及び公の秩序に反してはならない」、と書きかえている（第一二条）。

驚くべきは、自民党はその背景を語って、日本国憲法が保障した人権は日本の「歴史、文化、伝統」をふまえたものではないとして、西欧の「天賦人権説」をあらためる必要がある（！）と主張している事実である（Q&A一三）。だがここで言う歴史、文化、伝統とは何なのか。なるほど日本の文化・伝統にはすばらしいものがある。絵画・彫刻にせよ詩（歌）・演劇にせよ、世界にほこることができる。だが、ここで自民党が念頭においているのは、結局天皇制および国民の天皇に対する崇敬であろう。

天皇に対する崇敬は伝統なのか。歴史的に見れば、いずれも明治期以降につくられた制度にすぎない。天皇家が古代から連綿とつづいていたとしても、少なくとも武家政権成立以来、なかでも江戸期には、天皇は政治的権力はおろか精神的権威さえもたなかったのである。伊勢まいりは江戸期に空前の規模に達したが、江戸の庶民が求めたものは、伊勢神宮にまつられる天皇家の祭神とは関係がない（西垣五以下）。天皇祭祀は連綿と行われていたかのように言われることがあるが、それさえほとんどが明治期につくられたのである（島薗二五）。

だが福沢は、帝室に忠を尽くすのは「万民熱中の至情」（⑧七二）と主張する。あるいは、帝室をとうとぶのはほとんど「日本国人固有の性」に出たかのようであり、古来からこれをうたがう者はない（⑥五）、と。

福沢は「啓蒙期」に事態を冷静に見すえ、王室をしたう至情をあらたにつくるのは困難であると記していた（④一八七）。にもかかわらず、中期以降の福沢は、国権拡張のためにこうした主張をおこなうまでに変貌した。

ところで、日本国憲法に記された人権行使の制約「公共の福祉のためにこれを利用する」とは、歴史的に言えば、フランス人権宣言に言う、権利行使が他者の人権を侵す結果をみちびいてはならないという「唯一の限界」（同宣言第四条）の現代的な表現である。だが改憲案は、「公益及び公の秩序」というあらたな概念をもちだした上に、*その内実をあきらかにしないまま、基本的人権の制約は「人権相互の衝突の場合に限られるものではない」と宣言する（Q&A一三）。とすれば、改憲案において基本的人権はもはや「基本的」（根源的）なものではなく、時々の権力によって恣意的に制限可能なものとなってしまうであろう。

自民党には、このあらたな「公益及び公の秩序」基準によって、「街の美観（の保持）」や「性道徳の維持」をはかろうとする意図がある（同前）。ここで前者はつけたしであって、本当の目標は後者であるはずだ。だがそれは、改憲案は国民の内面にまでふみこもうとしていることを意味する。しかも「性道徳」で念頭におかれているのは、選択的夫婦別姓にちがいない。いかに人が幸福追求権を行使して同制度をもとめても、自民党はそれを拒絶する気である。

別姓問題との関連で言えば、福沢は男女双方の苗字から文字をとってあたらしい苗字をつくるという、一見先進的な提案をした（⑤四六七）。だがけっきょくこれは、偕老《かいろう》同穴論にもとづいて「フリーラヴ」を否定したのと同様に（⑥二三九）、夫婦はつねに同姓であるべきだとする主張である。福沢の提案は、姓の変更をのぞまない人には意味はない。

ちなみに、自民党や日本会議は家制度を日本の「伝統」と見なしているが、明治初期の旧民法は、当時の習俗にしたがって夫婦別姓を当然視していたのである。この点でも、自民党・日本会議が言う「伝統」とは、明治民法以降たかだか百年強のそれにすぎない。だいいち、伝統だからそれを維持する必要があるというのは、奇妙な論理だ。伝統はつねに新しい世代が継承するかしないかを判断し、それを通じて伝統としてのこる（時に消えさる）ものである。「伝統」自体を継承の根拠とすることはできない。なお、男系でなければ神武天皇のY遺伝子が伝わらないという理屈は、日本会議派が最近発見した新種の理由づけにすぎない。

＊自民党は「公共の福祉」は分かりにくいと記すが（Q＆A一三）、分かりやすくする努力せずに、これを隠れみのにしてその意味内容の転換をはかったのである。

反立憲主義――国民に対する義務規定の乱立

自民党改憲案は、人権保障の根源性とそのための多年にわたる人類の努力を示した第九七条をまるごと削除する。改憲案がめざすのは、立憲主義をなしくずし的にこわすことである。

この点で自民党改憲案は、福沢と発想を共有する。福沢は天賦人権論に不可欠の「社会契約説」ではなく、むしろ「支配（統治）契約説」に立つ。社会契約説的な文言を書き記すこともあるが、全体としては支配契約説が主たる枠組みとなっている。そうした立場に立てば、憲法はおのずと国家権力が国民に対して権利・義務等を指定する（したがって国民の権利をいくらでも制限できる）反立憲主義となる。福沢が欽定憲法を当然視し（⑨四六一、S.⑨四六三）、一方、権利を恩賜のものとしていくらでも制限できる明治憲法を絶賛したのは、当然である。

たしかに日本国憲法にも義務規定はある。納税、労働および教育（子どもに教育をうけさせる義務）がそれである。けれども自民党改憲案は、さらに日の丸・君が代尊重義務（第三条2）、公益および公の秩序への服従義務（第一二条）、緊急事態発生時の指示服従義務（第九九条3）から、憲法尊重擁護義務（第一〇二条1）

までふくんでいる。本来は、日本国憲法の義務規定さえ不要と言うべきだが、これら一連の義務規定がさらに改憲案にもりこまれた事実は異常である。

このうち最後の「憲法尊重擁護義務」の提示は、「教育勅語」の思想である。教育勅語では、天皇が臣民に向かって「国権を重んじ国法に遵（う）」よう命ずる。つまり権力者が、憲法重視（要するに義務の遵守）と国法遵守を臣民に命じたのである。福沢は、その教育勅語を礼賛し、子どもが勅語の精神を血肉化させる方法について提案した論説を『時事新報』にのせることで、権利規定にさきだって兵役・納税の二大義務を規定した明治憲法（第二〇、二一条）の反立権主義を、事実上あらためて支持した。

「憲法順守擁護義務」はおそるべき結果を引きおこすであろう。思いおこすのは、内村鑑三の「不敬事件」である。福沢は、明治期の信教の自由に関わる一大事件たる同事件について論じなかった。私が調べたかぎり、『時事新報』はその事実さえつたえなかった。この事件で内村は「御真影」に頭を下げなかったのだが、下げる義務など法律上規定されていなかったにもかかわらず、これが刑法の「不敬罪」にあたるとして大事件になったのである。

一方、近年の「日の丸」「君が代」に関わる政府（文科省・教育委員会、地方政府その他）の過剰反応も、「不敬事件」の場合と同じである。いや、それは明治期以上に根拠のない処置であった。関連法などいっさいないのに、たかだか「日の丸」掲揚時に起立しない「君が代」を歌わないといったていどのことで、教員が免職にまでされたのであるから。なるほどその後こうした「抵抗」をさか手にとって、自民党は「国旗・国歌法」を制定した。だが、そこにも起立・斉唱義務などは記されていない（それどころか同法の採決にあたって、起立・斉唱が強制されてはならないという付帯決議までなされた）。

だが自民党改憲案は、天皇条項のうちに、国旗・国歌の規定とそれへの尊重義務まで条文化した（第三条

1、2)。これにくわえて国民の「憲法尊重擁護義務」が明文化されれば、それは国民を統制するおそるべき凶器となるだろう。

(3)「軍国」化＝軍備拡張とそのための徴税・増税

日本国憲法下の現在と明治憲法下の明治期とでは、おのずから議論にちがいが出る。だが国防・軍事力問題でも、福沢の議論は自民党改憲案や自民党・日本会議がめざす方向と合致する。

酒税増税による「強兵富国」

福沢は軍国化のためにくり返し徴税・増税を論じた(第三章一の(1))。その方向は、今日の日本政府のそれと通底する。現在は法人税を極限にまで下げつつ、消費税増税がはかられている。一方、金融政策によって「ゼロ金利」どころか「マイナス金利」と言われるまで金利を下げたために、庶民にとっても預金金利は実質ゼロになりつつある。こうして庶民から銀行・大資本へと顕著な所得移転がおきている。

福沢の時代、金融政策はまだ今日ほど顕著ではなかったし、ましてや消費税(一般消費税)などはなかったが、今日の徴税構造に通ずる制度を福沢が提案したのは事実である。福沢は、なにより酒税増税を軍備増強のために主張し、一方、中産階級・富豪に課せられた所得税の増税には反対した(⑭五二五)。それどころか所得税は廃止せよと(⑯三四七)、あるいは名目だけにとどめよ(⑯四〇七)と主張し、また会社税増税についての議論は一蹴した(⑯二三九)。

ところで、明治期のいわゆる「富国強兵」に対して、福沢の主張は「強兵富国」だったと安川寿之輔が主張してきた（安川②九九、S.⑤一六九）。この言葉自体はほとんど福沢に現れなかったとしても、福沢はたしかにその種の主張をおこなった。「強兵」を実現するために、「富国」以前に何より庶民に対する酒税増税を主張したからである。一方、強兵を通じて「富国」が実現したとしても、福沢にあってその「国」とは中産階級・富豪層のことにすぎず、ここからは庶民は排除されたのである。しかも「強兵」のために内債が募集され、富豪・中産階級はそれにこたえたが（⑭五三二）、彼らには後に利子が入った。なるほど日清戦争期に戦争特需で雇用がふえ、庶民にも一定の「恩恵」はあった。だが、特需がさった後はきびしい労働条件だけが残ったのである。だから、日清戦争は労働運動・同盟罷業の画期となった（横山三五七〜八）。

ところで二〇一六年現在、軍事費は五兆円をこえている。今後集団的自衛権行使というあらたな段階にいたれば、関連予算のさらなる増加はまぬかれないであろう。自衛隊は現在でもかなりの装備を有するが、海外への軍事出動のために、陸海空ともにより大きな予算要求をするだろうと予想できる。「アベノミクス」を通じて法人税が下げられ、大資本の内部留保はかつてない規模に達している。一方で消費税増税や非正規雇用拡大、社会保障水準のきり下げ、金利の低下等を通じた全般的な貧困化の進行を通じて、国民にしわ寄せがきている。これに軍事費の増加がくわわったとき、「強兵富国」にならないと誰が主張しえるだろうか。

軍事力行使の三つの合理化論と「文明化の使命」論

さて、自民党改憲案の顕著な特質は、第九条を改定して自衛権の保持を明確化し、自衛隊を「国防軍」とすることである。福沢の場合には、はじめから国防軍たる当時の陸海軍を前提にしていたために、今日の状況とつながる点はないように見える。

だが当時でさえ、一九世紀末の国際法的制約から、特別な事情がないかぎり自衛を名目にしなければ軍事力を行使しにくい環境がつくられていたのである。他国に対して軍事力を行使する場合、第一に自衛のためか、そうでなくても第二に相手国政府による要請、あるいは第三に居留民保護という大義名分が、必要であった。

一八七五年の江華島《カンファド》事件の場合は自衛のためという第一の論理がつかわれた（実際は日本側から朝鮮軍を徴発した）。甲申政変時に使われたのは第二の論理である。つまり朝鮮国王から公使館に出兵要請があったという抗弁がなされた（もっともこの要請は、福沢の弟子を含む実行部隊が国王を軟禁状態において情報を遮断した結果なされたのだが）。日清戦争は少々特異である。日本側は壬午政変《イムオグルラン》（八二年）後に締結された「済物浦《チェムルポ》条約」の規定を強引な解釈をほどこしてもちい、公使館の護衛ひいては第三の「居留民保護」を名目とした。

そして日本軍は参戦への大義をえるために王宮を占領したが、その際、江華島事件と同様に先方の発砲に対して自衛上応戦したという理屈が用意された（実際は日本軍が王宮警備隊を挑発して発砲させ、あるいは自ら発砲し、その後に王宮を占領した）。

そうした当時の国際情勢下にあって福沢は、いわば当時の「自衛軍」をいかに「国防軍」（侵略軍）として機能させるかに意をはらったと言える。そのために福沢があみだしたのが、「文明化の使命」論である。「藩屏《ぺい》」（守り）であり「防御線」である朝鮮⑪一七七を日本なみに文明化することは、日本の独立（自衛）のために不可欠であり、したがって朝鮮の文明化は日本の義務であり権利である、という理屈である。そして明治政府もおなじ理屈で行動した。だがこれはしょせん過剰防衛、ひいては膨張主義（侵略主義）の論理に他ならない。実際その「自衛戦争」（日清戦争）は日本国内ではなく朝鮮で戦われたのである。そしてその多大な被害は朝鮮人民がおった。

なお本章二で論ずるが、集団的自衛権の行使は、それ自体の論理にもとづくと同時に「文明化の使命」論がむすびつくことが多いように思われる。

(4)「報国心」の形成、「報国の大義」の普及をめざす教育の実現

自民党が、改憲以前に焦点をさだめたのは教育基本法の改悪であった。そこに明示されていた、教育行政は「不当な支配に服することなく」(第一〇条)という最も重要な文言は、二〇〇七年の改悪(これを推進したのは第一次安倍政権である)を通じてひとまずのこされた(新第一六条)。だが、かつて右文言の直後にあった規定「〔教育行政は〕国民全体に対し直接に責任を負って行われるべきものである」という、党派性を禁じた規定が廃止されて、そのかわりに、「この法律及び他の法律の定めるところにより行われるべきものであり……」という新たな規定がおかれた。教育基本法が基本法であるかぎり「この法律」にしたがうというのは当然であるが、その法律中には「伝統と文化を尊重し……我が国と郷土を愛する」という規定がもりこまれたのである(第二条五)。

また前記第一〇条には、第二項として「教育行政」に対する歯止め条項がおかれていた。教育行政は「この〔国民全体に対して責任を負うという〕自覚のもとに……行われなければならない」という規定がそれである。だがこれは、改悪を通じて削除された。こうして教育にくわえられる「不当な支配」に対する歯どめはなくなった。

以上を通じて、日本国憲法ときょうだいのように制定された教育基本法の基本理念は、骨ぬきにされた。そして自民党改憲案は、愛国心教育をさらに強化しようとしている。

愛国心教育の時代錯誤

ところで福沢は、帝国国民形成のためには「報国心」（愛国心）の醸成が決定的に重要であると論じた（第二章二）。それから一〇〇年以上がたった今日、状況は劇的にかわったにもかかわらず、福沢と基本的におなじ考えに立つのが自民党や日本会議等である。そのかぎり、報国心涵養を重視する福沢の姿勢は、改憲派に重要なイデオロギーを提供する可能性がある。福沢は報国心を「日本魂」（⑩一八四）とむすびつけ、最終的に国民を福沢が言う「報国の大義」へと向かわせようとする。そして自民党・日本会議もそのように解するであろう。

だが、「報国の大義」を福沢が、「国のためには財を失うのみならず、一命をも投げ打ちて惜しむに足らず」（③四四）と、それればかりか「こと切迫にいたれば財産を……投げ打つはもちろん、老少の別なく切り死にして人の種《たね》の尽きるまでも戦うの覚悟をもって……」（⑭五四五）などと記した事実からもあきらかなように、愛国心（報国心）教育のさきにおかれる国民の責務は「滅私奉公」であり、「報国尽忠」（⑨二八一）であり、「報国致死」（⑧六四）である。特に愛国心教育が天皇の元首化、自衛隊の国防軍化、集団的自衛権の行使、各種人権の制限などと対になった場合には、その危険性は大きい。

福沢が生きたのは、帝国主義列強の世界分割が着々とすすんだ一九世紀末である。その後人類は、列強の世界分割の野望は、けっきょく、たがいのあらゆる富と文明を破壊しつくす世界大戦をまねくというたましい事実を、二度も経験してきた。その痛恨の経験をふまえた時、めざすべきは「愛国心」教育などではなく、他国民と対等な関係をきずいた上での国際協調と平和の希求であるはずだ。にもかかわらずいま執拗に追求されている愛国心教育は、これまでの自民党の教育行政に端的に現れているように、特に天皇制とのむすびつきを通じて、子どもたちや教員の自由の制限へとつながり、教育の国家的な統制を強めざるをえない。

だがそもそも教育の基本的な目標は、自国民中心主義に立った愛国心教育などではなく、子どもたち一人一人の個性をのばし、その人間としての発展の可能性と国民としての人権・福祉の享受に配慮するものでなければならない。だからこそ世界諸国民との協調をむねとし、自国ないし自民族に固執しない教育目標がかかげられるべきだと信ずる。「愛国心」はただの自国愛ですめばよいが、そうでなければ（自民党・日本会議等の策動の下ではそれですまない）悪しきナショナリズムを、ひいてはショーヴィニズム、ジンゴイズムを結果せざるをえないだろう。

愛国心教育と天皇の文化的利用

前記のように、自民党改憲案がめざす天皇元首化のさきには、かつて華族がもたされた形式的・象徴的役割を通じた国民（軍人）統制が考えられるが、同時に天皇は、より広い国民統制（大人までをふくむ広義の愛国心教育）のための支柱と、つまり軍事に関わるハードな支柱ではなく文化に関わるソフトな支柱とされるであろう。福沢も「学術・技芸」の奨励を、帝室の固有の役割であると記していた（⑤二八一以下）。

もちろん福沢の主張とことなり、現在は政府が多くの文化的事業に公的立場から関わっているが（ただし近年の大学政策は政治的になりすぎている）、たしかに天皇と伝統的技芸とのむすびつきは今でもつよい。例えば歌会始・園遊会の主催から各種大会への出席、さらには「天覧試合」「天覧相撲」など「天覧」あつかいされることで実質的になされる伝統芸能等の保護・育成まで、天皇（家）を前面に立てた、天皇制の文化的利用が定着している。

だがそれは、一歩まちがえば政治的利用にもなりうる。典型的なのは、一九五九年に天皇が国際見本市（東京）に展示された原子炉を視察した例である（佐野一六五以下）。この「天覧原子炉」は、唯一の被爆国日本で原発アレルギーをとりのぞき、その後の原子力政策を軌道にのせるのに非常に大きな力となった。私に言わせれば、「三・一一」の淵源はここにある。

また天皇の文化的な利用は、自国（民）第一主義をこえて他国民をさげすむ視線を人にあたえかねない。とくに天皇家は世界に比類がないという意識がともなえば、その危険性はたかまる。それは文化の諸側面についてもあてはまる。伝統芸能や一部のスポーツにそうした傾向が現れるであろう。例えば書道・茶道・剣道などは、「道」の一種と見なされる。言いかえれば、それらはある種の「日本精神」とのつながりを有すると解される。その分野において日本は、世界に冠たる伝統を有する、と。

現在の日本の状況下では、愛国心教育は悪しきナショナリズムに通じたとしても、ショーヴィニズム、ジンゴイズムとは直接にはむすびつかないかもしれない。だがナショナリズムは、それが他国（民）に対する人権・尊重意識とかけはなれ、劣等視・蔑視・憎悪にまでむすびついた時は、容易にそれに転化しうる。それは近年めだつ「嫌韓流」流の各種言説からすれば、決して杞憂とは言えない。同種のヘイトスピーチは、今後もくり返される可能性がある。その影響の浸透は何としても防がなければならない。そしてヘイトスピーチを誘発しかねない政治家・政府関係者の妄言には、批判が必要である。それらを影響力の少ない一過性のものとして放置すれば、その影響は広がらざるをえない。

（5）官民調和のための各種人権の制限

前述のように、明治憲法がみとめたのは天皇によって恩賜的にあたえられた制限つきの権利にすぎなかった。そしてそれを福沢も当然視した。福沢が制限を当然視したのは、報道・言論、集会・結社、そして学問の自由であった（第三章一（４））。

「公益」は報道の自由を制限する

自民党改憲案で人権の制限を可能にするのは、「自由及び権利〔の行使は〕……公益及び公の秩序に反してはならない」という条文であった（第一二条）。ここで「公益」という言葉がもちいられているが、それは一面では国益の言いかえである。だが国益とは、国家権力の行使者である政府が国益と考えるところのものである。すると改憲案は、福沢が主張したように（⑧二九六、⑭五四七、⑮二一五）、政府が不利益と判断する場合には自由権（ここでは報道・言論の自由）の行使をつつしめ、と主張していることになる。あるいは福沢は、そうした場合は傍観するか、さもなければ当局者を翼賛せよとも論じていた（⑮三一五）。そしてこれが「国民の分」だと言うのである（⑮二一五）。自民党案は第一二条を「国民の責務」と題しているが、両者の発想はあい通ずる。

特に報道の自由は、特定秘密保護法・安全保障関連法によって実際に制限される危険性がたかい。現行の自民党改憲案は、同法の存在を想定していない時期にまとめられたため、自民党は遅かれ早かれ関連する条文案を書きこむと予想される（さもなければ、それら法律の執行の際、常に憲法違反との批判がでる）。そして同法の内容からすれば、単に「公益及び公の秩序を害することを目的とした活動」（改憲案二一条２）のみか、公益および公の秩序を害する結果をもたらす活動までが、制限の対象とされる可能性がたかい。

改憲案がいかに人権の制限をめざしているかは、数百年の歴史をふり返りつつ格調たかく人権の根源性をうたった日本国憲法第九七条をまるごと削除している点からも、あきらかである。

ところで、上例以外にも、人権の制限をもとめる主張は福沢論説にたくさん見いだしうる。そもそも福沢にあって民権（人権）はあくまで国権拡張の下におかれる。しばしば「先覚者」と見なされ、最高額紙幣をつうじて「国民の顔」にさえなった思想家（経世家）が人権制限にかた入れする論陣をはったのであれば、それへの追随は容易になされうるであろう。だが、福沢のごとき論理で人権制限を可能にしようとする立場は、自民党筋をのぞけば基本的にないこと（とくに憲法学者の圧倒的多数はそうである）を、知っておくのも意味があろう。先覚者福沢の「権威」にあざむかれて、人権の制限は当然だと思いこまされれば、それは将来に大きな禍根をのこす。

福沢と信教の自由の制限

自民党は、信教の自由・思想信条の自由に大きな攻撃をしかける。

日本国憲法で信教の自由は、終戦までの苛酷な経験をふまえ二つの条文で保障されている。だがその一たる第二〇条3（改憲案でも同じ）に、大きな改定がほどこされている。同条は、公共団体は特定の宗教のための宗教活動をしてはならないと規定しているが、改憲案はその後に「ただし、社会的儀礼又は習俗的行為の範囲を超えないものについては、この限りではない」という文言をつけくわえたのである。

信教の自由を保障したもう一つの条文である日本国憲法第八九条では、公の財産を宗教的組織・団体に支出してはならないむねを記しているが、改憲案はそこに「第二十条第三項ただし書に規定する場合を除き」と書きくわえている。改憲案の意図は明瞭である。靖国神社への公人の公式参拝、玉ぐし料への公費支出、一方的な合祀等の問題と、また全国各地の神社への地方政府による公金の支出（靖国神社・護国神社へのあるいは地鎮祭等の玉ぐし料等）の問題を、違憲訴訟からまぬかれさせようとしている。

福沢は信教の自由の制限をも当然視する。宗教を貧民教化のための経世の用具と考える福沢には、そもそも信教の自由を人権とみなす発想はない。「元来宗教の信心は人々の勝手次第」、と記したことはある。だがけっきょくは、政治的に必要と判断されれば「宗旨に立ち入り遠慮なく命令して可なり」と主張するばかりか、「洋学者の空論」にまどわされて信教の自由を過度に重視し、政府が達成すべきことを困難にするのは卑怯《ひきょう》だとさえ主張していた（⑤二一九、二二一）。

ここで念頭におかれているのは主にキリスト教である。福沢は、国権主義が「自他の別を作為」するのに対し（ここでも明らかなように福沢は「天は人の上に……」などと主張していない）、キリスト教は「真に公平にして世界を一家と見な（す）」（⑤二一四）という理由で、それに警戒の念をおこたらない（もちろんこのキリスト教理解はまちがっている）。信教の自由の制限を当然視する福沢の姿勢は、こうした事情に由来する。

国家神道への依拠

では福沢は、国権拡張との関係でどの宗教を重視するのか。それは仏教であり神道である。仏教を重視するのは、古来から信仰されたという理由からである（⑤二一七、⑮四三一～三）。福沢にとってはるかに重要なのは神道である。しかもそれは自然神道ではなく（同前）、国家神道である。

明治憲法を絶賛した点からも、福沢の国家神道への期待はあきらかである。明治憲法自体にある関連条文は、「万世一系の天皇」を明示した第一条だけだが、そもそも明治憲法発布時におこなわれた皇祖・皇宗をまつる儀式や、またその「神霊」に向けられた憲法発布時の「告文」が示すように、明治憲法と国家神道とのつながりは明瞭であった（島薗三四～五）。明治憲法を絶賛する以上、福沢は同時に国家神道の主要契機たる天皇の崇敬システムをも絶賛する。また「教育勅語」が、「一旦緩急（＝有事）あれば義勇公に奉じ……」という、国家神道の中枢にある観念を提示したが、福沢は、明治憲法および教育勅語を礼賛することで、国家神道を国権拡張のために利用しようとしたのである。

国家神道の末端にくみ入れられていた一般の神社をも、同様に利用しうると考える。福沢はそれらの神官に、歴史の語り部となれと提言した（⑧八〇以下、⑮四三三～四）。その際念頭におかれた歴史は、神武天皇（皇祖）の建国、応神・仁徳天皇等（皇宗）の事跡に関わる神話を含んでいる。いや福沢は日本の歴史は神武天皇以来はじまると語っており（⑮一七二、⑲二六六～七）、神功皇后《じんぐう》・竹内宿祢《すくね》の「三韓征伐」（秀吉の「征韓」もふくめて）は、「国中の士気」をふるわせるために（⑮四三四）、何にもまして語られるべき歴史である（⑧八二、⑩一八二～六）。「万世一系」の帝室を超政治的な装置として利用しうると考える福沢は、おのずから記紀神話を、ひいてはそれをくみこんだ国家神道を合理化せざるをえない。

こうして、本来地域社会と密接にむすびついてきた地域の神社を、福沢は国家神道の末端にくみ入れようとする。この発想は、今日神社本庁が自民党支配や改憲のために地域の神社への統制をつよめようとしている策動と、軌を一にする。*

福沢および自民党筋の背景にあるのが、かたや国権拡張－帝国形成の願望（福沢）であり、かたや「戦前レジーム」への復帰－現代の帝国形成の願望（安倍晋三）であるとすれば、両者が類似した発想にいたるのは当然であろう。日本には、帝国国民形成に向けて利用しうる、英仏米のような革命・独立戦争の理念は存在しない。もちろん民権（人権）を重視した政治体制を展望することも可能だったはずだが、そうした姿勢をもたなければおのずと、儒教的な「君臣の義」を内包する天皇制・国家神道に依拠せざるをえない。こうして福沢と自民党筋は同種の論理に立つことになる。

＊日本会議の中枢にあるのは巨大宗教団体だが、なかでも神社本庁が大きな影響力を有しているという（上杉一三、青

木二〇二二）。もともと各地の神社は地域のひとびとの生活に密接にむすびついていたし、今でもむすびついているのだが（島薗二〇二三以下）、神社本庁がそのような神社本来のあり方を重視せず、ひたすら国家神道化への道を歩もうとしている事実は、非難されるべきである。

（6）人種改良のための女性の役割・家庭に対する女性の責務

安倍晋三は首相となる以前から「性教育バッシング」の尖兵であった。〇三年、知的障がい者の教育施設「七生《ななお》養護学校」（日野市）に、石原都政で辣腕《らつわん》をふるった東京都教委の支援の下、自民党・民主党の都議会議員がのりこんで、常識では考えられない暴挙をはたらく事件がおきた（杉田②一四二～四）。知的障がい者の性に関する理解がいくらかでもすすむようにと、関係者の長年にわたる工夫の下に利用されてきた性教育用の人形を、強引にもちさったのである（最終的に養護学校側は勝訴したが、もちさられた人形はいまだに返されていない）。

だが、知的障がい者施設職員による涙ぐましい努力に水をさすばかりか、これら人形があたかも「大人のおもちゃ」であるかのように見なして糾弾したのが、安倍である。今は削除されたが、当時は安倍が両手を前に出してこれらの人形を示し、「大人のおもちゃ」をつかうこんな「過激な」性教育がおこなわれていると糾弾するウェブページが、自民党のサイトに掲載されていた。

自民党による「男女平等」の矮小化——福沢と男女の固定的役割観

一方で、自民党は男女平等に敵対的である。それは「ジェンダー」あるいは「ジェンダーフリー」といった言葉をいけにえにしてきた事実からもあきらかである。一九八五年の「北京女性会議」以来、世界的に男女平等を推進させるべく国連機関その他の努力がつづけられてきた。その流れには自民党も抵抗できずに、男女平等を「男女共同参画」と表現して（それでいてそれをGender Equalityと英訳して、外国にむけては男女平等を推進しているかのように見せかけている）、各種場面での男女の「共同参画」さえ推進すればよいと、問題の矮小化をはかったのである。

「共同参画」が表に出ることで、官公庁・企業等で女性の管理職への昇進が促進された等の事実は、おそらくある。だがそれで終わりである。他の多様な形の女性差別はいぜんとして放置されている。

この自民党の姿勢は福沢のそれと通ずる。福沢は一見男女平等を説くかのような飾りことばを文頭に配すため、男女平等論者であると思われてきたが（丸山①一一二）、それは第三章一（3）で論じたようにあやまりである（S．杉田⑦二一六以下）。福沢にとって女性は、国権拡張のための資源にすぎない。福沢の初の女性論たる『日本婦人論』の主題は「人種改良」であり、そこでは女性の身体をいかに強壮にするかが論じられている。それは、国権拡張のために優秀な「中等社会」（中産階級）を産み、かつその気力と血統を維持するためである。そして福沢は女性を家庭にかこいこみ（女性の労働権を福沢は実質的に否定した）、それを「天職」「天然」等の論理で合理化しつつ、女性に対する教育は家事・育児に関わる最低のもので十分と見なした。

ところで第二次安倍政権は、「総一億活躍社会」と銘うって男女共同参画の推進をうたっている。だがそれは結局、安倍が目標とする「強い日本」（帝国日本）実現のための手段でしかない（この点で福沢と安倍はなんと発想がにていることか）。あるいは、その目標をカムフラージュするための一方策でしかない。その証拠に、本質的な男女平等につながりうる広範な施策に、すなわちジェンダー（男女の固定的な役割）の問いなおし、男性の性情報源がかたよっている現状下（杉田③）でもとめられる男女平等原則につらぬかれた「性教育」の推進、婚外子にしたがって事実婚に対する差別の撤廃、そして選択的男女別姓の実現等に、安倍晋三はあいかわらず背を向けている。自民党改憲案では、男女平等をうたった条文はのこされた（改憲案第一四条）。しかし、だからといって男女平等が尊重されているのではない。

第二四条の家族観と家制度

自民党改憲案では、日本国憲法の「結婚は、両性の合意のみに基づいて成立し……」という第二四条の規定から「のみ」が削除されている。これは何を意味しているのか。

「のみ」が削除されれば、家族関係は、戸主のつよい権限によって特徴づけられるかつての「家制度」と類似したものになりかねない。明治民法下の家制度にあっては、成人の婚姻さえ親の承諾を要するとされていた。福沢は、「自由愛情《フリー・ラヴ》」（ルビは福沢）にもとづく「濫合・濫離」は人外の動物のすることであって、結婚相手は親がきめるものと主張したが（⑪六四、⑥二三九）、それとにた発想が改憲案の根底にあるようである。さきの「性道徳」に関する規定と考えあわせると、自民党は離婚に関する原則の転換をはかる可能性がある。つまり現在の破綻主義から、明治民法の有責主義（もしくはその方向）への転換をである。

問題をこう言いかえてもよい。「のみ」があって初めて女性の自由と主体性が維持されると。結婚が「両性の合意にのみ基づいて成立（する）」ということは、合意にのみ基づいて結婚は維持されることをも意味する。つまり結婚の成立と同時にその維持のためにも、両性の、なかでも女性の合意が不可欠である。今日、ＤＶは深刻な問題である。婚姻関係にある男女間の場合には、ＤＶがあっても、加害者の同意が不可欠のため婚姻の解消は容易ではない。「のみ」が削除されれば、ますますそれは困難になるおそれがある。

福沢は、明治民法が規定する、有責主義に基づく離婚事由を全面的に擁護した。明治民法の条文に見る夫婦関係規定は理路整然として「文明主義の法律」と見ることができる、離婚条件に関しては「規定はなはだ明確にして一点の疑いを容るるところな（し）」、と（⑯五〇九）。文明主義に名をかりて、破たんした夫婦の離婚までみとめまいとする態度は、人間社会の不幸を再生産してやまない。*

改憲案に関しておどろくべきは、右の条文にさきだつ第一項として「家族は、社会の自然かつ基礎的な単位として、尊重される。家族は、互いに助けあわなければならない」という規定がおかれていることである。これは、日本的「伝統」たる「家制度」を復活させようとする、日本会議筋の意向にそっている。人権保障に悪影響を与えかねないこうした規定が憲法に入ること自体異常であるが、それは憲法の基本性格を変質させようとする、自民党筋の根強い思惑のためであろう。

同時に第一項の規定は、社会保障を「自助」にかえようとする意思の現れであろう。国民の生存権を規定した日本国憲法第二五条1は、条文に変化はなくとも、以上を通じて根本的に変質する。「最低限度の生活」に対する保障が、今まで以上にえられなくなるのは必至であろう。

*自民党は、少子化は家族道徳が弱体化した結果だと考えているようだが、出生率を上げたいのなら選択的男女別姓をみとめた上で、「婚外子」「事実婚」差別をやめること（杉田②一〇三～四）を第一に考えるべきだろう。

（7）明治の歴史修正主義

「自虐史観」からの転換をもとめる歴史修正主義の立場に、安倍晋三は立つ。言いかえれば負の歴史の抹殺の立場にである。安倍は中国に対する侵略の事実を否定し、「従軍慰安婦」の存在を無化し、朝鮮に対する植民地化責任を否定してかかっている。

福沢と歴史修正主義

福沢もまた同様の発想に立っていた。当時の歴史は福沢にとっては同時代史であるが故に、問われるのは、事態を相対化できるまでにいたった時期に形成しうる歴史認識というより現実の国際認識の問題であるが、構造は同じである。福沢は、明治政府が採用したパワー・ポリティックスをそのまま無条件で是とするばかりか、それ以上に強硬な姿勢を維持し、またあくまで自国中心主義的な観点から国際関係を見る。

隣国朝鮮への介入は、「アジアの先導者」「アジアの盟主」としての日本が、当時の欧州列強の「東漸」から、日本をふくむ東アジアの独立を維持するために、やむなく行ったものである。日清戦争も、朝鮮支配をくわだてる中国からの挑発に対してやむなく応じたのであって、決して侵略ではない。それどころか日本は東アジアの解放者たることを歴史的な使命とし、中国の文明化をめざして日清戦争を戦ったのである。——こう認識する福沢は、いわばはじめから「歴史修正主義者」である。

福沢の歴史修正主義的な立場は、直近の虐殺事件をなかったかのように主張した事実にも、よくあらわれている。日本軍が無辜《むこ》の市民を無差別に殺害した「旅順虐殺事件」を、福沢は、前記の戦争観（文明化のための戦争）から、あるいは「日本＝文明国」「日本軍＝文明の軍隊」という自らのイデオロギーから、何の検証もないまま即座に否定した。その姿勢は明治政府よりも強硬であった（第三章三）。

また、日本公使が日本壮士とはかって朝鮮王后を暗殺した際は、事実はみとめたもののその意味を過小評価し、ひいては満足な根拠もないままそれを朝鮮国内の権力闘争の結果であると論じて、日本に向けられた批難の目を他に転嫁しようとした。ここにあるのは、「日本という国家と国民の生存と繁栄を最高の目的とする『〔国家〕戦略論』の見地」である（藤岡一六〇、S. 山田三二）。これは、歴史修正主義者・藤岡信勝が言う「自由主義史観」の立場を、藤岡当人が総括した特徴であり、それは福沢の姿勢とかさなる。*

その種の姿勢は、福沢の中世・古代の歴史認識にも見てとることができる。例えば秀吉による「朝鮮征伐」を、福沢は、朝鮮の国政を改革する（北島一〇）という秀吉の主観的意図から、あるいは総じて武力による他者支配を当然視するその時代の価値観から見（ちょうど福沢を美化する論者が福沢の主観的な意図と福沢が生きた時代の価値観にしか目を向けないのと同様に）、当時の明《みん》・朝鮮と日本との歴史的な関係、国際政治的な客観的情勢、「朝鮮征伐」がもたらした各種の影響等を何ら考慮することなく、そしてあくまで自国中心主義に立ってこれを見る。あるいは、権謀術数やパワー・ポリティックスは国交際（外交関係）の基本だという認識（⑩二三四以下）に立脚し、そこに不当な要求を見いだそうとしていない。それどころか、神話上の言いつたえにすぎない神功皇后による「三韓征伐」などを実際の歴史と見た上に、対抗言説がないのをよいことに、それをむしろほこるべき快挙とみなしている。**秀吉の朝鮮侵略によって朝鮮の国土と文化財は大規模に破壊され、多くの人命がうしなわれたというのに、それをさえ福沢は同様に見る。歴史を相対化する視線は福沢にはない。

＊藤岡信勝の「自由主義史観」は四〇年ごとに歴史的傾向がかわるという、ただの印象にもとづくしろうと然としたものであり（藤岡一五三以下）、「歴史観」などとよべる代物ではない。しかも自国の「戦略論」の見地から歴史を解釈するため、他民族への侵害行為も実質的にないものとされてしまう。それがはたすのは、明治政府が官学たる歴史学に要求した自国の正当化そのものである。それは本来の自由主義から最もとおくに位置する。

＊＊もっともこれは合理化論であって、秀吉は実際は臣下に知行地を与えるために明《みん》を、すくなくとも朝鮮を版図化しようとした（北島三〇）。

自民改憲案とショーヴィニズム・ジンゴイズム

さて自民党改憲案では、前文冒頭に「日本国は、長い歴史と固有の文化を持ち……」と記されている。ここでは、日本国憲法にあった、政府の行為によって無謀な侵略戦争が引きおこされたという事実へのふかい反省は、すべて消しさられている。それればかりか頭から、日本の歴史と伝統（天皇制）を無条件で肯定するようもとめている。ここにもすでに、憲法が国民をしばるものに変質させられているのが分かるが、自国の負の歴史をご破算にし、都合のよい部分にしか目を向けない悪しきナショナリズムが顕著になっている。

日本国憲法前文にあった「いずれの国家も、自国の事のみに専念して他国を無視してはならない」という、崇高なだが実現可能な理想はあとかたもなくすて去られ、それどころか国民に、他国に対する尊大とも言える態度をもつべく事実上要求してさえいる。その意味で、自民党改憲案はショーヴィニズムをも醸成するであろう。これに、安倍晋三を筆頭とする自民関係者の「嫌韓・反中」的言説がともなえば、たとえ公的機関によって悪質なヘイトスピーチ自体が問題視されたとしても、ジンゴイズムが醸成されるのはさけられないであろう。

（8）国民（軍人）統制のための靖国神社の利用

明治初期からすでに靖国神社は、国家神道の中枢に位置づけられていた。それは、戦死者を慰霊する招魂社としての役割をになうためである。

福沢にとっての招魂祭の意義

福沢にとっても、靖国神社の役割は戦死者の慰霊である。一方それは、国民・軍人の精神を収攬する役割をもになう。つまり、軍人が戦場でやすんじて命をすてるように、またその家族がそれをうけ入れるようになるには、天皇制それ自体のみならず、天皇が国民＝軍人および遺族の精神を、荘厳な場で、列席者にふかい感動をあたえつつ、実際に収攬する国家的な祭祀が不可欠である。日清戦争終結後に、戦争ですくなくない戦死者が出た事実をまえにして、福沢はそう主張するにいたる。

論説「教育に関する勅語」に見るように、子どもに対しては、定期的な儀式を中心とした「学校行事」において一定の精神収攬がなされうると福沢は見たが、一方、ひろく国民・軍人に対しては、「招魂祭」という名の国家的な祝祭の場で、それがはたされるべきだと考える。

福沢にとって、それはかつての原体験から生まれた発想であろう。西南戦争終結時、徴募兵が「詔」にしたがって粛々《しゅくしゅく》と帰順したように、天皇の詔《みことのり》さえあれば、しかも外戦において天皇の「親裁」があればなおのこと、軍人は「帝室のために生死するものなりと覚悟を定めて……戦陣に向いて一命をも致す（＝さし出す）」ことができるようになるし（⑤二六九）、また、天皇が祭主となって靖国神社で戦死者の英霊をまつる招魂祭をいとなめば、一般国民（戦没者の遺族を含めて）は、「万一事あらば君国のために死せんことをこい願う」ようになる、というのである（⑮三二二）。そして国家の招魂祭をおこなうのが、明治国家の功臣・忠臣をまつる靖国神社である（⑮三四一）。

この論理はおそるべきである。それは、一九四五年までの六〇年におよぶ対外戦争において、国民を唯々諾々《いいだくだく》と一種の殉死へとかり立ててきた制度の本質を言いあてている。

さて今日、自民党や日本会議もほぼ同様にかんがえているに相違ない。だから前記のように、改憲案に、公的機関は宗教活動をしてはならないと型どおり規定した後で、「社会的儀礼又は習俗的行為の範囲を超えないものについては、この限りではない」と、戦後何十年にわたって信教の自由を問いつづけてきた一連の「靖国訴訟」の歴史を一蹴するような規定を、あえて書きこんだのである（第二〇条3）。この規定は、天皇元首化とあいまって、これまで自民党がはたせずにきた靖国神社の例大祭・合祀祭への天皇・首相の公式参拝を可能にする突破口となるであろう。

だが、靖国神社への礼拝等を「社会的儀礼又は習俗的行為」と主張することは、不可能である。国家機関が関わったとたんに、それは社会的儀礼ではなく国家的儀礼となる。それは国家機関がいっさい関わらなければ社会的儀礼である。そういう詭弁もなりたちうる。だがそもそも靖国神社は、戦後に宗教法人となったとはいえ、明治期から「国家の祭祀」（慰霊祭・合祀際）のにない手としてもった準国家機関的な性格を自らひきつぎ、またその後もそれを維持してきた。その活動は純然たる社会的儀礼ではありえない。

同時に靖国神社のいとなみは宗教活動であるという事実もかえられない。自然神道であろうと国家神道であろうと、それが、神と観念された、あるいは人であろうと何らかの意味で超越的と観念された存在のために各種祭祀をおこなうかぎり（靖国神社がまつるのは天皇であり国家であり国家のために殉じた何十万人もの軍人・市民である）、たとえそれがヨーロッパ的な意味の宗教とことなろうと、宗教であることにかわりはない。

一八八〇年代、明治政府は神社を「宗教」とことなる「祭祀」をつかさどる施設と見なした（島薗一五）。福沢もニュアンスにちがいはあるが神道を宗教とは見なかった（⑧八〇～一、S．⑮四三三）。だがそれは過度の牽強付会である。かつては他のどの宗教・宗派も、絶対主義天皇制下にあって、明治政府の理屈をうけ入れてはじめて信教の自由を手にしたが（高橋哲一三一以下）、えたと思ったその自由はすでに政治権力によって浸食されていたのである。あらゆる宗教者は、明治政府・福沢の理屈に、つまり自民党改憲案第二〇条3

に見られる詭弁に、抵抗しなければならない。

二、ヘイトスピーチと「文明化の使命」論

日本にまん延するヘイトスピーチ

この十年、「ヘイト本」が広くでまわっている。特に韓国、中国に対するそれは、目をおおうばかりである。日中韓の歴史についての無知や論理の飛躍がめだつが（S．太田他）、その種の言説にいかにあやまりがあろうと、確信的・断定的に語られるため、また漫画の場合には例えば韓国人・中国人を醜い姿で描くため、それが一般市民にあたえうる偏見をおそれなければならない。

第二章一で論じたように、福沢および福沢が主催する新聞『時事新報』が、どれだけヘイトスピーチをおこなったか。ヨーロッパの帝国主義イデオローグとくらべても、この点での福沢の突出度は群をぬいている。福沢のヘイトスピーチと現在のそれとは、表現媒体においてことなるとはいえ、またもちろん歴史的な背景もことなるとはいえ、もたらしうる効果はほぼ同様だと判断する。それがもたらすのは、他国民に対する蔑視、侮辱、差別、反目、憎悪である。

現在のヘイトスピーチ・ヘイト本の意図は、朝鮮（人）・中国（人）をおとしめると同時に、負の歴史を抹殺することである。だが時には、自らの意図は「友好」であるとうそぶくケースもある。『マンガ嫌韓流』は今日のヘイトスピーチの源流となったヘイト本の一つだが、その『2』は、同書を出版するのは、日韓

友好、差別反対、歴史再考などを「広く社会に訴えることに意義があると考えた」からであると記す（山野一四〇）。だが、これほど白（汚れ）を黒（黒光り）と言いくるめる例はめずらしい。ここで「歴史再考」は日本にとって自国中心の立場を強調すること以外ではありえない以上、作者の本音がでているが、「日韓友好」「差別反対」を広く社会に訴えるなどという言い分は、詭弁そのものである。『マンガ嫌韓流』は、逆に日韓の友好をうちこわし韓国に対する差別を助長するために書かれたヘイト本以外の何物でもない。

この例では、「日韓友好」「差別反対」などという、実際の内容とかい離した言葉を用いているためにすぐ底がわれるが、一見冷静さ・中立性をよそおったヘイト本もある。ヘイトスピーチでかせいでいるとしか思えない作家・黄文雄《こうぶんゆう》のものなどは、その典型であろう。中国の「食人」なるものをあつかった本では、「本書が、中国と中国人の実像を知るための一助となれば、これに過ぎる喜びはない」、と黄は記す（黄四）。本文の筆致は比較的冷静である。書かれているのは、たくさんの史書を駆使した二五〇〇年にわたる中国の歴史である。

だがこの本は、現代の話となったとたんに、ほとんど憶測にもとづく伝聞をのせてすませている（同三三八以下）。にもかかわらず、「『食人』は……漢民族の本性に深く根づいている欲求（である）」と断定し、それ故、「事実、時代情況によっては、（食人は）息を吹き返す」（黄三三八）などと論ずるのは噴飯ものである（なおここで「事実」は文脈上意味がない。これは論証のなさをかくすために作為的につけられた言葉である）。

著者の知性の水準はどのていどかは知らないが、その行文を冷静に見ればうたがわしい記述にみちている。それでいて行文全体がかもし出す雰囲気からは、まるで実際に食人が中国人の本質であるかのように思えてくる。だがこれは、日本人は二千年間、戦争につぐ戦争で殺戮をくり返した、だから今後も「時代情況によっては、殺戮は息を吹き返す」、と主張するくらいばかげている。

＊「白（汚れ）を黒（黒光り）と……」と書いたのは本意ではない。だが、黒を絶対悪と見なすアメリカ式の価値観にとらわれた昨今の心ない表現に抗議するために、あえて記してみた。問題に向きあう当事者の善意はいささかもうたがわないが、「ブラック企業」「ブラックバイト」などという、肌の濃い人に対する差別につながりかねない言葉を、なぜ「英語」（米語）由来の意味とほとんど無縁な日本語の話者がつかうのか。なお英語は、女性に対する差別・偏見と、「黒人」「黄色人」に対するそれ（特に後者）を根強く内在化した言語であり、「国際語」の名にはじる。

危惧されるショーヴィニズム・ジンゴイズムへの傾斜

ヘイト本がめだってきたのは、そうふるい話ではない。『マンガ嫌韓本』などの出版は、第三次小泉政権（小泉純一郎がどれだけ靖国神社参拝をくり返したか）から第一次安倍政権の時期（〇五～〇七年）のことである。その隆盛は一過的な現象にも見えるが、今後も出版されつづけるだろう。ヘイト本は、日本会議やその関係団体が出版し流布させたものではないとしても、「嫌韓・反中」の方向性は、同会議・同関連団体によってつくられてきたからである。

それをつくってきた典型的な人物は、もちろん安倍晋三である。安倍は「嫌韓・反中」をあおるような発言をくり返してきた。その断固たる調子は、ひょっとすると客観的事実にうらづけられているのではないか、という錯覚をいだいてしまうほどである。安倍は、「侵略」の定義は国際的に確立していないとか、「従軍慰安婦」に対する強制性の証拠は見つかっていないなどと、以前からくり返してきたが、一国の首相がそう言えば、多かれ少なかれメディアは報道し、それがちまたに流布する。そればかりか、教科書からも侵略や慰安婦制度への言及がなくなれば＊、戦争・植民地化責任の明確化、慰安婦問題での謝罪・補償等をもとめつづける韓国（人）に対する、「嫌韓」的な雰囲気が醸成されるのは、必至である。

さて、他者に対する差別をあからさまにするヘイトスピーチによって、偏狭なナショナリズム（しばしばその中核にあるのは自国（民）優越意識である＊＊のみか、他国民をおとしめるショーヴィニズムがうみ出され強化されうることをおそれる＊＊＊。そればかりか、在特会の活動や発言に典型的に見られるように、韓国人を殺してもよいとするヘイトスピーチからは、ジンゴイズムまで醸成されうる。いや、在特会のデモ等があまりに突出したために昨今は見えにくくなっているが、従来からたれ流された、相手を姑息な反日国民と見なす嫌韓・反中的なそれからも、ジンゴイズムは醸成されうる。

＊多くの教科書会社は自己規制したが、記述排除を推進した「新しい教科書をつくる会」は日本会議が発足させた（上杉六九以下）。

＊＊自国（民）優越意識が、オリンピック、ノーベル賞等によってつくられている現状をうれえる。よせばいいのに、国ごとの獲得メダル数、受賞数などをメディアが喜々として報じ政府が言及する事実は、諸国民間の対等な関係をむしろこわす働きをする。

＊＊＊ただし真におそれるべきは在特会ではなく、嫌韓・反中をたれ流す「ヘイトメディア」である。在特会のヘイトスピーチが在日コリアンを絶望へとおとしいれる暴力性は筆舌につくしがたいが、そのやり口はあまりにえげつないだけに、対抗勢力が自然発生的にうまれえた。また、その「主張」の根拠も底があさい。だがヘイトメディアのそれは、嘘を容易に見やぶらせずに人をまきこむ力がある。

集団的自衛権行使に向けた策動とヘイトスピーチをゆるす背景

現在の国際的状況下では、この種のショーヴィニズム、ジンゴイズムからただちに戦争がおこるとは言えないとしても、それらを恐れなければならないのは、やはり集団的自衛権の行使にむけて安倍晋三・自民党が動いているからである。実際の行使にむけた策動は着々と進行しつつある。そうした現実をまえに思いだされるのは、「イラク戦争」前夜にアメリカ社会をおおったジンゴイズムである。イラクを標的としたこのジンゴイズムはブッシュの戦略によってつくられたが、それは米社会をあたかも集団ヒステリーにまきこむかのように浸透し、米議会は、下院も上院も、ブッシュの「イラクの自由作戦」（後述）を圧倒的多数で承認したのである。

歴史的なつながり、政治的・経済的なむすびつきから言えば、日本が集団的自衛権を、少なくとも当面、韓国・中国軍に対して行使するとは思われない。いかに戦後処理問題で関係がぎくしゃくしようと、あるいは尖閣列島周辺の領海への中国船の航行・侵入を安倍政権が利用しようとしても、そうである。また日本は北朝鮮ミサイルの射程距離に入っている以上、集団的自衛権が北朝鮮軍に対して行使される可能性もすくない。可能性があるとすれば、それは歴史的・経済的その他のむすびつきがよわく、かつ距離的にも先方の攻撃網から日本がほど遠い位置にある「中東」に対してではないかと思われる（古賀一五四）。日本のアメリカとのつよい関係から言っても、限定的なものにせよ、中東に対する米軍の介入あるいは戦争が集団的自衛権の行使につながる可能性がたかい。米軍に対する反撃に、中東近郊の公海まで支援に行った日本「国防軍」が、まきこまれることになるはずである。

ところで現在、中東地域に対するヘイトスピーチは、対韓国・朝鮮人、中国人に対してほどにはめだってはいない（ただし安田②一五二以下）。だが、在特会流のヘイトデモに参ずる人々の心性は、必ずしも韓国・中国に対する一貫した敵対的心理からきたものではなく、むしろ時代の不安からのがれ、帰属先と他者による承認をえ、ひいては自分自身を確認せんとする疎外感情からきたものと思われる（S．安田①六五）。そうだとすればとくに近年のテロとの関係で、ヘイトスピーチないしそれを支えかつそれによって増幅される憎悪・攻撃心が、中東あるいはイスラム圏に向かわないともかぎらない。そしてこれに、戦争・侵略の合理化論（例えば中東「文明化の使命」、「中東の解放」、「中東の民主化」等）がともなうなら、それはちょうどイラク戦争前夜のアメリカのように、侵略・戦争を、少なくとも集団的自衛権の行使を合理化するであろう。

この間二〇一六年四月に、在特会の言動は「人種差別」であるとの判決が高松高裁でだされ、またヘイトスピーチ対策法が衆議院を通過した。その影響もあってか、最近は露骨なヘイトスピーチは影をひそめているようだが、芽はつまれたわけではない。それをうみ出す前述の社会心理学的な条件は、弱まるどころかむしろ強まってさえいる。「嫌韓・反中」の動きは、民主党政権時代に下火になったものの、第二次安倍政権発足の頃から、ふたたびめだってきた。そして、嫌韓流・在特会などに養分をあたえてきた日本会議は国会を動かすほどの力をもっており、今後もヘイトスピーチをうみ支えつづける可能性がある。在特会流のそれがなくなったとしても（もっとも一六年七月に行われた東京都知事選挙で、在特会会長がどうどうとヘイトスピーチをくり返し、しかも十一万もの票を獲得した事実がある）、その潜在的な担い手・支持者は、嫌韓・反中的な隠微なヘイトスピーチを下支えしつづけるかもしれない。

貧困の拡大と「積極的平和」への挑戦

今、ヘイトスピーチをうみだす社会心理学的な条件云々と記した。

問題の条件を増幅させている要因の一つは、非正規雇用者が労働者の四割にも達するという事実である。最近安倍晋三は最低賃金のひき上げ、「同一労働同一賃金」の実現などを口にしているが、かつて自民党・公明党が派遣労働の製造業へのなしくずし的な拡充等を通じて非正規雇用者をふやした事実（杉田②五九以下）に、頬かむりをしている。今日の「貧困」状況を放置したままなら、何をしてもマッチポンプにすぎず、国民の不安は払拭できない。

これをおもうと、自民党改憲案から、「全世界の国民が……恐怖と欠乏から免れ、平和のうちに生存する権利を有することを確認する」という文言が削除された事実に、痛恨の思いをきんじえない。安倍は集団的自衛権の獲得を「積極的平和主義」だとくり返したが、ガルトゥングが言うように、戦争のみならず各種の暴力（欠乏・貧困もこれに含まれる）のない状態こそが「積極的平和」だとすれば、日本国憲法前文に言う「恐怖と欠乏から免れ（る）」という世界のありようは、未来に向けてわれわれがめざすべき方向をはっきりと示している。自民党は、福沢と同様に大資本（福沢の言葉では「富豪」「資本主」）にかた入れし、多くの人民が貧困にあえいでいる状況をまるごと合理化したが（⑬五一二、S．⑬六九以下、五九六）、人民の貧困の解消こそが、二一世紀において改善につとめるべき現実である。貧困があるところ、人の人に対する敵意をなくすことはできない。

今も生きる「文明化の使命」論

何度かふれたように、相手を「文明化」する使命・責務があるという理屈によって、他国・地域への介入・侵略を合理化する「文明化の使命」論は、福沢をふくむ帝国主義者によって、くり返し表明されてきたイデオロギーである。それはいまだに通用している。ヘイトスピーチとならんで、このイデオロギーはおそるべきものである。一九九〇年の「湾岸戦争」時に、「白人の使命（重荷）」がやゆ的にであるとはいえ英米の紙誌をにぎわしたというが（北川編六四）、この論理は二〇〇三年のブッシュによるイラク介入時にももちいられた。

この時期、ブッシュは米議会で介入の合意をとりつけたのみならず、国連安保理事会をもまきこもうと画策したがついに実現せず、そのためアメリカは単独で（ただしブレアのイギリスが追随した）イラク戦争開戦にふみこんだ。その際、もちいられた論理は「大量破壊兵器の廃棄」だが、同時にブッシュは各種の演説で

「文明世界」と「文明の敵」（斎藤直四四、五二）を対比させた。つまり、「イラクの民主化と中東地域への民主主義の拡大」をもって、介入の口実としたのである。だから、この時にブッシュがとった作戦は、「イラクの自由作戦」と命名された（寺島他一〇一、六九）。

今「イスラム国」による、あるいはその影響をうけたテロが世界にまん延している。仮にアメリカが一時的にイラクを屈服させたとしても、そのツケはあらたな、しかもより地球的な規模でのテロにむすびつくだろうという当時なされた予想は、見事に的中した。そしてこれは今後にも暗雲をもたらす。

先に、今後実際におこりうる集団的自衛権の行使先は中東だろうと書いた。もしそこで、イラク戦争と同様の論理によってアメリカが国連を無視して単独行動にふみきった場合、おそらく日本は「文明化の使命」論のにえ湯を飲まされることになるだろう。そして「邦人救助」、相手国の人道危機に対する「人道的介入」以外にも、イスラム圏を文明化する（民主化する、自由にする、民衆を解放する等）という論理で、介入・侵略への加担を合理化することになるにちがいない。その時は、イスラム圏の民衆の命を危険にさらすのみか、*日本「国防軍」兵士の命をうしなわせ、そして後に日本をテロの脅威にさらすであろう。

絶対のものと信ずる原則を保持する人は、それに反する、あるいはそれに達しない制度しかもたない他国・地域の内政への干渉欲求をもつことが多いだろう。だが、だからといって「文明化の使命」を旗印に、他国民・民族に対する軍事的な介入がなされるとしたら、それはとり返しのつかない結果をまねくであろう。どんなに迂遠《うえん》に思われても、国際世論の形成と、国連の各種委員会等による地道な勧告を通じた漸次的な改革こそが最善であると言わなければならない。

＊「イラク死者数計算事業」Iraq Body Count Project によれば、イラク戦争では、一〇万人（!）をこえる民衆の命がうばわれたと考えられる（Wikipedia「イラク戦争」）。

結びにかえて

今日、帝国主義の負の遺産は、おもに文芸批評からはじまった、植民地化の歴史の見なおしをはかる思潮「ポストコロニアリズム」を通じて、あきらかにされつつある。そのために、西洋（オクシデント）が、いかに東洋（オリエント）を、自己を把握する「他者」として位置づけながら自己形成をはかったかが、多面的なかたちで理解できるようになってきた。同時に、帝国主義的な植民地化の動きが、従来見おとされていた多様な局面から解明されつつある。それらをふまえると、帝国主義の姿がよりはっきりとうかび上がってきたと言えるだろう。だが、帝国主義を推進させる力となった帝国主義思想への関心は、まだ低いままにとどまっているように思われる。

サイードが『オリエンタリズム』のなかで一定の帝国主義思想をとりあげている。だがサイードの対象はおもに文学作品に限定されており、思想への関心はひくいままである。それ以降、多くの論者が自らの視点から「オリエンタリズム」を究明する研究に関わったが、思想史分野からのアプローチは少ない。とくに日本の帝国主義思想（日本にとっての、比喩的な意味での「オリエンタリズム」）の研究はあまり進んでいないようである。

一九三〇年代以降のファシズム期の、「大東亜共栄圏」「八紘一宇」幻想とそれをめぐる哲学的な言説（いわゆる「京都学派」の）に関する研究には一定の蓄積がある。だが、一九世紀末の世界的な帝国主義期のそれは、満足に研究されていないように思われる（この点は欧米の場合も同様であるようだ）。

だが私は、一九世紀の帝国主義思想が一九三〇年代のそれへと、間接的・潜在的に影響をあたえたと見ている。もちろん両者の歴史的背景はことなる。一九世紀末は、日本が後発の帝国主義国としてかくたる位置をえた時期であり、一九三〇年代は確立した帝国主義国として他の帝国主義国との世界争奪戦にはしった時期だからである。だが両者には一定の連続性がある。その点は本書でもじゃっかんながら言及した（絶対主義的天皇制、軍備増強、靖国神社、国家神道、各種人権の制限、朝鮮人・中国人に対する差別・侮蔑、虐殺をめぐる対応、中国の分割支配への欲望等）。

しかも今日、一九世紀末と同様に、韓国・朝鮮および中国が特別に問題視される状況がつくられているだけに、なおのことその時期の「オリエンタリズム」が分析されなければならない。私は本書で福沢の「思想」をとりあげたが、他の誰よりもまずとり上げられるべきは福沢である点は、うたがいがない。それは、福沢が典型的かつ体系的な帝国主義的イデオロギーを展開したからだが、同時に今日右派によってくり返しその言説が利用されているからである。本文に記したように福沢の天皇制論は現代語訳して出版された。福沢の歴史観は歴史修正主義と親和性がたかい。これらは、多かれ少なかれ日本を今日的な意味で「帝国」化するベクトルを持っている。

だからこそ思想史研究者は、今日の危機的な反時代的流れに抗すべく、福沢の思想の帝国主義的な性格を明らかにしなければならないのではないか。本書はそのための、一研究者としてのささやかな貢献のこころみである。

なお本書の骨格は、二〇一六年春にだした安川寿之輔・雁屋哲・杉田聡『さようなら！　福沢諭吉』（花伝社）に収録した「福沢諭吉——帝国主義の思想家」（杉田⑨）で論じた。

文献一覧

出版年は、誤解の恐れがないかぎり最後の二桁のみを記す。

あ行

安倍晋三「施政方針演説」一三年　http://www.kantei.go.jp/jp/96_abe/statement2/20130228siseuhousin.html

――他「独立自尊！　私は経済を立て直す！」、『週刊新潮』一三年一月三日・一〇日合併号、新潮社

家永三郎『太平洋戦争』岩波書店、六八年

石河幹明①『福沢諭吉伝 第三巻』岩波書店、三二年

――②『同 第四巻』右同

井上角五郎①『漢城之酔夢』春陽書楼、一八九一年

――②「関係書類は何もない」、葛生玄晫編『金玉均』（非売品）、一九一六年

――③「福沢先生の朝鮮御経営と朝鮮現代の文化とに就きて」三四年　http://dl.ndl.go.jp/info:ndljp/pid/1280438

――④「井上談話」→山辺②

――⑤「井上談話」→石河①

井上勝生①「日韓戦争を掘り起こす」、姜徳相《カンドクサン》編著『カラー版 錦絵の中の朝鮮と中国――幕末・明治の日本人のまなざし』岩波書店、〇七年

――②『明治日本の植民地支配――北海道から朝鮮へ』岩波現代全書、一三年

井上 清『日本の歴史 下』岩波新書、六六年

井上晴樹『旅順虐殺事件』筑摩書房、九五年

岩上安身他『前夜――日本国憲法と自民党改憲案を読み解く』現代書館、一三年
E・ウィリアムズ『帝国主義と知識人――イギリスの歴史家たちと西インド』岩波書店（田中浩訳）、七九年
植木枝盛「世界大野蛮論」、『植木枝盛選集 第三巻』岩波書店、九〇年
宇野俊一『日本の歴史20 日清・日露』小学館、七六年
海野福寿『韓国併合』岩波新書、九五年
太田修他『「マンガ嫌韓流」のここがデタラメ――まじめな反論』コモンズ、〇六年
大谷正①『兵士と軍夫の日清戦争――戦場からの手紙をよむ』有志舎、〇六年
――②『日清戦争――近代日本初の対外戦争の実像』中公新書、一四年
岡倉登志『「野蛮」の発見――西欧近代のみたアフリカ』講談社現代新書、九〇年

か行

川島真『近代国家への模索 1894-1925（シリーズ中国近現代史②）』岩波新書、一〇年
韓相一他→韓相一《ハンサンイル》他
姜徳相《カンドクサン》①「李氏朝鮮開港直後の金流出に関する一考察」、駿台史学会編『駿台史学』第九号、六七年
――②「李氏朝鮮開港直後に於ける朝日貿易の展開」、歴史学研究会編『歴史学研究会』第二六五号、六三年
姜在彦《カンヂェオン》『新訂 朝鮮近代史研究』日本評論社、八二年
韓徳相編著→韓徳相《ハンドクサン》編著
T・カーライル『黒人問題』Carlyle, *Occasional Discourse on the Nigger Questions*, in: Eugene R. August (ed.),*Carlyle & Mill, Nigger Questions and Negro Questions*, University of Dayton, 2010
雁屋哲①「いま、なぜ福沢諭吉なのか」→安川編
――②『まさかの福沢諭吉』遊幻舎、一六年
I・カント『永遠平和のために』、『カント全集 第一三巻』理想社（小倉志祥訳）、八八年

北川勝彦他編『帝国意識の解剖学』世界思想社、九九年
北島万次『秀吉の朝鮮侵略と民衆』岩波書店、一二年
木畑洋一『支配の代償——英帝国の崩壊と「帝国意識」』東京大学出版会、八七年
J・R・キプリング『キップリング詩集』岩波文庫（中村為治選訳）、三六年
金文子《キムムンヂャ》『朝鮮王妃殺害と日本人——誰が仕組んで誰が実行したのか』高文研、〇九年
喜安 朗『民衆運動と社会主義——ヨーロッパ現代史研究への一視角』勁草書房、七七年
姜徳相→姜徳相《カンドクサン》
姜在彦→姜在彦《カンヂェオン》
金文子→金文子《キムムンヂャ》
S・J・グールド『人間の測りまちがい——差別の科学史』河出書房新社（鈴木善次他訳）、九九年
P・ゲイ『ベルンシュタイン——民主的社会主義のディレンマ』木鐸社（長尾克子訳）、八〇年
古賀茂明『国家の暴走——安倍政権の世論操作術』角川oneテーマ21、一四年
小島晋治『洪秀全と太平天国』岩波現代文庫、〇一年
小林一美『義和団戦争と明治国家』汲古書院、八六年
M・A・ゴビノー『人種不平等論』https://books.google.co.jp/books?id=UGxMZOSVoBEC&printsec=frontcover&dq=editions:0QOsqwh7Dly1gxD3&redir_esc=y#v=onepage&q&f=false
高秉雲《コビョンウン》『近代朝鮮租界史の研究』雄山閣出版、八七年
小森陽一『ポストコロニアル』岩波書店、〇一年
F・ゴールトン『遺伝的天才』
http://www.mugu.com/galton/books/hereditary-genius/text/pdf/galton-1869-genius-v3.pdf
H・ゴルビツァー『黄禍論とは何か』草思社（瀬野文教訳）、九九年
今野敏彦他『ドミニカ移民は棄民だった——戦後日系移民の軌跡』明石書店、九三年

さ行

E・W・サイード①『オリエンタリズム 上』平凡社ライブラリー（板垣雄三他監修、今沢紀子訳）、九三年

――②『オリエンタリズム 下』同右

斎藤聖二『北清事変と日本軍』芙蓉書房出版、〇六年

斎藤直樹『検証　イラク戦争――アメリカの単独行動主義と混沌とする戦後復興』三一書房、〇五年

桜井由躬他『世界現代史7 東南アジア現代史Ⅲ』山川出版社、七三年

佐谷眞木人『日清戦争――「国民」の創生』講談社現代新書、〇九年

佐野眞一『津波と原発』講談社、一一年

猿谷 要『ハワイ王朝最後の女王』文春新書、〇三年

時事新報社『時事新報 復刻版』龍渓書舎、八六年～

N・シトレ『アフリカの心』岩波新書（寺本光朗訳）、六一年

島薗 進『国家神道と日本人』岩波新書、一〇年

自由民主党『自民党憲法改正草案Q&A（増補版）』（「Q&A」と略記）
https://jimin.ncss.nifty.com/pdf/pamphlet/kenpou_qa.pdf

――『日本国憲法改正草案』https://jimin.ncss.nifty.com/pdf/news/policy/130250_1.pdf（「改憲案」と略記）

A・シュヴァイツァー①『水と原生林のあいだに』、『シュヴァイツァー著作集　第一巻』白水社（浅井真男訳）五七年

――②『わが生活と思想より』、同前『第二巻』白水社（竹山道雄訳）五六年

J・A・シュンペーター『帝国主義と社会階級』岩波書店（都留重人訳）、五六年

B・ジョルダン『人種は存在しない――人種問題と遺伝学』中央公論新社（山本敏充監修、林昌宏訳）、一三年

白井久也『明治国家と日清戦争』社会評論社、九七年

末里周平『セオドア・ルーズベルトの生涯と日本――米国の西漸と二つの「太平洋戦争」』丸善プラネット、一三年

杉田 聡①『男権主義的セクシュアリティ――ポルノ・買売春擁護論批判』青木書店、九九年

――②『「日本は先進国」のウソ』平凡社新書、〇八年
――③『AV神話――アダルトビデオをまねてはいけない』大月書店、〇八年
――④『福沢諭吉 朝鮮・中国・台湾論集――「国権拡張」「脱亜」の果て』明石書店、一〇年
――⑤「福沢諭吉と明治絶対主義天皇制――福沢は天皇制とたたかったか」、『帯広畜産大学学術研究報告』第三三巻、一二年 http://ir.obihiro.ac.jp/dspace/bitstream/10322/3553/1/sugita.pdf
――⑥『カント哲学と現代――疎外・啓蒙・正義・環境・ジェンダー』行路社、一二年
――⑦『天は人の下に人を造る――「福沢諭吉神話」を超えて』インパクト出版会、一五年
――⑧「家族・市民社会論、朝鮮改造論に見る『福沢神話』――近年の二つの福沢研究を批判する」、『帯広畜産大学学術研究報告』第三六巻、一五年 http://ir.obihiro.ac.jp/dspace/bitstream/10322/4199/
――⑨「福沢諭吉――帝国主義の思想家」→安川他
杉山伸也『日本経済史 近世‐現代』岩波書店、一二年
G・N・スタイガー『義和団――中国とヨーロッパ』光風社選書（藤岡喜久男訳）、九〇年
B・センメル『社会帝国主義史――イギリスの経験1895-1914』みすず書房、八二年
孫禎睦《ソンヂョンモク》『韓国都市変化過程研究』耕文社、〇〇年

た行

高崎宗司『植民地朝鮮の日本人』岩波新書、〇二年
高橋哲也『靖国問題』ちくま新書、〇五年
高橋幸春『日系人――その移民の歴史』三一新書、九七年
高橋義雄『日本人種改良論』石川半次郎、一八八五年
鄭根植《チョングンシク》「植民地支配・身体規律・『健康』」、水野直樹編『生活の中の植民地主義』人文書院、〇四年
月脚達彦『福沢諭吉と朝鮮問題――「朝鮮改造論」の展開と蹉跌』東京大学出版会、一四年

鄭根植→鄭根植《チョングンシク》
寺島実郎他『「イラク戦争」――検証と展望』岩波書店、〇三年
寺田和夫『人種とは何か』岩波新書、六八年
土井弥太郎『山口県大島郡ハワイ移民史』マツノ書店、八〇年
戸高一成「マハンの『海軍戦略』について」、マハン『マハン海軍戦略』中央公論新社（戸高一成監訳、井伊順彦訳）、〇五年
S・トロンブリィ『優生思想の歴史』明石書店（藤田真利子訳）、〇〇年

な行

中江兆民「論外交」、『中江兆民評論集』岩波文庫（松永昌三編）、九三年
長田彰文『セオドア・ルーズベルトと韓国――韓国保護国化と米国』未来社、九二年
中塚 明①『日清戦争の研究』青木書店、六八年
――②『歴史の偽造をただす――戦史から消された日本軍の「朝鮮王宮占領」』高文研、九七年
――他『東学農民戦争と日本――もう一つの日清戦争』高文研、一三年
中山成彬「日本人の魂」オフィシャルブログ、一三年七月三日
http://nakayamanariaki.cocolog-nifty.com/blog/2013/07/post-6ac3.html
西垣晴次『お伊勢まいり』岩波新書、八三年
西川長夫『フランスの解体?――もうひとつの国民国家論』人文書院、九九年
新渡戸稲造「セルフメージュアメント」、大日本實業學會『實業之日本』第二〇巻第三号、一九一七年
J・ネルー『父が子に語る世界史 4』みすず書房（大山聰訳）、六六年

は行

朴宗根《パクヂョングン》『日清戦争と朝鮮』青木書店、八二年

橋本槙矩《まきのり》他編著『ラドヤード・キプリング――作品と批評』松柏社、〇三年
羽田功「永遠のユダヤ人――映画に見られるユダヤ人問題」、『慶應義塾大学日吉紀要　言語・文化・コミュニケーション』第六巻、九〇年
原朗『日清・日露戦争をどう見るか――近代日本と朝鮮半島・中国』ＮＨＫ出版新書、一四年
原田敬一『シリーズ日本近現代史③ 日清・日露戦争』岩波新書、〇七年
韓相一《ハンサンイル》他『漫画に描かれた日本帝国――「韓国併合」とアジア認識』明石書店（神谷丹路訳）、一〇年
韓徳相《ハンドクサン》編著『錦絵の中の朝鮮と中国――幕末・明治の日本人のまなざし』岩波書店、〇七年
平沼赳夫監修・（財）無窮会編『福沢諭吉の日本皇室論――現代語訳（原文総ルビ付き）』島津書房（池田一貴訳）、〇八年
平野千果子『フランス植民地主義の歴史――奴隷制廃止から植民地帝国の崩壊まで』白水社、〇二年
Ｆ・ファノン『黒い皮膚・白い仮面』みすず書房（海老坂武他訳）、七〇年
福沢諭吉『福澤諭吉全集 一～二一巻』岩波書店、五八～六三年（丸数字で示した巻数の後にページ数を記す）
藤田昌士『学校教育と愛国心――戦前・戦後の「愛国心」教育の軌跡』学習の友社、〇八年
藤永茂『「闇の奥」の奥――コンラッド・植民地主義・アフリカの重荷』三交社、〇六年
藤村道生『日清戦争――東アジア近代史の転換点』岩波新書、七三年
Ｄ・Ｒ・ヘッドリク『帝国の手先――ヨーロッパ膨張と技術』日本経済評論社（原田勝正他訳）、八九年
朴宗根↓朴宗根《パクチョングン》
星野芳郎『技術と文明の歴史』岩波ジュニア新書、〇〇年
Ａ・ポーター『帝国主義』岩波書店（福井憲彦訳）、〇六年
Ｊ・Ａ・ホブスン『帝国主義論 上巻』岩波文庫（矢内原忠雄訳）、五一年
――②『同 下巻』同前、五二年
J.A.Hobson, *The Psychology of Jingoism*, Grant Richards, 1901　https://archive.org/details/psychologyofjing00hobsuoft

ま行

松浦玲『明治の海舟とアジア』岩波書店、〇五年
松岡僖一「『自由新聞』の戦争メッセージ」、大谷正他編『日清戦争の社会史――「文明戦争」と民衆』フォーラム・A、九四年
A・T・マハン「ハワイとわが海上権力の将来」、『アメリカ古典文庫8 アルフレッド・T・マハン』研究社（麻田貞雄訳）、七七年
K・マルクス①「イギリスのインド支配」、『マルクス・エンゲルス全集 第九巻』大月書店（鈴木正四訳）、六二年
――②「イギリスのインド支配の将来」、同前
丸山真男①『「文明論の概略」を読む 上』岩波新書、八六年
――②『同下』同前
――③『福沢諭吉の哲学』（松沢弘陽編）岩波文庫、九六年
三石善吉『中国、一九〇〇年――義和団運動の光芒』中公新書、九六年
J・S・ミル『代議制統治論』岩波文庫（水田洋訳）、九七年
宮地正人『国民国家と天皇制』有志社、一二年
陸奥宗光『蹇々録』中公バックス、八四年

や行

安川寿之輔①『増補版 日本近代教育の思想構造――福沢諭吉の教育思想研究』新評論、〇二年（初版七〇年）
――②『福沢諭吉のアジア認識――日本近代史像をとらえ返す』高文研、〇〇年
――③『福沢諭吉と丸山眞男――「丸山諭吉」神話を解体する』高文研、〇三年
――④『福沢諭吉の教育論と女性論――「誤読」による〈福沢神話〉の虚妄を砕く』高文研、一三年
――他『さようなら！福沢諭吉――日本の「近代」と「戦後民主主義」の問い直し』花伝社、一六年

安田浩一①『ネットと愛国――在特会《ざいとくかい》の「闇」を追いかけて』講談社、一二年
――②『ヘイトスピーチ――「愛国者」たちの憎悪と暴力』文春新書、一五年
山川均『山川均自伝』（山川菊栄・向坂逸郎編）岩波書店、六一年
山野車輪『マンガ 嫌韓流2』晋遊舎、〇六年
山辺健太郎①『日韓併合小史』岩波新書、六六年
――②『日本の韓国併合』大平出版社、六六年
V・ユゴー「パリ国際平和会議・開会の辞」、『ヴィクトル・ユゴー文学館 第9巻』潮出版社（稲垣直樹訳）、〇一年
横山源之助『日本の下層社会』岩波文庫、八五年

ら行

P・F・ラザースフェルド他『ピープルズ・チョイス――アメリカ人と大統領選』芦書房（有吉広介訳）、八七年
J・リフキン『脱牛肉文明への挑戦――繁栄と健康の神話を撃つ』ダイヤモンド社（北濃秋子訳）、九三年
B・И・レーニン①『帝国主義――資本主義の最高段階としての』岩波文庫（宇高基輔訳）、五六年
――②『第二インターナショナルの崩壊 他十六編』大月書店（国民文庫、吉田弘訳）、五三年
J・ロック『市民政府論』岩波文庫（鵜飼信成訳）、六八年
H・ロフティング『ドリトル先生アフリカ行き』岩波少年文庫（井伏鱒二訳）、七八年（改版）

わ行

渡辺利夫「念頭にあたり 今こそ、福澤の『脱亜論』に学べ」、産経新聞一四年一月一〇日付「正論」欄
http://www.sankei.com/politics/news/140110/plt1401100035-n1.html

【著者】

杉田 聡（すぎた・さとし）

1953年、埼玉県生まれ。帯広畜産大学教授（哲学・思想史）。
著書に『天は人の下に人を造る——「福沢諭吉神話」を超えて』（インパクト出版会）、『さようなら！福沢諭吉——日本の「近代」と「戦後民主主義」の問い直し』（花伝社、共著）、『福沢諭吉 朝鮮・中国・台湾論集——「国権拡張」「脱亜」の果て』（明石書店）、『人にとってクルマとは何か』（大月書店）、『野蛮なクルマ社会』（北斗出版）、『クルマが優しくなるために』（ちくま新書）、『クルマ社会と子どもたち』（岩波ブックレット、共著）、『男権主義的セクシャリティ』（青木書店）、『クルマを捨てて歩く！』（講談社プラスα新書）、『道路行政失敗の本質』（平凡社新書）、『レイプの政治学』（明石書店）、『「日本は先進国」のウソ』（平凡社新書）、『ＡＶ神話』、『買物難民』（大月書店）、『カント哲学と現在』（行路社）、『「買物難民」をなくせ！』（中公新書ラクレ）、『逃げられない性犯罪被害者』（青弓社、編著）、『「3.11」後の技術と人間』（世界思想社）など。訳書にＨ・Ｊ・ペイトン『定言命法』（行路社）。

福沢諭吉と帝国主義イデオロギー

2016年12月15日　初版第1刷発行

著者 ——— 杉田　聡
発行者 ——— 平田　勝
発行 ——— 花伝社
発売 ——— 共栄書房
〒101-0065　東京都千代田区西神田2-5-11 出版輸送ビル2F
電話　03-3263-3813
FAX　03-3239-8272
E-mail　kadensha@muf.biglobe.ne.jp
URL　http://kadensha.net
振替　00140-6-59661
装幀 ——— 黒瀬章夫（ナカグログラフ）
装画 ——— 表『時事新報』1894年7月12日
　　　　　裏『時事新報』1894年8月8日
印刷・製本 ——— 中央精版印刷株式会社

ISBN 978-4-7634-0800-6 C0036

さようなら！福沢諭吉
——日本の「近代」と「戦後民主主義」の問い直し

安川寿之輔・雁屋哲・杉田聡 著

●帝国主義者・福沢の１万円札からの引退を

「戦争ができる国」になろうとしている今、
日本近代化の原点に立つ福沢諭吉は民主主義者か侵略主義者か？
戦後民主主義を担った知識人による世紀の福沢誤読を正す！
『美味しんぼ』作者・雁屋哲のマンガ『まさかの福沢諭吉』の一部を特別収録！